高等职业教育财经商贸类专业"互联网+"创新教材

国际货运代理

陈菁菁 编

机械工业出版社

本教材根据国际货运代理发展的新特点，结合国际货运代理实际运营情况，以国际货运代理理论和实务为基础，系统地介绍了国际货运代理行业的基础知识、市场营销、货代单证以及操作流程等内容，涵盖了国际货运代理企业的核心岗位，如销售员、单证员等。

本教材分为 11 个模块，分别为国际货运代理概述、国际贸易术语、国际货运代理市场营销、国际海上货物运输基础、集装箱运输基础知识、国际海上货运代理实务、班轮提单与海运单、国际航空货物运输基础、国际航空货运代理实务、国际陆路货运代理实务、国际多式联运代理实务。

本教材在介绍基础理论知识的基础上，还通过案例和单证进行分析讲解，提高学习者在国际货运代理工作中解决实际问题的能力。

本教材知识系统、案例丰富、注重创新、融合理论与实践，既可以作为高职高专院校物流管理、国际贸易、港口及航运管理等专业的教材，也可以作为国际货运代理、物流、外贸等企业的业务人员和管理人员的培训教材以及工作参考用书，还可以作为全国国际货运代理行业从业人员岗位资格专业证书考试的学习参考用书。

图书在版编目（CIP）数据

国际货运代理 / 陈菁菁编. —北京：机械工业出版社，2022.8（2025.9 重印）
高等职业教育财经商贸类专业"互联网＋"创新教材
ISBN 978-7-111-71371-5

Ⅰ．①国…　Ⅱ．①陈…　Ⅲ．①国际货运—货运代理—高等职业教育—教材　Ⅳ．① F511.41

中国版本图书馆 CIP 数据核字（2022）第 140648 号

机械工业出版社（北京市百万庄大街 22 号　邮政编码 100037）
策划编辑：孔文梅　　　　　责任编辑：孔文梅　董宇佳
责任校对：史静怡　李　婷　封面设计：鞠　杨
责任印制：张　博

北京机工印刷厂有限公司印刷

2025 年 9 月第 1 版第 4 次印刷
184mm×260mm · 17.25 印张 · 403 千字
标准书号：ISBN 978-7-111-71371-5
定价：49.00 元

电话服务　　　　　　　　网络服务

客服电话：010-88361066　　机　工　官　网：www.cmpbook.com
　　　　　010-88379833　　机　工　官　博：weibo.com/cmp1952
　　　　　010-68326294　　金　书　网：www.golden-book.com
封底无防伪标均为盗版　　机工教育服务网：www.cmpedu.com

　　国际货运代理行业在国际经济与贸易的发展中一直起着重要的作用。全球经济一体化以及国际贸易的快速发展给国际货运代理行业带来前所未有的发展契机，国际货运代理行业的人才需求量也随之增加。

　　本教材围绕高等职业教育培养目标，以国际货运代理行业的新变化、新发展为背景，结合国际货运代理行业的实际运营情况，在理论教学的基础上，重视案例和实训，更加符合高等职业教育的特点。

　　本教材根据高职院校"重技能、重应用"的特点，以基本理论为基础，以实际操作为根本，以职业能力培养为重点，全面、系统、科学地阐述了与国际货运代理相关的理论知识和技能。

　　本教材通过理论与实践相结合，在系统地介绍理论知识的基础上，通过企业案例和实操单证进行详细分析。激发学生的学习积极性和主动性，提高学生在国际货运代理工作中解决实际问题的能力。本教材融入课程思政，强化实际应用能力，关注教学方法创新，拓宽学生的视野，激发学生的学习兴趣，注重提高学生的社会责任感和职业道德素质。

　　为方便教学，本书配备了电子课件、习题答案、视频及动画等教学资源。凡选用本书作为教材的教师均可登录机械工业出版社教育服务网 www.cmpedu.com，免费下载配套资源。如有问题请致电 010-88379375 联系营销人员，服务 QQ：945379158。

编　者

二维码索引

（续）

序号	名称	图形	页码	序号	名称	图形	页码
17	海运提单缮制		136	19	集装箱铁路货运程序		239
18	指定商品运费计算		211	20	国际货协运单的填制		243

Contents
目录

模块一
国际货运代理概述

Project 1

学习目标

📖 知识目标

- ○ 掌握国际货运代理的概念。
- ○ 了解国际货运代理企业。
- ○ 了解国际货运代理行业组织。

ᝏ 能力目标

- ○ 熟悉国际货运代理的作用。
- ○ 了解国际货运代理的法律地位及责任。
- ○ 掌握国际货运代理人的职业素质。

单元一　国际货运代理的概念

一、国际货运代理的定义

根据 1995 年 6 月由国务院批准、商务部发布的《中华人民共和国国际货物运输代理业管理规定》的第二条，国际货物运输代理业是指接受进出口货物收货人、发货人的委托，以委托人的名义或者以自己的名义，为委托人办理国际货物运输及相关业务并收取服务报酬的行业。

二、国际货运代理的性质

国际货运代理的性质是中间人，处于以发货人和收货人为一方，承运人为另一方的两者之间。

三、国际货运代理的作用

国际货运代理人熟悉国际贸易的各个环节，精通各项运输业务及相关法律法规，信息来源准确、及时，不论对进出口货物的收货人和发货人，还是对承运人、海关、检验检疫、仓库、港口等，都起着重要的桥梁和纽带作用。

国际货运代理不仅促进了国际贸易和国际物流的发展，而且推动了本国国民经济和世界经济全球化的发展。

国际货运代理的作用具体表现在以下几个方面：

1. 专业服务

国际货运代理人熟悉复杂的海运、陆运、空运以及多式联运方面的专业知识，根据委托人的不同要求和货物的不同特性，为委托人办理货物的订舱、交货、拼箱、拆箱、卸货等运输相关手续，以及接受委托人的委托，办理货物的报关、出入境检验检疫、保险等相关业务。有了国际货运代理人提供的专业服务，委托人可以不必在自己不够熟悉的业务领域耗费时间和精力。

2. 有效沟通

国际货运代理人在世界各地都会建立分支机构或者代理机构，拥有广泛的业务关系和发达的服务网络。凭借先进的信息技术手段，可以随时保持与货物运输各个关系人之间的有效沟通，对货物运输进行全过程的准确跟踪，确保货物安全、及时地运达目的地，并顺利地为其办理相关手续。

3. 咨询顾问

国际货运代理人精通各种运输业务，熟悉相关的法律法规，信息来源准确、及时，可以就货物的包装、储存、保管、装卸，运输的方式、线路、费用，货物的报关、出入境检验检疫等各个方面向委托人提供咨询和顾问服务，协助委托人设计或者选择最合适、最恰当的运输方案，避免和减少不必要的风险和浪费。

4. 降低成本

国际货运代理人随时掌握货物运输、仓储、装卸等方面的市场行情，与承运人、仓库、港口、机场、车站等运输相关的各方组织有着长期密切的友好合作关系，拥有丰富的专业知识和业务经验，以及有力的谈判地位和娴熟的谈判技巧。国际货运代理人可以选择货物的最佳运输线路、最佳运输方式、最佳承运人，争取公平合理的费率，通过集运效应使相关各方受益，从而起到降低成本的作用。

5. 组织协调

国际货运代理人凭借其掌握的专业知识，组织货物运输活动，设计货物运输线路，选择货物运输方式和承运人，协调托运人、承运人、海关、仓库、港口、银行等各方关系，以最安全、最快速、最经济的方式组织运输，可以极大地节约委托人的时间和精力。

国际货运代理人不仅组织和协调运输，而且影响新的运输方式的创造、新的运输线路的开发、新的运输费率的制定以及新的运输产品的市场开拓。

单元二 国际货运代理企业

一、国际货运代理企业的名称和设立条件

根据商务部 2004 年 1 月 1 日发布的《中华人民共和国国际货物运输代理业管理规定实施细则》的第三条，国际货运代理企业的名称、标志应当符合国家有关规定，与其业务相符合，并能表明行业特点，其名称应当含有"货运代理""运输服务""集运"或"物流"等相关字样。

根据商务部 2004 年 1 月 1 日发布的《中华人民共和国国际货物运输代理业管理规定实施细则》的第六条至第十一条，申请设立国际货代企业可由企业法人、自然人或其他经济组织组成。与进出口贸易或国际货物运输有关，并拥有稳定货源的企业法人应当为大股东，且应在国际货代企业中控股。企业法人以外的股东不得在国际货代企业中控股。

国际货运代理企业应当依法取得中华人民共和国企业法人资格。企业组织形式为有限责任公司或股份有限公司。禁止具有行政垄断职能的单位申请投资经营国际货运代理业务。承运人以及其他可能对国际货运代理行业构成不公平竞争的企业不得申请经营国际货运代理业务。

根据国际货运代理行业特点，国际货运代理企业的营业条件包括：

（1）具有至少 5 名从事国际货运代理业务 3 年以上的业务人员，其资格由业务人员原所在企业证明；或者，经考试合格后，取得国际货物运输代理资格证书。

（2）有固定的营业场所，自有房屋、场地须提供产权证明；租赁房屋、场地，须提供

租赁契约。

（3）有必要的营业设施，包括一定数量的电话、传真、计算机、短途运输工具、装卸设备、包装设备等。

（4）有稳定的进出口货源市场，是指在本地区进出口货物运量较大，货运代理行业具备进一步发展的条件和潜力，并且申报企业可以揽收到足够的货源。

国际货运代理企业申请的国际货运代理业务经营范围中如果包括国际多式联运业务，除了应当具备以上条件外，还应当具备下列条件：

（1）从事国际多式联运相关业务3年以上。

（2）具有相应的国内、外代理网络。

（3）拥有在商务部登记备案的国际货运代理提单。

在注册资本方面，国际货物运输代理企业的注册资本最低限额应当符合下列要求：

（1）经营海上国际货物运输代理业务的，注册资本最低限额为500万元人民币。

（2）经营航空国际货物运输代理业务的，注册资本最低限额为300万元人民币。

（3）经营陆路国际货物运输代理业务或者国际快递业务的，注册资本最低限额为200万元人民币。

此外，国际货运代理企业每设立一个从事国际货运代理业务的分支机构（分公司），应当相应增加注册资本50万元人民币。如果国际货运代理企业注册资本已超过《中华人民共和国国际货物运输代理业管理规定》中的最低限额（海运500万元，空运300万元，陆运、快递200万元），则超过部分，可作为企业设立分支机构（分公司）的增加资本。

二、国际货运代理企业的业务经营范围

根据商务部2004年1月1日发布的《中华人民共和国国际货物运输代理业管理规定实施细则》的第三十二条，国际货运代理企业可以作为代理人或者独立经营人从事经营活动，其经营范围包括：

（1）揽货、订舱（含租船、包机、包舱）、托运、仓储、包装。

（2）货物的监装、监卸、集装箱装拆箱、分拨、中转及相关的短途运输服务。

（3）报关、报检、报验、保险。

（4）缮制签发有关单证、交付运费、结算及交付杂费。

（5）国际展品、私人物品及过境货物运输代理。

（6）国际多式联运、集运（含集装箱拼箱）。

（7）国际快递（不含私人信函）。

（8）咨询及其他国际货运代理业务。

国际货运代理企业应当按照批准证书和营业执照所列明的经营范围和经营地域从事经营活动。

根据《中华人民共和国国际货物运输代理业管理规定》的第十七条，国际货物运输代理企业之间也可以相互委托办理订舱、仓储等相关业务。

单元三　国际货运代理企业的法律地位及责任

一、国际货运代理企业的法律地位

国际货运代理企业的民事法律地位，是指国际货运代理企业在从事业务经营活动时，与他人发生的民事法律关系中所处的地位。

从法律行为角度讲，代理是指代理人在代理权限内，为了被代理人的利益，以被代理人或代理人自己的名义与第三方发生的民事法律行为。产生的法律后果由被代理人承担。

根据《中华人民共和国国际货物运输代理业管理规定实施细则（试行）》第二条的规定，国际货运代理企业从事货运业务时，既可以作为进出口货物的收货人、发货人的代理人，也可以作独立经营人。

国际货运代理企业作为代理人从事货运代理业务，是指国际货运代理企业接受进出口货物收发货人、承运人或其代理人的委托，以委托人的名义或以自己的名义办理有关业务，收取代理费或佣金的行为。

国际货运代理企业作为独立经营人从事国际货运代理业务，是指国际货运代理企业接受进出口货物收发货人、发货人或其代理人的委托，以承运人、仓储保管人、加工承揽人等当事人的身份签发运输、仓储单据，履行运输、仓储、包装等合同条款，收取运费、仓储费、包装费及其他服务费用的行为。

国际货运代理企业所处的法律地位不同，其所享受的权利、承担的义务和责任也有所不同。

二、国际货运代理企业的责任

1. 国际货运代理企业作为代理人的责任

国际货运代理由被代理人授权，在该授权范围内，以被代理人的名义从事代理行为时，所产生的法律后果由被代理人承担。

从内部关系看，被代理人和国际货运代理之间是代理合同关系，国际货运代理享有代理人的权利，承担代理人的义务。

从外部关系看，国际货运代理不是与他人所签合同的主体，不享有该合同的权利，也不承担该合同规定的义务。对外所签订合同的当事人为其所安排的合同中被代理人与实际承运人或其他第三人。

当货物发生灭失或残损时，国际货运代理不承担责任，除非其本人有过失。被代理人可以直接向负有责任的承运人或其他第三人索赔。

国际货运代理人以代理人的身份从事国际货运代理业务时，其经营收入来源为代理费。

2. 国际货运代理企业作为当事人的责任

国际货运代理企业作为当事人，是在为客户提供所需的服务中，以本人的名义承担责任的独立合同人。

国际货运代理企业对其履行国际货运代理合同而雇佣的实际承运人、分货运代理人的行为或不行为负责。

当国际货运代理企业作为当事人时，既有可能仅仅局限于某一种运输方式，如海运中的无船承运人，也有可能是从事多种运输方式的多式联运经营人，或者是提供包括货物的保管、包装、运输、装卸、流通所需要的加工、分拨、配送等服务的物流经营人。

国际货运代理人以独立合同人或者承运人的身份承运货物，其经营收入来源以运费或运输服务费为主。

3. 国际货运代理企业的除外责任

除外责任，又称免责，是指根据国家法律、国际公约、运输合同的有关规定，责任人免于承担责任的事由。

对于国际货运代理企业，其免除责任，通常规定在国际货运代理标准交易条件或与客户签订的合同中，归纳起来可包括以下八个方面：

（1）客户的疏忽或过失所致。

（2）客户或其代理人在搬运、装卸、仓储和其他处理中所致。

（3）货物的自然特性或潜在缺陷所致，如破损、泄漏、自燃、腐烂、生锈、发酵、蒸发或由于对冷、热、潮湿的特别敏感性所致。

（4）货物的包装不牢固、缺乏或不当包装所致。

（5）货物的标志或地址的错误或不清楚、不完整所致。

（6）货物的内容申报不清楚或不完整所致。

（7）因不可抗力所致，如地震、海啸、飓风造成货物灭失。

（8）因不能合理预见的内在危险造成货物灭失。

单元四 国际货运代理行业组织

目前，国际货运代理行业组织只有非政府组织，因此，国际货运代理行业组织可以说是一种自律组织。

世界上最具行业代表性的国际货运代理行业组织是国际货运代理协会联合会（FIATA）。

中国国际货运代理协会（CIFA）是全国性的行业组织，我国还有很多地方性的国际货运代理行业协会组织。

一、国际货运代理协会联合会（FIATA）

国际货运代理协会联合会（International Federation of Freight Forwarders Associations,

FIATA），是非营利性的国际货运代理的行业组织。为保障和提高货运代理行业的全球利益，1926 年 5 月 31 日，16 个国家的货运代理协会在奥地利维也纳成立了国际货运代理协会联合会。该联合会的总部现设在瑞士苏黎世，并分别在欧洲、美洲、亚太、非洲和中东四个区域设立了区域委员会。

国际货运代理协会联合会是目前在世界范围内运输领域最大的非政府、非营利性国际组织，具有广泛的国际影响。

国际货运代理协会联合会的宗旨是代表、保障和提高国际货运代理在全球的利益，工作目标是团结全世界的货运代理行业；以顾问或专家的身份参加国际性组织，处理运输业务，代表、促进和保护运输业的利益；通过发布信息和分发出版物等方式，使工商界和公众熟悉货运代理人提供的服务；制定和推广统一的货运代理单据，改进和提高货运代理的服务质量，协助货运代理人进行职业培训，等等。

国际货运代理协会联合会被国际商会、国际航空运输协会、国际铁路联盟、国际公路运输联盟、世界海关组织、世界贸易组织等一致确认为国际货运代理业的代表，并在联合国经济及社会理事会、联合国贸易与发展大会、联合国欧洲经济委员会、联合国亚洲及太平洋经济和社会理事会、联合国国际贸易法委员会中拥有咨询顾问的地位。

二、中国国际货运代理协会（CIFA）

中国国际货运代理协会（China International Freight Forwarders Association，CIFA），简称中国货代协会，是经国务院批准、在民政部登记注册的社团法人，是我国国际货运代理行业的全国性、非营利性的社会组织。

为了维护国际货运代理行业的经营秩序，保护国际货运代理企业的合法权益，促进我国国际货运代理行业的健康发展，2000 年 9 月 6 日，中国国际货运代理协会在北京正式成立，2000 年 11 月 1 日在民政部获准登记。

中国国际货运代理协会的会员涵盖我国各个省市的国际货运代理行业组织、国际货代物流企业以及与货运代理物流相关的企事业单位，同时也吸纳在中国国际货运代理、运输、物流行业有较高威望和影响的个人会员。

2001 年年初，中国国际货运代理协会（CIFA）代表中国国际货运代理行业加入国际货运代理协会联合会（FIATA），成为 FIATA 的国家级会员，与世界各国和地区的同业组织建立广泛联系，促进货运代理行业国际上的合作和交流。

中国国际货运代理协会的业务指导部门是国家商务部。中国国际货运代理协会协助政府部门加强对我国国际货代物流行业的管理；维护国际货代物流业的经营秩序；推动会员企业的交流合作；依法维护本行业利益；保护会员企业的合法权益；促进对外贸易和国际货代物流业健康发展；为行业培训现代货代物流人才，提升行业人员素质，增强行业企业的国际竞争力；以民间形式代表中国货运代理物流业参与国际经贸运输事务并开展国际商务往来，参加相关国际行业重要会议。

除此之外，中国国际货运代理协会还参与修订国家商务部货运代理法律法规及行业标准，进一步规范货运代理行业管理；在全国范围推广使用 FIATA 单证，提高我国货运代理物流行业的国际竞争力；开展全国货运代理物流企业信用评价和百强排名，促进行业企业健康发展；组织货运代理物流从业人员的国际、国内资格证书培训考试，提高货运代理行业整体素质；等等。

单元五　国际货运代理人的职业素质

作为国际货运代理人，应该具备的职业素质可以概括为七个"知"，具体来说，就是知线、知港、知船、知货、知法、知单以及知价。

一、知线

作为国际海上货运代理人，需要熟悉各个船公司的海运航线，掌握主要定期班轮的航线情况。作为国际航空货运代理人，需要熟悉各个航空公司的空运航线，掌握主要定期航班的航线情况。

货物装运流程

二、知港

作为国际货运代理人，应该熟知世界地理，包括各个大洲主要港口的情况，尤其是主要的中转港，便于安排货物的运输。

三、知船

作为国际货运代理人，需要了解船舶的种类，如集装箱船、干散货船、滚装船、油轮等，知道什么样的船舶适合装载什么样的货物，还应该了解哪些类型的船能够通行于巴拿马运河、苏伊士运河、马六甲海峡。

四、知货

不同种类的货物有不同的包装、储存及运输要求。作为国际货运代理人，应该了解不同种类货物的特性、包装要求、储存要求以及运输要求。国际货运代理人还应该了解危险货物、鲜活易腐货物、贵重货物等特殊货物的操作要求。

五、知法

不同的国家和地区有不同的法律法规和操作流程。作为国际货运代理人，应该了解不同国家和地区的法律法规、操作流程，除了掌握国际货运代理的业务流程之外，还应该对其他相关机构（如货主、海关、船公司、仓库、港口等）的业务流程及特殊规定予以全面的了解。

六、知单

单证的制作是国际货运代理工作中的重要环节，单证制作不当、填写不规范很可能引起不良后果。作为国际货运代理人，必须掌握货运代理相关单证的作用、主要内容、填写要求、签发注意事项等。

七、知价

作为国际货运代理人，必须要了解货运代理市场状况，熟悉市场上的运价走向，为委托人找到性价比最高的承运人和运输方式，从而减少委托人的运费支出。要进行运价比较工作，可以从不同的承运人、不同的运输方式和不同的运输途径这几个方面进行比较。

国际货运代理人应具备职业的责任与操守、职业的技能和知识、职业的荣誉与理想，即敬业、精业、乐业。

敬业是我们中华民族的传统美德。孔子主张"敬事而信""执事敬"。孔子的弟子们在《礼记》中也有"敬业乐群"之说。朱熹主张"主一无适便是敬"，就是说做一件事情，就将全部的精力集中到这件事情上面，一点都不旁骛，这就是敬。

对待工作，不同的态度决定了不同的成就。每一项工作都值得我们用心去做。只要尽职尽责、勤勤恳恳、精益求精，每一个人都会取得不平凡的成就。

对于每一个人来说，只有珍视每一个工作机会，力求精益求精，才能不辜负光阴，收获属于自己的美好未来。

对于每一个企业来说，只有每个员工都热爱本职工作、兢兢业业，各个工作部门才能协调运转，形成一个有机联系的整体，产生整体的效用。

对于我们的国家来说，只有每个个体在各自的工作岗位上发挥好作用，才能汇聚起恢宏的力量，积蓄起推动我们国家进步的强大动力。

同 步 训 练

一、单选题

1. 货运代理人经委托人授权以委托人的名义从事代理行为时，其法律地位为（　　）。
   A. 多式联运经营人 B. 代理人　　　　C. 当事人　　　　D. 承运人

2. 以下表示国际货运代理协会联合会的是（　　）。
   A. FIATA　　　　B. IATA　　　　C. CIFA　　　　D. ICAO

3. 以下表示中国国际货运代理协会的是（　　）。
   A. FIATA　　　　B. IATA　　　　C. CIFA　　　　D. ICAO

4. 国际货运代理企业每设立一个从事国际货运代理业务的分支机构（分公司），应当相应增加注册资本（　　）万元人民币。
   A. 100　　　　B. 50　　　　C. 30　　　　D. 20

5. 下列有关无船承运人说法不正确的是（　　）。
   A. 无船承运人对于托运人来说就是承运人
   B. 无船承运人是实际承运人的代理人，并赚取实际承运人的佣金
   C. 无船承运人有权向托运人收取运费，也有义务向实际承运人支付运费
   D. 无船承运人有权签发自己的提单

二、多选题

1. 国际货运代理具有（　　　）的作用。

    A. 顾问　　　　　　　B. 开拓控制　　　　C. 中间人　　　　D. 组织协调

2. 中国国际货运代理协会的主要任务包括（　　　）。

    A. 保护会员的合法权益

    B. 通过国际货运代理业务营利

    C. 组织行业人员的业务培训

    D. 为政府制定行业发展规划和管理政策提供建议

3. 国际货运代理人可以为（　　　）服务。

    A. 发货人　　　　　　B. 海关　　　　　　C. 收货人　　　　D. 船公司

4. 在下列情况中，（　　　）国际货运代理可以免除责任。

    A. 因货物标志不清造成的损失

    B. 因不可抗拒因素造成的损失

    C. 因申报不实造成的损失

    D. 因国际货运代理人的疏忽或过失造成的损失

三、案例分析题

A 进出口公司 2022 年 5 月 9 日通过出口货物明细单，委托 B 货运代理公司代理出运鲜活龙虾，要求于 5 月 30 日前由船公司 C 的"东方"轮从上海运至东京。B 公司接受委托后办理了订舱手续。5 月 20 日，货物运抵 B 公司的仓库。由于 B 公司收到 C 公司的通知："东京港压港严重，导致班轮脱班，遂将东方轮的航次调整到 6 月 6 日。"B 公司收到通知后第一时间内通知了 A 公司，征求了 A 公司的意见，A 公司同意 6 月 6 日装船，并将货物暂存在 B 公司的仓库直至装船，但货物运抵东京后全部死亡腐烂，于是 A 公司将 B 公司告上法庭，要求给予赔偿。另查明，在 B 公司储存期间，集装箱温湿度始终控制在 A 公司所要求的温湿度范围内。

请问：A 公司的要求是否合理？为什么？

Project 2

模块二
国际贸易术语

学习目标

📖 知识目标

- ⭘ 掌握常用的国际贸易术语。
- ⭘ 了解其他国际贸易术语。
- ⭘ 了解《国际贸易术语解释通则2020》《国际贸易术语解释通则2010》与《国际贸易术语解释通则2000》的主要区别。

∽ 能力目标

- ⭘ 能够区分不同国际贸易术语的异同之处。
- ⭘ 能够选择和使用合适的国际贸易术语。

单元一　国际贸易术语概述

全球化经济为商业活动进入世界各地市场提供了广阔途径，商品正以更大的数量、更多的种类在更多的国家和地区销售。随着全球贸易量的增加与复杂程度的提高，买卖合同起草不当引起误解和高成本纠纷的可能性也随之增加。

在长期的国际贸易实践中形成了各种不同的贸易术语，使用国际贸易术语对明确买卖双方各自承担的责任、费用以及风险的划分界限，简化买卖双方洽商的内容，缩短交易洽商的进程和促进成交，节省业务费用和时间都有积极的作用。

有关贸易术语的国际贸易惯例主要有以下几种。

一、《1932 年华沙 – 牛津规则》（Warsaw-Oxford Rules 1932）

1928 年国际法协会在波兰华沙会议上制定了有关 CIF 买卖契约统一规则，称为《1928 年华沙规则》，共包括 22 条。后经 1932 年牛津会议对其进行修订，定名为《1932 年华沙 - 牛津规则》，全文共 21 条，沿用至今。这一规则对 CIF 买卖合同的性质和特点，买卖双方所承担的风险、责任和费用的划分以及货物所有权转移的方式等问题做了比较详细的解释。

二、《1941 年美国对外贸易定义修订本》（Revised American Foreign Trade Definition 1941）

1919 年美国九个商业团体在纽约制定了《美国出口报价及其缩写条例》（The U.S. Export Quotation and Abbreviations）。1941 年又对它做了修订，并改称《1941 年美国对外贸易定义修订本》。该修订本在同年为美国商会、全国进口商协会和全国对外贸易协会所使用。《1941 年美国对外贸易定义修订本》中所解释的贸易术语共有六种：

（1）Ex Point of Origin（原产地交货）。

（2）Free on Board（运输工具上交货）。

（3）Free Along Side（在运输工具旁边交货）。

（4）Cost and Freight（成本加运费）。

（5）Cost，Insurance and Freight（成本、保险费加运费）。

（6）Ex Dock（目的港码头交货）。

除了 Ex Point of Origin（原产地交货）和 Ex Dock（目的港码头交货）分别与 INCOTERMS（《国际贸易术语解释通则》）中的 EX Works（工厂交货）和 Delivered Ex Quay（目的港码头交货）大体相近之外，其余四种贸易术语与 INCOTERMS 中相应贸易术语的解释有很大的不同。

三、《国际贸易术语解释通则》（International Rules for the Interpretation of Trade Terms，INCOTERMS）

国际商会为了统一各种国际贸易术语的不同解释，于 1936 年制定了《国际贸易术语解释通则》，随后，为了适应国际贸易实践发展的需要，国际商会先后于 1953 年、1967 年、1976 年、1980 年、1990 年、1999 年、2010 年、2020 年对《国际贸易术语解释通则》进行过多次修订。

需要强调的是，INCOTERMS 涵盖的范围只限于销售合同当事人的权利义务中与已售货物（指"有形的"货物，不包括"无形的"货物，如计算机软件）交货有关的事项。

单元二　国际贸易术语解释通则 2000

一、《国际贸易术语解释通则 2000》的修订背景

1999 年，国际商会广泛征求世界各国从事国际贸易的各方人士和有关专家的意见，通过调查、研究和讨论，对《国际贸易术语解释通则》进行了全面的回顾与总结。为使贸易术语更进一步适应世界上无关税区的发展、交易中使用电子数据的增多以及运输方式的变化，国际商会再次对《国际贸易术语解释通则》进行修订，并于 1999 年 7 月公布《国际贸易术语解释通则 2000》（INCOTERMS 2000），自 2000 年 1 月 1 日起生效。

二、《国际贸易术语解释通则 2000》术语分类

《国际贸易术语解释通则 2000》将国际贸易术语分为四组，共 13 种国际贸易术语，具体如表 2-1 所示。

表 2-1　《国际贸易术语解释通则 2000》对术语的分类

组别	术语	英文	中文
E 组	EXW	Ex Works	工厂交货（……指定地点）
F 组	FCA	Free Carrier	货交承运人（……指定地点）
	FAS	Free Alongside Ship	船边交货（……指定装运港）
	FOB	Free On Board	船上交货（……指定装运港）
C 组	CFR	Cost and Freight	成本加运费（……指定目的港）
	CIF	Cost, Insurance and Freight	成本、保险费加运费（……指定目的港）
	CPT	Carriage Paid To	运费付至（……指定目的地）
	CIP	Carriage and Insurance Paid to	运费、保险费付至（……指定目的地）
D 组	DAF	Delivered At Frontier	边境交货（……指定地点）
	DES	Delivered Ex Ship	目的港船上交货（……指定目的港）
	DEQ	Delivered Ex Quay	目的港码头交货（……指定目的港）
	DDU	Delivered Duty Unpaid	未完税交货（……指定目的地）
	DDP	Delivered Duty Paid	完税后交货（……指定目的地）

这 13 种国际贸易术语中，适用于任何运输方式的有 7 种，分别是 E 组的 EXW 工厂交货（……指定地点）；F 组的 FCA 货交承运人（……指定地点）；C 组的 CPT 运费付至（……指定目的地）和 CIP 运费、保险费付至（……指定目的地）；D 组的 DAF 边境交货（……指定地点）、DDU 未完税交货（……指定目的地）以及 DDP 完税交货（……指定目的地）。只适用于海运及内河运输的贸易术语有 6 种，分别是 F 组的 FAS 船边交货（……指定装运港）和 FOB 船上交货（……指定装运港）；C 组的 CFR 成本加运费（……指定目的港）和 CIF 成本、保险费加运费（……指定目的港）；D 组的 DES 目的港船上交货（……指定目的港）和 DEQ 目的港码头交货（……指定目的港）。

三、《国际贸易术语解释通则 2000》对术语的解释

（一）E 组国际贸易术语

E 组的国际贸易术语只有 1 种，就是 EXW：Ex Works（……named place）工厂交货（……指定地点）。

EXW 工厂交货（……指定地点），是指当卖方在其所在地或其他指定的地点（如工厂或仓库）将货物交给买方处置时，即完成交货，卖方不负责办理出口清关手续或将货物装上任何运输工具。

EXW 术语是卖方承担责任最小的国际贸易术语。买方必须承担在卖方所在地受领货物的全部费用和风险。如果双方希望在启运时由卖方负责装载货物并承担装载货物的全部费用和风险，则须在销售合同中明确写明。

> 货物交付：在商品产地或所在地（如工厂或仓库）。
> 风险转移点：货交买方。
> 通关手续的办理：买方。
> 费用划分：交货之前由卖方承担；交货之后由买方承担。
> 运输方式：适用于各种运输方式。

（二）F 组国际贸易术语

1. FCA：Free Carrier（……named place）货交承运人（……指定地点）

FCA 货交承运人（……指定地点），是指卖方只要将货物在指定的地点交给买方指定的承运人，并办理了出口清关手续，即完成交货。需要说明的是，交货地点的选择对于在该地点卸货和装货的义务会产生影响。若卖方在其所在地交货，则卖方应负责卸货和装货；若卖方在任何其他地点交货，卖方不负责卸货和装货。

FCA 术语可用于各种运输方式，包括多式联运。

"承运人"指在运输合同中，承诺通过铁路、公路、空运、海运、内河运输或上述运输的联合方式履行运输义务或由他人履行运输义务的人。

若买方指定承运人以外的人领取货物，则当卖方将货物交给此人时，即视为已履行了交货义务。

> 货物交付：指定的地点。

➤ 风险转移点：货交承运人。

➤ 通关手续的办理：卖方负责出口清关手续。

➤ 费用划分：交货之前由卖方承担；交货之后由买方承担。

➤ 运输方式：适用于各种运输方式。

买卖双方的基本义务：

（1）卖方的基本义务：

①按时将货交给指定的承运人。

②办理出口结关手续。

③负担货交承运人之前的一切费用与风险。

④提交通常单据或电子信息。

（2）买方的基本义务：

①订立自指定地点到目的地的运输合同，并支付运费。

②办理进口结关手续。

③负担货交承运人之后的一切费用及风险。

④领取货物，支付款项。

2. FAS：Free Alongside Ship（……named port of shipment）船边交货（……指定装运港）

FAS 船边交货（……指定装运港），是指卖方在指定的装运港将货物交到船边，即完成交货。买方必须承担自那时起货物灭失或损坏的一切风险。

FAS 术语要求卖方办理出口清关手续。但是，如果当事各方希望买方办理出口手续，则需要在销售合同中明确写明。

FAS 术语仅适用于海运或内河运输。

➤ 货物交付：装运港船边。

➤ 风险转移点：装运港船边。

➤ 通关手续的办理：卖方负责出口清关手续。

➤ 费用划分：交货之前由卖方承担；交货之后由买方承担。

➤ 运输方式：仅适用于水上运输方式。

3. FOB：Free On Board（……named port of shipment）船上交货（……指定装运港）

FOB 船上交货（……指定装运港），是当货物在指定的装运港越过船舷，卖方即完成交货。这意味着买方必须从该点起承担货物灭失或损坏的一切风险。

FOB 术语要求卖方办理货物出口清关手续。

FOB 术语仅适用于海运或内河运输。

➤ 货物交付：装运港船上交货。

➤ 风险转移点：装运港船舷为界。

➤ 通关手续的办理：卖方负责出口清关手续。

➤ 费用划分：交货之前由卖方承担；交货之后由买方承担。

➤ 运输方式：仅适用于水上运输方式。

买卖双方的基本义务：

（1）卖方的基本义务：

①按时交货，并发已装船通知。

②办理出口结关手续。

③负担货到装运港船舷为止的一切费用与风险。

④提交约定的各项单证或电子信息。

（2）买方的基本义务：

①按时租船订舱并支付运费。

②办理进口结关手续。

③负担货到装运港船舷后的一切费用与风险。

④领取货物，支付款项。

（三）C组国际贸易术语

1. CFR：Cost and Freight（……named port of destination）成本加运费（……指定目的港）

CFR 成本加运费（……指定目的港），是指在装运港货物越过船舷卖方即完成交货，卖方必须支付将货物运至指定的目的港所需的运费和费用。但交货后货物灭失或损坏的风险，以及由于各种事件造成的任何额外费用，均由买方承担。

CFR 术语要求卖方办理出口清关手续。

CFR 术语仅适用于海运或内河运输。

> 货物交付：装运港船上交货。
> 风险转移点：装运港船舷为界。
> 通关手续的办理：卖方负责出口清关手续。
> 费用划分：卖方必须支付将货物运至指定的目的港所需的运费和费用。
> 运输方式：仅适用于水上运输方式。

2. CIF：Cost, Insurance and Freight（……named port of destination）成本、保险费加运费（……指定目的港）

CIF 成本、保险费加运费（……指定目的港），是指在装运港当货物越过船舷时卖方即完成交货。卖方必须支付将货物运至指定的目的港所需的运费和费用，但交货后货物灭失或损坏的风险及由于各种事件造成的任何额外费用即由卖方转移到买方。在 CIF 术语条件下，卖方还必须办理买方货物在运输途中灭失或损坏风险的海运保险。即由卖方订立保险合同并支付保险费。

买方应注意，CIF 术语只要求卖方投保最低限度的保险险别。如果买方需要更高的保险险别，则需要与卖方明确地达成协议，或者自行做出额外的保险安排。

CIF 术语要求卖方办理货物出口清关手续。

CIF 术语仅适用于海运和内河运输。

> 货物交付：装运港船上交货。
> 风险转移点：装运港船舷为界。
> 通关手续的办理：卖方负责出口清关手续。

> 费用划分：卖方必须支付将货物运至指定的目的港所需的运费、费用以及保险费。
> 运输方式：仅适用于水上运输方式。

买卖双方的基本义务：

（1）卖方的基本义务：

①租船订舱并支付运费，按时交货，并发已装船通知。

②办理出口结关手续。

③负担货到装运港船舷为止的一切费用与风险。

④提交约定的各项单证或电子信息。

⑤办理保险并支付保险费。

（2）买方的基本义务：

①办理进口结关手续。

②负担货到装运港船舷后的一切风险。

③领取货物，支付款项。

3．CPT：Carriage Paid To（……named place of destination）运费付至（……指定目的地）

CPT 运费付至（……指定地点），是指卖方向其指定的承运人交货，同时卖方还必须支付将货物运至目的地的运费。买方承担交货之后的一切风险和其他费用。

"承运人"是指在运输合同中，承诺通过铁路、公路、空运、海运、内河运输或上述运输的联合方式履行运输义务或由他人履行运输义务的人。如果是采用联运的方式将货物运至约定目的地，则风险自货物交给第一承运人时转移。

CPT 术语要求卖方办理出口清关手续。

CPT 术语可适用于各种运输方式，包括多式联运。

> 货物交付：指定地点。
> 风险转移点：货交承运人为界。
> 通关手续的办理：卖方负责出口清关手续。
> 费用划分：卖方承担交货前的费用以及货物运至目的地的运费。
> 运输方式：适用于各种运输方式。

买卖双方的基本义务：

（1）卖方的基本义务：

①订立自指定地点到目的地的运输合同，支付运费，按时将货物交给承运人。

②办理出口结关手续。

③负担货交承运人之前的一切风险。

④提交单据或电子信息。

（2）买方的基本义务：

①办理进口结关手续。

②负担货交承运人之后的一切风险。

③办理保险并支付保险费。

④领取货物，支付款项。

4. CIP：Carriage and Insurance Paid to （……named place of destination）运费和保险费付至（……指定目的地）

CIP 运费和保险费付至（……指定目的地），是指卖方向其指定的承运人交货，同时卖方须支付将货物运至目的地的运费。买方承担卖方交货之后的一切风险和额外费用。在 CIP 术语条件下，卖方还必须办理买方货物在运输途中灭失或损坏风险的保险，即由卖方订立保险合同并支付保险费。

买方应注意，CIP 术语只要求卖方投保最低限度的保险险别。如果买方需要更高的保险险别，则需要与卖方明确地达成协议，或者自行做出额外的保险安排。

"承运人"指在运输合同中，承诺通过铁路、公路、空运、海运、内河运输或上述运输的联合方式履行运输义务或由他人履行运输义务的人。如果是采用联运的方式将货物运至约定目的地，则风险自货物交给第一承运人时转移。

CIP 术语要求卖方办理出口清关手续。

CIP 术语可适用于各种运输方式，包括多式联运。

➢ 货物交付：指定地点。
➢ 风险转移点：货交承运人为界。
➢ 通关手续的办理：卖方负责出口清关手续。
➢ 费用划分：卖方承担交货之前的费用、运费以及保险费。
➢ 运输方式：适用于各种运输方式。

买卖双方的基本义务：

（1）卖方的基本义务：

①订立自指定地点到目的地的运输合同，支付运费，按时将货物交给承运人。
②办理出口结关手续。
③负担货交承运人之前的一切风险。
④提交单据或电子信息。
⑤办理保险并支付保险费。

（2）买方的基本义务：

①办理进口结关手续。
②负担货交承运人之后的一切风险。
③领取货物，支付款项。

（四）D 组国际贸易术语

1. DAF：Delivered At Frontier 边境交货（……指定地点）

DAF 边境交货（……指定地点），是指当卖方在边境的指定的地点和具体交货点，在毗邻国家海关边界前，将仍处于交货的运输工具上尚未卸下的货物交给买方处置，办妥货物出口清关手续但尚未办理进口清关手续时，即完成交货。

在 DAF 术语下，买卖双方责任、风险和费用的划分，以边境交货地点（未卸下）为界。

"边境"一词可用于任何边境，包括出口国（地区）边境。因而，用指定地点和具体交货点准确界定所指边境是极为重要的。

但是，如果当事各方希望卖方负责从交货运输工具上卸货并承担卸货的风险和费用，则应在销售合同中明确写明。

DAF 术语可用于陆地边界交货的各种运输方式，当在目的港船上或码头交货时，应该使用 DES 或 DEQ 术语。

2. DES：Delivered Ex Ship 目的港船上交货（……指定目的港）

DES 目的港船上交货（……指定目的港），是指卖方在指定的目的港，货物在船上交给买方处置，但不办理货物进口清关手续，即完成交货。卖方必须承担货物运至指定的目的港卸货前的一切风险和费用。

在 DES 术语下，买卖双方责任、风险和费用的划分，以目的港船上办理交接手续为界。

如果当事各方希望卖方负担卸货的风险和费用，则应该使用 DEQ 术语。

只有当货物经由海运或内河运输或多式联运在目的港船上交货时，才能使用 DES 术语。

3. DEQ：Delivered Ex Quay 目的港码头交货（……指定目的港）

DEQ 目的港码头交货（……指定目的港），是指卖方在指定的目的港码头将货物交给买方处置，不办理进口清关手续，即完成交货。卖方应承担将货物运至指定的目的港并卸至码头的一切风险和费用。

DEQ 术语要求买方办理进口清关手续并在进口时支付一切办理海关手续的费用、关税、税款和其他费用。

在 DEQ 术语下，买卖双方责任、风险和费用的划分点为指定目的港码头。

如果当事各方希望卖方负担全部或部分进口时交纳的费用，则应在销售合同中明确写明。

只有当货物经由海运、内河运输或多式联运并且在目的港码头卸货时，才能使用 DEQ 术语。

4. DDU：Delivered Duty Unpaid 未完税交货（……指定目的地）

DDU 未完税交货（……指定目的地），是指卖方在指定的目的地将货物交给买方处置，不办理进口手续，也不从交货的运输工具上将货物卸下，即完成交货。

卖方应承担将货物运至指定的目的地的一切风险和费用，不包括在需要办理海关手续时，在目的地国进口应交纳的任何"税费"（包括办理海关手续的责任和风险，以及交纳手续费、关税、税款和其他费用）。买方必须承担此项"税费"和因其未能及时办理货物进口清关手续而引起的费用和风险。

在 DDU 术语下，买卖双方风险的划分点为进口国指定目的地。

如果当事各方希望卖方办理海关手续并承担由此发生的费用和风险，以及在货物进口时应支付的一切费用，则应在销售合同中明确写明。

DDU 术语适用于各种运输方式。

5．DDP：Delivered Duty Paid 完税后交货（……指定目的地）

DDP 完税后交货（……指定目的地），是指卖方在指定的目的地，办理完进口清关手续，将在交货运输工具上尚未卸下的货物交与买方，完成交货。

卖方必须承担将货物运至指定的目的地的一切风险和费用，包括在需要办理海关手续时在目的地应交纳的任何进口"税费"（包括办理一切海关手续、交纳海关手续费、关税、税款和其他费用的责任和风险）。

在 DDP 术语下，买卖双方风险的划分点为进口国指定目的地。

DDP 术语是卖方承担责任最大的国际贸易术语。

如果卖方不能直接或间接地取得进口许可证，则不应使用 DDP 术语。

如果当事各方希望将任何进口时所要支付的一切费用（如增值税）从卖方的义务中排除，则应在销售合同中明确写明。

如果当事各方希望买方承担进口的风险和费用，则应使用 DDU 术语。

DDP 术语适用于各种运输方式。

四、FOB、CFR、CIF 术语的异同点

《国际贸易术语解释通则 2000》中最常用的三种国际贸易术语是 FOB、CFR 和 CIF。这三种国际贸易术语的异同点如表 2-2 所示。

表 2-2　FOB、CFR、CIF 的异同点

异　同　点		卖　　方	买　　方
不同点	FOB		租船订舱、支付运费 办理保险、支付保险费
	CFR	租船订舱、支付运费	办理保险、支付保险费
	CIF	租船订舱、支付运费 办理保险、支付保险费	
	双方义务	①装货、充分通知 ②办理出口手续、提供证件 ③移交单据	①接货 ②办理进口手续、提供证件 ③付款、接受单据
相同点	风险划分	风险划分界限都是出口国装运港船舷交货地点	
	交货地点	交货地点都是装运港港口	
	交货性质	交货性质相同，都是凭单交货，凭单付款，都是"单据买卖"，属于象征性交货，只管装货不保证到货	
	适用范围	都只适合海运及内河运输	

单元三　国际贸易术语解释通则 2010

一、《国际贸易术语解释通则 2010》的修订背景

21 世纪，随着经济全球化的进一步发展、全球交通运输方式的巨大改变、集装箱运输

规模的不断扩大，国际贸易方式也发生了重大改变，这对国际贸易术语提出了更精确、更可操作的要求。

为了适应国际贸易的快速发展和国际贸易实践领域发生的新变化，国际商会于 2007 年发起对《国际贸易术语解释通则 2000》（INCOTERMS 2000）进行修订的动议，并组建了修订小组。来自全球 130 个国家和地区的国际贸易专家和法学家提供了 2000 多条修改意见，历时 3 年，几易其稿，在 2010 年 9 月 27 日推出了《国际贸易术语解释通则 2010》，于 2011 年 1 月 1 日正式生效。《国际贸易术语解释通则 2010》充分考虑到十年来国际贸易领域出现的新变化，内容更加清晰简洁，操作性和指导性进一步加强，更符合当前国际贸易的需要。

二、《国际贸易术语解释通则 2010》与《国际贸易术语解释通则 2000》的主要区别

《国际贸易术语解释通则 2010》与《国际贸易术语解释通则 2000》的主要区别有四点，分别是国际贸易术语数量的调整、国际贸易术语分类的调整、"船舷"界限的变化以及国际贸易术语的内外贸适用性。

（一）国际贸易术语数量的调整

国际贸易术语由原来的 13 个减至 11 个。该变化是通过使用两个可适用于任何运输模式的新术语，即 DAT（运输终端交货）和 DAP（目的地交货），取代《国际贸易术语解释通则 2000》中的 DAF（边境交货）、DES（目的港船边交货）、DEQ（目的港码头交货）和 DDU（未完税交货）来实现的。

在这两个新增的国际贸易术语中，交货都在指定目的地发生。使用 DAT 术语时，货物已从到达的运输工具卸下，交由买方处置（与以前的 DEQ 术语相同）。使用 DAP 术语时，货物同样交由买方处置，但仅需作好卸货准备（与以前的 DAF、DES 和 DDU 术语相同）。

新的国际贸易术语使得《国际贸易术语解释通则 2000》的 DES 与 DEQ 术语成为多余。DAT 术语的指定终端很可能是港口，因此该术语可完全适用于《国际贸易术语解释通则 2000》中 DEQ 适用的场合。同样，DAP 术语中抵达的运输工具很可能是船只，指定地点也很可能是港口，因此，该术语可完全适用于《国际贸易术语解释通则 2000》DES 适用的场合。这两个新的贸易术语和先前的贸易术语一样，是"交货"型，即由卖方承担将货物交至指定目的地的所有费用和风险。

（二）国际贸易术语分类的调整

《国际贸易术语解释通则 2000》中的 13 个国际贸易术语分为 E、F、C、D 四个组，而《国际贸易术语解释通则 2010》中的 11 个国际贸易术语分为特征鲜明的两大类。

第一类是适用于任何运输方式或多种运输方式联合运输的贸易术语，分别是：

EXW	工厂交货
FCA	货交承运人
CPT	运费付至
CIP	运费、保险费付至
DAT	运输终端交货

DAP	目的地交货
DDP	完税后交货

第二类是仅适用于海运及内河水运的贸易术语，分别是：

FAS	船边交货
FOB	船上交货
CFR	成本加运费
CIF	成本、保险费加运费

第一类包括《国际贸易术语解释通则 2010》中的 7 个贸易术语：EXW、FCA、CPT、CIP、DAT、DAP 和 DDP。不论选用何种运输方式，也不论是否使用一种或多种运输方式，均可适用。即不论是否使用海运运输方式，都可使用这些贸易术语；使用多种运输方式联合运输时，也可以使用这些贸易术语。

《国际贸易术语解释通则 2010》中的第二类贸易术语，交货地点和将货物交至买方的地点都是港口，因此被划分为"适于海运及内河水运的贸易术语"。FAS、FOB、CFR 和 CIF 均属此类。

（三）"船舷"界限的变化

《国际贸易术语解释通则 2010》在 FOB、CFR、CIF 这 3 个贸易术语中省略了以"船舷"作为交货点的表述，取而代之的是货物置于"船上"时构成交货。它强调卖方承担货物装上船为止的一切风险，买方承担自货物装上船起的一切风险，而不再规定一个明确的风险临界点。这样的规定源自于实际业务的可操作性，更符合当今商业现实。

（四）国际贸易术语的内外贸适用性

国际贸易术语传统上用于货物跨越国界的国际货物买卖合同。但是，在世界上的许多地区，如欧盟这样的贸易同盟，已使不同成员国之间的边界形式显得不再重要。

因此，《国际贸易术语解释通则 2010》正式确认这些贸易术语对国际和国内货物买卖合同均可适用。因而，《国际贸易术语解释通则 2010》在多处明确说明，只有在适用时，才产生遵守进口 / 出口手续要求的义务。

除此之外，《国际贸易术语解释通则 2010》还考虑了无关税区的不断扩大、商业交易中电子信息使用的增加、货物运输中的安全问题以及运输方式的变化等，使其更加简洁清晰，对国际贸易业务更具有操作性和适用性。

三、《国际贸易术语解释通则 2010》对术语的解释

（一）适用于任何运输方式或多种运输方式联合运输的贸易术语

1. EXW：Ex Works 工厂交货

EXW 工厂交货，是指当卖方在其所在地或其他指定地点（如工厂、车间或仓库等）将货物交由买方处置时，即完成交货。

EXW 术语适用于任何运输方式，也适用于多种运输方式联合运输。

EXW 术语适合国内贸易，而 FCA 术语一般则更适合国际贸易。

在 EXW 术语下，卖方不需要将货物装上任何前来接收货物的运输工具，需要清关时，卖方也无须办理出口清关手续。

特别建议双方在指定交货地范围内尽可能明确具体交货地点，因为在货物到达交货地点之前的所有费用和风险都由卖方承担。买方则需承担自此约定交货地点（如有）收取货物之后所产生的全部费用和风险。

EXW 术语代表卖方最低义务，使用时需要注意以下问题：

（1）卖方对买方没有装货的义务，即使实际上卖方也许更方便这样做。如果卖方装货，也是由买方承担相关风险和费用。当卖方更方便装货时，FCA 术语一般更为合适，因为该术语要求卖方承担装货义务，以及与此相关的风险和费用。

（2）以 EXW 术语为基础购买出口产品的买方需要注意，卖方只有在买方要求时，才有义务协助办理出口，即卖方没有义务安排出口通关。因此，在买方不能直接或间接地办理出口清关手续时，不建议使用该术语。

（3）买方仅有限度地承担向卖方提供货物出口相关信息的责任，但是卖方则可能出于缴税或申报等目的，需要这方面的信息。

2. FCA：Free Carrier 货交承运人

FCA 货交承运人，是指卖方在卖方所在地或其他指定地点将货物交给买方指定的承运人或其他人，即完成交货。

FCA 术语适用于任何运输方式，也适用于多种运输方式联合运输。

由于风险在交货地点转移至买方，特别建议双方尽可能清楚地写明指定交货地内的交付点。

如果当事各方希望在卖方所在地交货，则应当将卖方所在地址明确为指定交货地。如果当事各方希望在其他地点交货，则必须确定不同的特定交货地点。

FCA 术语要求卖方办理货物出口清关手续，但是卖方没有义务办理进口清关、支付任何进口税或办理任何进口海关手续。

3. CPT：Carriage Paid To 运费付至

CPT 运费付至，是指卖方将货物在双方约定地点（如果双方已经约定了地点）交给卖方指定的承运人或其他人，即完成交货。同时，卖方必须签订运输合同并支付将货物运至指定目的地所需费用。

CPT 术语适用于任何运输方式，也适用于多种运输方式联合运输。

在使用 CPT、CIP、CFR 或 CIF 术语时，当卖方将货物交付给承运人时，而不是当货物到达目的地时，即完成交货。

由于风险转移和费用转移的地点不同，CPT 国际贸易术语有两个关键点。一是特别建议当事各方尽可能确切地在合同中明确交货地点（风险在这里转移至买方），以及指定的目的地（卖方必须签订运输合同运到该目的地）。二是如果运输到约定目的地涉及多个承运人，且双方不能就交货点达成一致时，可以推定：当卖方在某个完全由其选择，且买方不能控制的点将货物交付给第一个承运人时，风险转移至买方。如果当事各方希望风险晚些转移（例如在某海港或机场转移），则需要在其买卖合同中订明。

由于卖方需承担将货物运至目的地具体地点的费用，特别建议当事各方尽可能确切地在指定目的地内明确该点。建议卖方取得完全符合该选择的运输合同。如果卖方按照运输合同在指定的目的地卸货发生了费用，除非当事各方另有约定，卖方无权向买方要求偿付。

CPT 术语要求卖方办理货物的出口清关手续，但是卖方没有义务办理进口清关、支付任何进口税或者办理进口相关的任何海关手续。

4. CIP：Carriage and Insurance Paid to 运费和保险费付至

CIP 运费和保险费付至，是指卖方将货物在双方约定地点（如双方已经约定了地点）交给其指定的承运人或其他人，即完成交货。同时，卖方必须签订运输合同并支付将货物运至指定目的地的所需费用。

卖方还必须为买方在运输途中货物的灭失或损坏风险签订保险合同。买方应该注意到，CIP 术语只要求卖方投保最低险别。如果买方需要更多保险保护的话，则需与卖方明确就此达成协议，或者自行做出额外的保险安排。

CIP 术语适用于任何运输方式，也适用于多种运输方式联合运输。

在使用 CPT、CIP、CFR 或 CIF 术语时，当卖方将货物交付给承运人时，而不是当货物到达目的地时，即完成交货。

由于风险转移和费用转移的地点不同，CIP 术语有两个关键点。一是特别建议当事各方尽可能确切地在合同中明确交货地点（风险在这里转移至买方），以及指定目的地（卖方必须签订运输合同运到该目的地）。二是如果运输到约定目的地涉及多个承运人，且当事各方不能就特定的交货点达成一致时，可以推定：当卖方在某个完全由其选择，且买方不能控制的点将货物交付给第一个承运人时，风险转移至买方。如果当事各方希望风险晚些转移（例如在某海港或机场转移），则需要在其买卖合同中订明。

由于卖方需要承担将货物运至目的地具体地点的费用，特别建议当事各方尽可能确切地在指定目的地内明确该点。建议卖方取得完全符合该选择的运输合同。如果卖方按照运输合同在指定的目的地卸货发生了费用，除非当事各方另有约定，卖方无权向买方要求偿付。

CIP 术语要求卖方办理货物的出口清关手续。但是卖方无义务办理进口清关、支付任何进口税或办理进口相关的任何海关手续。

5. DAT：Delivered At Terminal 运输终端交货

DAT 运输终端交货，是指当卖方在指定港口或目的地的指定运输终端将货物从抵达的载货运输工具上卸下，交由买方处置时，即完成交货。

DAT 术语适用于任何运输方式，也适用于多种运输方式联合运输。

"运输终端"意味着任何地点，而不论该地点是否有遮盖，例如码头、仓库、集装箱堆积场或公路、铁路、空运货站。卖方承担将货物送至指定港口或目的地的运输终端并将其卸下的一切风险。

由于卖方承担在特定地点交货前的风险，特别建议双方尽可能确切地约定运输终端，或如果可能的话，明确在约定港口或目的地的运输终端内特定的交货点。建议卖方取得完全符合该选择的运输合同。

DAT 术语要求卖方办理出口清关手续。但是卖方没有义务办理进口清关、支付任何进口税或办理任何进口海关手续。

如果当事各方希望由卖方承担由运输终端至另一地点间运送和受理货物的风险和费用，则应当使用 DAP 或 DDP 术语。

6. DAP：Delivered At Place 目的地交货

DAP 目的地交货，是指当卖方在指定目的地将仍处于抵达的运输工具之上，并且已经做好卸载准备的货物交由买方处置时，即完成交货。卖方承担将货物运送到指定地点的一切风险。

DAP 术语适用于任何运输方式，也适用于多种运输方式联合运输。

由于卖方承担在特定地点交货前的风险，特别建议当事各方尽可能清楚地约定指定目的地内的交货点。建议卖方取得完全符合该选择的运输合同。如果卖方按照运输合同在目的地发生了卸货费用，除非当事各方另有约定，卖方无权向买方要求偿付。

DAP 术语要求卖方办理出口清关手续，但是卖方没有义务办理进口清关、支付任何进口税或办理任何进口海关手续。

如果当事各方希望卖方办理进口清关、支付所有进口关税，并办理所有进口海关手续，则应当使用 DDP 术语。

7. DDP：Delivered Duty Paid 完税后交货

DDP 完税后交货，是指当卖方在指定目的地将仍处于抵达的运输工具上，但已完成进口清关，并且已经做好卸载准备的货物交由买方处置时，即完成交货。卖方承担将货物运至目的地的一切风险和费用，并且有义务完成货物出口和进口清关、支付所有出口和进口的关税和办理所有海关手续。

DDP 术语适用于任何运输方式，也适用于多种运输方式联合运输。

DDP 术语代表卖方的最大责任。

由于卖方承担在特定地点交货前的风险和费用，特别建议当事各方尽可能清楚地约定在指定目的地内的交货点。建议卖方取得完全符合该选择的运输合同。如果按照运输合同卖方在目的地发生了卸货费用，除非当事各方另有约定，卖方无权向买方索要。

如果卖方不能直接或间接地完成进口清关，则特别建议当事各方不使用 DDP 术语。

如果当事各方希望买方承担所有进口清关的风险和费用，则应该使用 DAP 术语。

除非买卖合同中另行明确规定，任何增值税或其他应付的进口税款由卖方承担。

（二）适用于海运和内河水运的贸易术语

1. FAS：Free Alongside Ship 船边交货

FAS 船边交货，是指当卖方在指定的装运港将货物交到买方指定的船边（例如，置于码头或驳船上）时，即完成交货。货物灭失或损坏的风险在货物交到船边时发生转移，同时买方承担自那时起的一切费用。

FAS 术语仅适用于海运或内河水运。

由于卖方承担在特定地点交货前的风险和费用，而且这些费用和相关作业费可能因各个港口惯例不同而变化，特别建议当事各方尽可能清楚地约定指定装运港内的交货点。

当货物装在集装箱里时，卖方通常将货物在集装箱码头移交给承运人，而非交到船边。这时，不适合使用 FAS 术语，而应当使用 FCA 术语。

FAS 术语要求卖方办理出口清关手续，但是卖方没有义务办理进口清关、支付任何进口税或者办理任何进口海关手续。

2. FOB：Free On Board 船上交货

FOB 船上交货，是指卖方以在指定装运港将货物装上买方指定的船舶或通过取得已交付至船上货物的方式交货。货物灭失或损坏的风险在货物交到船上时转移，同时买方承担自那时起的一切费用。此处"取得"一词适用于商品贸易中常见的交易链中的多层销售（链式销售）。

FOB 术语仅适用于海运或内河水运。

FOB 术语要求卖方办理出口清关手续，但是卖方没有义务办理进口清关、支付任何进口税或者办理任何进口海关手续。

3. CFR：Cost and Freight 成本加运费

CFR 成本加运费，是指卖方在船上交货或以取得已经这样交付的货物方式交货。货物灭失或损坏的风险在货物交到船上时转移。卖方必须签订合同，并支付必要的成本和运费，将货物运至指定的目的港。

CFR 术语仅适用于海运或内河水运。

当使用 CPT、CIP、CFR 或者 CIF 术语时，卖方按照所选择国际贸易术语规定的方式将货物交付给承运人时，即完成其交货义务，而不是货物到达目的地之时。

由于风险转移和费用转移的地点不同，CFR 术语有两个关键点。一是虽然合同通常都会指定目的港，但是不一定都会指定装运港，而这里是风险转移至买方的地方。二是如果装运港对买方具有特殊意义，特别建议当事各方在合同中尽可能准确地指定装运港。

由于卖方要承担将货物运至目的地具体地点的费用，特别建议当事各方应尽可能确切地在指定目的港内明确该点。建议卖方取得完全符合该选择的运输合同。如果卖方按照运输合同在目的港交付点发生了卸货费用，则除非当事各方事先另有约定，卖方无权向买方要求补偿该项费用。

CFR 术语要求卖方办理出口清关手续，但是卖方没有义务办理进口清关、支付任何进口税或者办理任何进口海关手续。

4. CIF：Cost，Insurance and Freight 成本、保险费加运费

CIF 成本、保险费加运费，是指卖方在船上交货或以取得已经这样交付的货物方式交货。货物灭失或损坏的风险在货物交到船上时转移。卖方必须签订合同，并支付必要的成本和运

费，以将货物运至指定的目的港。

CIF 术语仅适用于海运或内河水运。

卖方还要为买方在运输途中货物的灭失或损坏风险办理保险。买方应注意到，在 CIF 术语下，卖方仅需投保最低险别。如果买方需要更多保险保护的话，则需与卖方明确达成协议，或者自行做出额外的保险安排。

当使用 CPT、CIP、CFR 或者 CIF 术语时，卖方按照所选择的术语规定的方式将货物交付给承运人时，即完成其交货义务，而不是货物到达目的地之时。

由于风险转移和费用转移的地点不同，CIF 术语有两个关键点。一是虽然合同通常都会指定目的港，但不一定都会指定装运港，而这里是风险转移至买方的地方。二是如果装运港对买方具有特殊意义，特别建议双方在合同中尽可能准确地指定装运港。

由于卖方需承担将货物运至目的地具体地点的费用，特别建议当事各方应尽可能确切地在指定目的港内明确该点。建议卖方取得完全符合该选择的运输合同。如果卖方按照运输合同在目的港发生了卸货费用，则除非当事各方事先另有约定，卖方无权向买方要求补偿该项费用。

CIF 术语要求卖方办理出口清关手续，但是卖方没有义务办理进口清关、支付任何进口税或办理任何进口海关手续。

单元四　国际贸易术语解释通则 2020

2019 年国际商会（ICC）正式推出《国际贸易术语解释通则 2020》（INCOTERMS 2020），于 2020 年 1 月 1 日正式生效。

一、《国际贸易术语解释通则 2020》术语分类

《国际贸易术语解释通则 2020》依然把国际贸易术语分为 11 种，按照所适用的运输方式划分为适用于任何运输方式和适用于水上运输方式两大类。

《国际贸易术语解释通则 2020》中，各个国际贸易术语项下卖方和买方各自应承担的义务仍然以纵向排列的形式列出，A 为卖方义务，B 为买方义务，但卖方与买方义务的排列顺序在 INCOTERMS 2010 的基础上进行了调整，更加强调了卖方与买方在各个术语下与交货有关的义务。

INCOTERMS 2020 包括 11 种贸易术语，并将其划分为适用于任一或多种运输方式和仅适用于海运或内河水运两类。

适用于任一或多种运输方式的术语包括 EXW（Ex Works，工厂交货）、FCA（Free Carrier，货交承运人）、CPT（Carriage Paid To，运费付至）、CIP（Carriage and Insurance Paid to，运费和保险费付至）、DAP（Delivered At Place，目的地交货）、DPU（Delivered at Place Unloaded，目的地卸货后交货）和 DDP（Delivered Duty Paid，完税后交货）。

仅适用于海运或内河水运方式的术语包括 FAS（Free Alongside Ship，船边交货）、FOB（Free On Board，船上交货）、CFR（Cost and Freight，成本加运费）、CIF（Cost, Insurance and Freight，成本、保险费加运费）。

二、《国际贸易术语解释通则 2020》的主要变化

INCOTERMS 2020 与 INCOTERMS 2010 相比较，主要有以下变化：

INCOTERMS 2020 在 INCOTERMS 2010 版本的基础上更进一步明确了买卖双方的责任，为将来的全球贸易发展做准备。

INCOTERMS 2020 考虑了日益普遍的货物运输安全需求，不同货物及运输性质对保险承保范围的灵活性需求，及 FCA（货交承运人）规则下部分融资性销售情形中银行对装船提单的需求。

INCOTERMS 2020 主要修订内容如下：

1. 对 FCA 规则增加签发装船提单选项

FCA（货交承运人）是指卖方在卖方所在地或其他指定地点将货物交给买方指定的承运人或其他人。在货物海运销售中，货物在卖方运输工具上备妥待卸并置于承运人或买方指定的其他人控制之时，交货即告完成。

FOB（船上交货）是指卖方以在指定装运港将货物装上买方指定的船舶或通过取得已交付至船上货物的交货方式。货物灭失或损坏的风险在货物交到船上时转移，同时买方承担自那时起的一切费用。

FOB 术语可能不适合于货物在上船前已经交给承运人的情况。例如用集装箱运输的货物通常是在集装箱码头交货，货物被储藏在集装箱码头等待船只到达并装船，而不是实际将货物装到船上。该集装箱码头常常由买方的海运承运人指定。若集装箱在集装箱码头中损坏，即使卖方与集装箱码头经营者没有任何合同关系，损失仍由卖方承担。此时应当使用 FCA 术语，因为在 FCA 规则下，卖方将集装箱交给承运人而无须等待集装箱装船即完成了对买方的交货。

在以上情形中，卖方会坚持使用 FCA 术语，同时卖方又希望使用信用证这一付款方式，而信用证通常要求出示提单；根据运输合同，承运人只可能在货物实际装船后才会签发装船提单；而在 FCA 规则下，卖方的交货义务在货物装船前已经完成，因此，卖方交货时无法从承运人处获得装船提单。

为解决以上问题，INCOTERMS 2020 中 FCA 术语中增加了一个附加选项，即买卖双方可以约定买方指示其承运人在货物装运后向卖方签发装船提单，卖方随后才有义务向买方（通常通过银行）提交提单。尽管国际商会意识到装船提单和 FCA 项下的交货存在矛盾，但这符合用户需求。即使采用该附加选项，卖方并不因此受买方签署的运输合同条款的约束。

2. 费用划分条款的调整

对费用划分条款进行修订的目的在于提供给用户一站式费用列表，买方或卖方得以在一个条款中找到其选择的 INCOTERMS 术语所对应的所有费用，这使得卖方和买方之间费

用的分摊得到了改进和明确。同时，原散见于各条款的费用项目仍然保留。

3. CIP 保险条款调整为必须符合《协会货物保险条款》条款（A）的承保范围

在 INCOTERMS 2010 规则中，CIF（成本、保险费加运费）和 CIP（运费和保险费付至）规定了卖方必须自付费用取得货物保险的责任。该保险至少应当符合《协会货物保险条款》（Institute Cargo Clauses，LMA／IUA）条款（C）（Clauses C）或类似条款的最低险别。

《协会货物保险条款》条款（C）规定了承保"除外责任"各条款规定以外列明的风险，它只承保"重大意外事故"，而不承保"自然灾害及非重大意外事故"。其具体承保的风险有：①火灾、爆炸；②船舶或驳船触礁、搁浅、沉没或倾覆；③陆上运输工具倾覆或出轨；④在避难港卸货；⑤共同海损牺牲；⑥抛货。

在 INCOTERMS 2020 规则中，对保险义务，CIF 规则维持现状，即默认条款（C），但当事人可以协商选择更高级别的承保范围；而对于 CIP 规则，卖方必须取得符合《协会货物保险条款》条款（A）承保范围的保险，但当事人可以协商选择更低级别的承保范围。

《协会货物保险条款》条款（A）采用"一切风险减除外责任"的办法，即除了"除外责任"项下所列风险保险人不予负责外，其他风险均予负责。条款（A）承保的风险比条款（C）要大得多，这有利于买方，也会增加卖方的保费。

这一修订的原因在于 CIF 更多地用于海上大宗商品贸易，而 CIP 作为多式联运术语更多地用于制成品。

4. FCA、DAP、DPU 及 DDP 允许卖方／买方使用自己的运输工具

INCOTERMS 2010 中假定卖方和买方之间的货物运输将由第三方承运人进行，未考虑到由卖方或买方自行负责运输的情况。

INCOTERMS 2020 中则考虑到卖方和买方之间的货物运输不涉及第三方承运人的情形。因此，在 D 组规则［DAP（目的地交货）、DPU（目的地交货并卸货）及 DDP（完税后交货）］中，允许卖方使用自己的运输工具。同样，在 FCA（货交承运人）中，买方也可以使用自己的运输工具收货并运输至买方场所。

5. DAT 更改为 DPU

INCOTERMS 2010 中，DAT（Delivered At Terminal 运输终端交货）与 DAP（Delivered At Place 目的地交货）唯一的区别是在 DAT 中卖方将货物从抵达的运输工具上卸下至"运输终端"即完成交付；而在 DAP 中卖方将货物置于抵达的运输工具上且做好卸载货物的准备，由买方处置，无须卸货即完成交付。

INCOTERMS 2010 在 DAT 的"使用说明"中将"运输终端"广泛地定义为"任何地点，而不论该地点是否有遮盖，例如码头、仓库集装箱堆积场或公路、铁路、空运货站"。

INCOTERMS 2020 对 DAT 和 DAP 做了两项修订。首先，INCOTERMS 2020 中两个术语的排列位置改变了，交货发生在卸货前的 DAP 现在列在 DAT 前。其次，DAT 更改为DPU（Delivered at Place Unloaded，目的地交货并卸货），更强调目的地可以是任何地方而不仅仅是"运输终端"，使其更加笼统，符合用户需求，即用户可能想在运输终端以外的场

所交付货物（虽然实质内容并无其他改变）。但若目的地不是运输终端，卖方需确保其交货地点可以卸载货物。

6. 在运输责任及费用划分条款中增加安保要求

随着运输安全的要求越来越普遍，INCOTERMS 2020 将与之相关的安保要求明确规定在了各个术语的运输合同及出口清关中，因安保要求增加的成本也在费用划分条款中做了更明确的规定。

7. 升级"使用说明"为"用户注释"

INCOTERMS 2020 升级了 INCOTERMS 2010 中各规则首部的"使用说明"为"用户注释"。用户注释阐明了 INCOTERMS 2020 中各术语的基本原则，如何时适用、风险何时转移及费用在买卖双方之间的划分，可以帮助用户有效、准确地选择适合其特殊交易的贸易术语。

单元五　国际贸易术语的使用

国际贸易术语主要描述了货物由卖方交付给买方过程中所涉及的工作、成本和风险。在使用国际贸易术语时有以下注意事项：

1. 在买卖合同中写入国际贸易术语

如果想在买卖合同中使用《国际贸易术语解释通则 2020》《国际贸易术语解释通则 2010》或者《国际贸易术语解释通则 2000》，应该在买卖双方商定之后在买卖合同中做出明确表示。

2. 选择合适的国际贸易术语

对国际贸易术语的选择应适合于货物性质和运输方式，首先是考虑买卖合同各方是否想给卖方或买方增加额外的义务，如安排运输或保险的义务等。无论选择何种国际贸易术语，买卖双方均应清楚，对其合同的解释很可能会受到所使用港口或地点特有的惯例的影响。

3. 尽可能对地点和港口做出详细说明

只有买卖合同各方写明港口或地点，所选用的国际贸易术语才能发挥作用。而对港口或地点写得尽量确切，就更能突显国际贸易术语的作用。

准确表述的范例如下：在贸易术语 Ex Works（EXW，工厂交货）、Free Carrier（FCA，货交承运人）、Delivered At Terminal（DAT，运输终端交货）、Delivered At Place（DAP，目的地交货）、Delivered Duty Paid（DDP，完税后交货）、Free Alongside Ship（FAS，船边交货）和 Free On Board（FOB，船上交货）中，指定地点是交货地点和风险从卖方转移到买方的地点。

4. 国际贸易术语并不是完整的买卖合同

　　国际贸易术语确实规定了买卖合同中哪方有安排运输、保险的义务，卖方何时向买方交货以及各方应当支付的费用。但是国际贸易术语没有说明应付价格或支付方式。国际贸易术语也没有涉及货物所有权的转让或违约后果。这些问题通常依据买卖合同的明确约定或合同的适用法处理。买卖合同各方应当清楚强制适用的本地法可能推翻买卖合同的任何条款，包括所选择的国际贸易术语在内。

同 步 训 练

一、单选题

1. FCA 贸易术语是指（　　　）。

    A. 运费付至指定目的地　　　　　　　　B. 运费、保险费付至指定目的地

    C. 货交承运人指定地点　　　　　　　　D. 装运港船上交货

2. 采用 CIF 贸易术语成交，其运输方式适合（　　　）。

    A. 海上运输（包括内河运输）　　　　　B. 陆上运输

    C. 各种运输　　　　　　　　　　　　　D. 航空运输

3. FOB 即（　　　）交货。

    A. 货交承运人　　　　　　　　　　　　B. 运费付至

    C. 装运港船上交货　　　　　　　　　　D. 工厂交货

4. 国际贸易术语，通过一个简短的概念或三个英文字母，用来确定买卖双方之间在货物交货和接货过程中的（　　　）。

    A. 方式、时间和地点　　　　　　　　　B. 风险、费用承担和责任

    C. 运费、对象和风险　　　　　　　　　D. 数量、方式和地点

二、多选题

1. 依据《2000 年通则》的规定，仅适用海上运输方式的贸易术语有（　　　）。

    A. DAF，DDU，DDP　　　　　　　　B. FOB，CIF，CFR

    C. FAS，DES，DEQ　　　　　　　　　D. FCA，CIP，CPT

2. 《2000 年通则》将贸易术语分为（　　　）。

    A. C 组　　　　　　B. F 组　　　　　　C. D 组　　　　　　D. E 组

3. CIF 由卖方（　　　）。

    A. 租船、订舱　　　　　　　　　　　　B. 投保

    C. 支付运费　　　　　　　　　　　　　D. 支付保险费

三、简答题

请问：FOB、CFR、CIF 的价格换算关系是怎样的？

模块三
国际货运代理市场营销

学习目标

📖 知识目标

- ○ 了解市场营销的定义。
- ○ 了解市场营销管理的步骤。
- ○ 了解影响货物运输市场客户需求的因素。

∽ 能力目标

- ○ 掌握目标市场策略。
- ○ 掌握市场竞争策略。
- ○ 熟悉国际货运代理销售人员的揽货流程。
- ○ 掌握国际货运代理销售人员的揽货技巧。

单元一　市场营销概述

一、市场营销的定义

营销无处不在，任何组织和个人都在有意识或者无意识地在从事着各种各样的营销活动。好的市场营销是企业成功的必备条件，成功的市场营销是科学规划和有效实施的必然结果。

要成为合格的营销人员，就必须知道什么是市场营销，市场营销是怎样运作的。

市场营销（Marketing），就是识别并满足人类和社会的需要。对市场营销最简洁的定义，就是"满足别人并获得利润"。市场营销可以把社会需要和个人需要转变为商业机会。

营销观念（Marketing Concept）是在 20 世纪 50 年代中期出现的。与"以产品为中心，先制造再销售"的观念不同，企业开始向"以顾客为中心，先感知再反应"这一观念转变。在这种营销观念的指导下，企业的工作不再是为自己的产品找到合适的顾客，而是为顾客设计合适的产品。

二、市场营销管理

为了在今天竞争激烈的市场中获胜，企业必须以顾客为中心，从竞争对手那里赢得顾客，并通过提供更大的价值来留住顾客。

市场营销管理是指企业识别、分析、选择和发掘市场营销机会，以实现其任务和目标的管理过程。

市场营销管理包括四个步骤，分别是分析市场机会、选择目标市场、设计市场营销组合以及管理市场营销活动。

（一）分析市场机会

市场机会就是市场上尚未被满足的需要。但是，并不是所有未被满足的需要都是企业的市场机会。对某一个企业来说，不是任何机会都可以利用，还要看它是否符合企业的目标和资源条件。市场营销人员不但要善于发现市场机会，还要善于分析、评估市场机会，看它是否适用于本企业。

市场机会的分析，有赖于对市场营销环境（微观环境和宏观环境）进行细致科学的市场调研。企业要充分重视并且及时开展市场营销调研活动，调查研究市场上的需求状况，预测市场需求的发展趋势，分析哪些因素影响市场需求。

为了更好地进行市场营销调研，企业应该建立市场营销信息分析系统，专门从事收集、整理、分析和评估相关市场营销信息，为制定营销决策提供科学的依据。

（二）选择目标市场

经过市场分析和评估，选定了符合企业目标和资源的市场机会后，还要进行进一步的分析，以便缩小选择范围，选出本企业要面对的目标市场。

首先，对市场前景进行分析，如果对市场前景看好，就要决定如何进入这个市场。

其次，进一步分析市场结构，根据不同的需求特征将市场划分为若干部分，也就是"市场细分"，了解构成该市场的每一个细分部分，并确定哪个部分可以提供达到企业目标的最佳机会。我们把被选中的细分部分称为"目标市场"。

再次，企业在进入该细分市场之前，还应该进行市场定位，也就是企业在目标客户心目中为自己的产品树立区别于竞争者的产品形象和企业形象。为此，必须分析目标市场上现有企业的地位和份额，充分了解它们所提供的产品、服务质量、运价水平以及对客户需要的满足程度等，然后有针对性地制定本企业进入该市场的营销策略。

（三）设计市场营销组合

企业在识别总体市场并且将其划分为较小的细分市场后，选择最有开发价值的细分市场，并集中力量满足和服务于这些细分市场，这就需要设计市场营销组合。

市场营销组合是企业的综合营销方案，也就是企业针对目标市场的需要，对各种营销因素的优化组合和综合利用，使之协调配合，以取得最好的营销效果。

市场营销组合大致可以分为四组变量，即产品（Product）、价格（Price）、分销（Place）以及促销（Promotion），这四组变量被称为4P。

产品（Product）是指企业向目标市场提供各种适合消费者需求的"商品和服务"的综合体，具体来说，包括产品种类、产品质量、产品设计、产品特色、品牌名称、产品包装、产品规格、服务、保修以及退换货等。

价格（Price）是指顾客为获得产品而必须支付的金额，具体来说，包括基本价格、折扣价格、付款期限以及商业信用等。

分销（Place）包括企业为使产品到达目标消费者手中而进行的活动，具体来说，包括渠道、覆盖面、商品流转环节、中间商、网点设置、产品储存以及物流运输等。

促销（Promotion）是指企业利用各种信息传播手段宣传产品优点，刺激目标顾客的购买欲望并且说服其购买该产品的活动，具体来说，包括广告、人员推销、营业推广以及公共关系等。

1986年，菲利普·科特勒（Philip Kotler）在《哈佛商业评论》上发表了《论大市场营销》，他提出了"大市场营销"的概念，也就是在原来4P的基础上，增加了两个P，分别是政治力量（Political Power）和公共关系（Public Relations）。

科特勒认为企业必须掌握另外两种技能。其一是政治力量（Political Power），也就是说，企业必须懂得如何与其他国家打交道，必须了解其他国家的政治状况，才能有效地向其他国家推销产品。其二是公共关系（Public Relations），市场营销人员必须懂得公共关系，知道如何在公众中树立良好的产品形象。企业要运用政治力量和公共关系的各种手段，打破国际或国内市场上的贸易壁垒及非贸易壁垒，为企业的营销工作拓宽道路。6P概念的提出，是20世纪80年代市场营销战略思想的新发展。

之后，科特勒又提出，为了精通战术上的4P，必须先做好战略上的4P。战略上的4P

分别是探查（Probing）、细分（Partitioning）、优先（Prioritizing）以及定位（Positioning）。

探查（Probing）原是一个医学用语。医生检查病人时就是在探查，也就是深入检查。探查市场包括明确市场由哪些群体组成，市场是如何细分的，竞争对手是谁以及怎样才能在竞争中脱颖而出。市场营销人员采取的第一个步骤，就是要调查研究市场状况。

细分（Partitioning）就是把市场分成若干个部分。每一个部分都有不同的顾客群体，不同的顾客有不同的要求。有些顾客希望质量高，有些顾客希望服务好，有些顾客希望价格低。

优先（Prioritizing）指的是优先考虑或选择能够满足其需要的那类顾客。当你不能满足所有顾客的需要，必须选择那些你能在最大程度上满足其需要的顾客，这就需要了解哪类顾客是最重要的。

定位（Positioning）是在顾客心目中树立某种形象。企业要确定在顾客心目中为自己的产品树立什么样的形象，也就是对产品进行定位。

在科特勒的理解中，还有第 11 个 P，也就是"人"（People）。这个 P 贯穿于市场营销活动的全过程，是前面 10 个 P 能够成功的保证。企业应该了解和掌握员工的需求动向，解决员工的实际困难，满足员工的物质和精神需求，以此来激励员工的工作积极性。"大市场营销"理论将市场营销组合从战术营销转向战略营销。

在制定服务营销组合策略的过程中，学者们根据外部营销环境的变化在传统 4P 的基础上又增加了 3 个 P。分别是人员（Participant）、有形展示（Physical Evidence）以及过程管理（Process Management）。

人员（Participant）在营销组合里扮演着传递与接受服务的角色。也就是企业的服务人员与顾客。在现代营销实践中，企业的服务人员极为关键，可以在很大程度上影响顾客对服务质量的认知和喜好。尤其是服务业，服务人员的素质若参差不齐，服务的质量便无法保证。同时，人员也包括已购买和尚未购买服务的顾客。

有形展示（Physical Evidence）可以解释为"商品与服务本身的展示，使所促销的东西更加贴近顾客"。有形展示的重要性在于顾客能从中得到可触及的线索，去体验企业所提供的服务质量。

过程管理（Process Management）的过程是指"顾客获得服务前所必经的过程"。进一步说，如果顾客在获得服务前必须排队等待，那么在这项服务传递到顾客手中的过程中，时间的耗费成为重要的考虑因素之一。

4P 与 7P 的差别主要体现在 7P 的后 3 个 P 上，这 3 个 P 对服务企业来说是可以控制的，同时对企业有效地保证和提高服务质量具有重要影响。4P 主要侧重于营销对产品的关注，是实物营销的基础，而 7P 则主要侧重于服务营销对服务的关注，是服务营销的基础。

市场营销组合因素的多层次性体现了市场营销观念中的整合营销思想。

（四）管理市场营销活动

企业在分析市场营销环境的基础上，找到了符合企业目标和资源条件的营销机会，选择了目标市场，也确定了合理的市场营销组合，然而这一切只有转化为企业的行动，才具有真正的意义。所以，企业市场营销管理过程的最后一个环节是管理市场营销活动。管理市场营销活动主要包括三个方面，分别是制订市场营销计划、实施市场营销计划以及控制市场营销活动。

制订市场营销计划是企业整体战略规划在市场营销领域的具体化。具体来说，包括企业的市场营销目标（市场占有率、销售额、利润率、投资收益率等）以及达到这些市场营销目标的途径和手段，市场营销活动程序、市场营销预算等。

实施市场营销计划包括制订详细的行动方案、建立合理有效的组织结构、设计相应的决策和报酬机制以及开发并合理调配人力资源等。

控制市场营销活动包括年度计划控制、盈利控制、战略控制等。通过控制系统及时发现问题，分析原因，反馈信息并及时加以纠正。

企业的一切活动都应该以满足目标顾客的需要为中心，围绕这个中心确定市场营销组合，组织市场营销活动，同时通过市场调研、营销计划、实施过程及营销控制，对市场营销活动进行管理，最终达到赢利的目的。

单元二　货物运输市场分析

国际货运代理市场营销是关于货物运输解决方案、货物舱位和附加货运代理服务，包括服务、定价、促销和分销的策划与实施过程。货运代理作为货主的代理人，所面对的市场是货物运输市场。

一、货物运输市场概述

货物运输市场是商品市场的派生市场，是在经济贸易对货物运输劳务的需求基础上产生的，同时货物运输对商品经济的发展也起着重要的促进作用。当商品市场从地方性市场发展为全国性市场，进而发展为世界性市场，货物运输就发展为国际货物运输。

货物从卖方运输交付到买方手中，往往要经过多个环节，包括揽货、洽谈、订舱、运输等，还要办理装卸、报关、检验、保险、仓储并支付各种费用。除此之外，还要为客户提供各种信息服务以及包装、流通加工等增值服务。由此形成了以货物运输为中心，以海上运输为主体的货物运输系统，也就是服务于客户的大货运市场。

大货运市场的概念，是随着集装箱的出现而产生的。20世纪50年代集装箱的出现，给货物运输市场上传统的杂货运输带来了一场革命。集装箱运输可以实现门到门的运输服务，而且安全、快捷和可靠。集装箱班轮运输服务形式规范化、统一化，服务产品同质化。这种情况迫使班轮公司寻找新的出路。于是，国际上一些大型的班轮公司提出了物流服务的设想，也就是围绕海上运输服务这个中心，对海上运输之前和之后的内陆运输服务进行渗透，提供内陆运输、配送、仓储、包装、流通加工以及信息服务，并为了更好地提供这些服务，开展以货物运输为中心的多元化经营，从而极大地丰富了货运市场的内涵和外延，也扩展了货物运输企业的经营范围。

二、货物运输市场的供给需求特征

市场是各种供给需求关系的总和。在货物运输市场中，需求的一方是国际贸易的买卖双方，也就是收货人、发货人，或者其代理人，供给的一方是船东或者船舶经营者。

（一）货物运输市场的需求特征

货物运输市场的需求特征主要有以下三个方面：

1. 货物运输需求的派生性

货物运输需求与世界经济、国际贸易息息相关，世界经济与国际贸易的发展变化，直接影响并决定着货物运输市场需求的状况。

另外，由于世界经济与国际贸易发展的不平衡性，决定了货物运输市场需求的不平衡性。

2. 货物运输需求的滞后性

货运需求是世界经济与国际贸易的派生需求，国际贸易的变化反映到货运市场上具有一定的滞后性。国际贸易受到政治、经济、自然等诸多因素的影响，世界经济从衰退到复苏或者从繁荣到萧条，都要经过一段时间后才能从国际贸易上反映出来。国际贸易的变化反映到国际货物运输市场上又有一定的时间间隔。所以，国际货物运输市场的需求必然存在着滞后性。

3. 个别需求的差异性和总体需求的规律性

个别需求是指在一定时期和一定运价水平条件下，许多货物种类不同、运输要求不同的具体需求。不同的货主、不同的货物、不同的货运业务都对货物运输有不同的要求。这些各种各样的特殊需求构成了需求的差异性。而从总体上分析，总体需求具有一定的规律性。熟悉货物运输市场的总体需求规律有利于货运公司科学地制订货物运输市场计划与策略。

（二）货物运输市场的供给特征

货物运输市场以海运为主体，因此研究货物运输市场的供给，主要以海运市场的供给为主，具有以下三个特征：

1. 运输产品的非储存性

产品的储存在市场经济中具有特别重要的意义，通过产品的贮存可以调节市场上的供求关系，可以人为地控制市场价格。

但是，在运输市场中，运输产品不能脱离生产过程而独立存在。船舶的舱位只有在使用的情况下才具有价值，否则就会失去其价值。运输产品的这一特点使货物运输市场上供求关系的调节非常困难。

2. 运输能力储存的必要性

由于世界经济发展的周期性以及货物运输需求的不平衡性，使运输能力的供给很难随时与需求相符。

在运输产品无法储存的情况下，只有通过运输能力的储存来适应运输市场的变化。这就要求运输建设要有超前意识。运输建设的超前意识和运输能力的储存可以使货物运输企业在运输市场需求增长时抓住机遇，为企业创造巨大的效益。同时，也存在着当运输市场萧条时，运输能力严重过剩带来巨大浪费的风险。

所以，运输建设的超前量和运输能力的储存量就成为货物运输企业经营者需要研究的重要课题。很明显，运输能力储存越大，适应货物运输需求的能力就越强，同时承担的风险也越大；相反，运输能力储存小或者没有储存，适应货物运输需求变化的能力就越小，同时承担的风险也越小。

3. 运输能力使用的不充分性

一方面，由于运输能力储存的必要性决定了在货物运输的淡季以及货物运输市场不景气时，必然会导致一部分运输能力闲置。另一方面，由于货物运输需求与供给在时间上、地点上存在着不一致的现象，也就是当市场上有货物需要出运时，不一定能在该时该地恰好提供它所需要的舱位。反之，当货物运输市场有多余的运输能力时，该时该地不一定恰好有货物需要出运。所以，船舶经常要空驶一段航程才能实现供给和需求的真正结合，这意味着在舱位的供给中存在着相当部分的浪费。

三、货物运输市场客户需求分析

（一）货物运输市场客户需求的多层次性

在市场营销观念的指导下，企业的经营活动是以客户为中心、以市场为导向的。

货物运输市场上客户的需求不仅包括对船型、舱位、航次、港口、集装箱、运价等方面的需求，还包括对货物运送质量、服务态度、安全性、准确性等方面的需求。货物运输企业必须深入地研究客户需求的特点，才能更好地满足客户的需要，在市场竞争中取胜。

客户的需求不会一直停留在一个水平上。随着运输设备、运输技术、通讯水平的不断提高，世界贸易状况、国际货物运输市场的不断变化，客户的需求也在随之变化。比如过去由货主承担的单证、仓储等工作，现在已经转变为货运代理公司业务的一部分。

企业的生产经营活动实质上就是一个不断满足客户需求的过程，企业要不断开发新的服务项目，开拓新的市场，以适应不断变化和提高的客户需求。

对货物运输市场的客户需求进行分析，会发现其有不同的层次。

第一层次的需求是基本需求，也就是港到港（Port to Port）的服务方式，包括舱位的满足、船期的准确性、货物运送的安全性、可接受的运价等。这些因素是客户的基本需求。

第二层次的需求是标准需求，也就是门到门（Door to Door）的服务方式。集装箱的出现，使客户对运输的需求不再局限于港到港，而是要求货物运输公司能提供门到门的服务。门到门的运输服务，是指货物运输企业负责将客户的货物从卖方的工厂或仓库运至买方的工厂或仓库的运输服务方式。这种运输服务方式可以大大地方便客户，客户只需要办理一次托运，订立一份运输合同，支付一次费用，办理一次保险，由货物运输企业负责全程运输。这种运输服务方式具有减少中间环节、缩短货物运输时间、减少货损货差、节省运输成本等优点。

第三层次的需求是满意需求，也就是货物运输企业提供的增值服务。随着生产力的发展，社会专业化分工的深化，客户的需求不仅突破了对"海上运输"的需求，而且突破了对"运输"的需求，要求货物运输公司能够提供包装加工、仓储配送等方面的服务，协助其完成部分生产过程在流通领域中延续的增值服务。

客户需求的层次越高，对货物运输企业提出的要求就越高。货物运输企业要想长期吸引客户，保持市场竞争力，就必须充分满足客户的需求，从而实现企业的经营目标。

（二）影响货物运输市场客户需求的因素

1. 货物运输价格

如前所述，运输需求是一种派生需求。商品的销售成本包括运输费用、仓储、保险以及交易杂费等。货物运输价格太高，会直接影响商品的市场需求。因此，客户在选择承运人时，一般都会考虑货物运输价格。

然而，在班轮市场上，运输价格已经不是影响客户需求的最主要因素。托运人主要关心的各项因素中，占第一位的是及时交货，占第二位的是承运人的全面负责。这说明班轮市场上托运人最希望的是能够得到稳定可靠的运输服务。

2. 货物运输质量

托运人最关心的货物运输质量可以归纳为以下几点：

（1）航行时间和班期。航行时间的长短以及航班的多寡通常是托运人选择货物运输公司的重要依据。

（2）货物运输设施。货物运输设施包括船舶的新旧程度、集装箱的多样化程度、提货堆场和仓库设备的先进程度、交通的便利性等。

（3）单证制作。单证制作的及时性和准确性，直接反映出公司员工的素质和敬业精神。如果某公司单证的制作经常出错，耽搁货主提货的时间，货主便不会继续与该公司合作。

（4）客户服务。客户服务贯穿于货物运输的全过程，包括舱位是否能够得到保证、货物是否能够得到很好的照顾、询问是否能够得到及时的回复、业务员是否有较强的处理问题的能力等。企业之间的竞争，实质上就是服务质量的竞争。

市场营销心理学家曾对消费者做过一项测试：从平均数据来看，一个购后满意的客户会对三个人说起他的购买或使用过程，并会无偿地为该企业做广告宣传；而一个未获得满意服务的客户则会对十个人说起其不幸的遭遇，并且会劝阻他人不要使用该企业的产品或服务。因此，货物运输质量在一定程度上是决定该类企业兴衰存亡的关键因素。

四、货物运输企业分析

企业要在竞争激烈的市场上立于不败之地，仅仅了解客户的需求是远远不够的，还必须了解竞争者。要善于分析自己和别人的长处与短处，扬长避短，发挥优势，做到知己知彼，方能百战不殆。

（一）竞争者分析

企业对竞争者的分析包括明确谁是自己的竞争者，竞争者的经营目标是什么，竞争者的优势和弱点是什么。

企业识别竞争者的目的，一方面是便于制定企业的长期发展战略，另一方面是有选择、有目标地进军某一市场。任何一个企业，无论实力有多雄厚，都无法独占整个行业市场。企业在决定进入某一市场时，应该在了解自己的竞争者之后，根据企业自身的目标及人力、物力、财力等方面的情况，制定企业的竞争策略。

在确定了企业的竞争者之后，要尽可能多地收集竞争者的资料，包括其经营范围、运输质量、运输成本、运输价格、技术水平、揽货渠道、促销手段、财务状况等。企业还需要分析竞争者的优势与弱点，比较自己和竞争者在竞争地位上的优劣。

企业除了对竞争者进行分析，还要了解市场供求状况、价格水平以及变动趋势等。这些信息经过收集、归纳和整理，能够成为企业管理者制定企业发展战略的重要依据。

（二）企业竞争策略

企业分析竞争者的目的是制定企业的竞争策略，以取得竞争优势。

为了有针对性地制定竞争策略，企业应该首先了解自己在市场上所处的地位。市场地位不同，所采取的竞争策略也不同。

可以把市场竞争中的企业分为四种类型，分别是市场主导者、市场挑战者、市场跟随者以及市场利基者。企业在市场上所处的地位不同，所采取的竞争策略也不同。

1. 市场主导者

市场主导者又称为市场领跑者，是指相关产品市场占有率最高的企业，其价格的变动、新产品的投入、销售的渠道等方面都在市场上处于主导地位，并为同行业所公认。

市场主导者的地位是在竞争中自然形成的，却不是固定不变的，会始终面临竞争者的挑战。要维护自己的优势，保住自己的主导地位，通常可以采取以下三种竞争策略：

（1）扩大市场需求总量。当市场需求总量扩大时，受益最大的是处于主导地位的企业。因此，处于市场主导者地位的企业可以采取各种行动，刺激客户的需求，使该市场需求总量增加。

（2）保护市场占有率。处于市场主导者地位的企业，必须时刻防备竞争者的挑战，保卫自己的市场阵地。因此，市场主导者无论何时都不能满足于现状，必须在产品的开发、服务水平的提高、销售揽货渠道的有效性以及成本的降低等方面，始终处于该行业的领先地位。

（3）提高市场占有率。在运输价格不变的基础上，市场占有率越高，投资收益率越大。特别是在资金成本、固定成本已定的情况下，增加市场占有率会使单位成本随着市场占有率的提高而下降，从而增加投资收益率。

2. 市场挑战者

市场挑战者是指在市场上居于次要地位，通过对市场主导者和其他竞争者发起挑战来争取市场主导地位的企业。

作为市场挑战者，要对市场主导者发起挑战，可以开发超越市场主导者的新产品，来争取市场的主导地位；也可以对市场上的小企业发起挑战，争夺市场份额。

3. 市场跟随者

市场跟随者是指在市场上处于次要地位，但安于现状，在"共处"的状态下求得尽可能多的收益的企业。

市场跟随者并非单纯被动地跟随市场主导者，也必须懂得如何保持现有客户，并争取一定数量的新客户，同时尽力降低成本，并保持较高的产品质量和服务质量，在跟随中渐渐发展壮大。

4. 市场利基者

市场利基者又称为市场补缺者，是指专心致力于市场中被大企业忽略的某些细分市场，在这些细分市场上通过专业化经营来获取最大限度的收益，也就是在大企业的夹缝中求得生存和发展。

市场利基者虽然在整体市场上仅占很少的份额，但是能够更充分地了解和满足某一细分市场的需求，能够通过提供高附加值的服务而获得收益。

市场利基者的主要策略是专业化经营，可以在客户、产品以及渠道等方面实行专业化经营，来满足特定客户的特殊需求。

单元三 货物运输服务分析

货物运输企业是为广大的客户（货主）提供货物在运输过程中所需各项服务的企业。

货物运输服务包括揽货、订舱、包装、仓储、装卸、中转、货柜的拆箱和拼箱、水路货物运输、陆路货物运输、航空货物运输、多式联运以及信息咨询服务等。

检验货物运输服务质量的最终标准是客户满意度。可以通过向客户发放调查表、开座谈会或者登门向客户征求意见等不同形式，了解客户的意见和建议，最终达到改善服务质量，提高服务水平的目的。

一、货物运输服务质量内容

货物运输服务质量涉及方方面面，主要包括服务态度、服务技术、服务设施、服务项目、服务时间等。

1. 服务态度

服务态度主要通过员工在服务过程中的表情、举止、言行表现出来。良好的服务态度包括"亲切、主动、耐心、诚恳、周到、热情"等。

2. 服务技术

服务技术是指员工在服务过程中对服务知识和操作技术掌握的熟练程度。

服务技术由服务知识和操作技能两个部分构成。服务知识主要是指员工对货物运输相关知识的掌握程度，包括对港口、航线、运输方式、货物特性及装载要求、运输情况以及最新的货物运输动态、国际国内关于运输的法律法规等；操作技能主要是指员工的工作能力，比如迅速准确地制作各种单证，熟练处理各种英文函电，迅速准确地进行运输费用的计算等。

3. 服务设施

服务设施是指货物运输服务企业为客户提供服务所使用的硬件设施，包括货物运输工具、港口码头、仓库、集装箱、通信系统等。作为货物运输企业，只有拥有先进的现代化设施，才能为客户提供优质的服务。

4. 服务项目

服务项目是指服务性企业为客户提供的服务范围或服务内容。

货物运输公司的主营项目是运输服务，同时，为了更好地提供货物运输服务，与货物运输相关的业务是货物运输企业的兼营项目，主营项目和兼营项目共同构成货物运输服务项目。

5. 服务时间

货物运输服务时间包括两层含义，一层含义是指货物运输企业为客户提供服务的工作时间范围，另一层含义是指货物运输企业为客户提供服务的时间效率。

服务工作是在一定时间范围内进行的，这个范围通常是指企业的工作时间。由于货物运输行业的特殊性，企业应该根据客户的需求，适当延长服务时间或在某些服务项目上，设置 24 小时服务或安排专人值班进行服务。

服务时间效率包括及时、准时和省时三个方面。及时是指货物迅速地运达目的地，不出现任何延误，当客户需要某种服务时，能够及时地提供服务。准时是指服务工作在时间上准确无误，能按客户的要求准确地安排各项服务工作。省时是指为客户提供的服务所消耗的时间应该越短越好，尽量减少客户的等待时间。

服务态度、服务技术、服务设施、服务项目和服务时间构成货物运输服务质量的主要内容。货物运输企业要想提高货物运输的服务质量，为客户提供优质的服务，必须改进服务态度，提高服务技术，完善服务设施，合理设置服务项目，提高服务效率。

二、货物运输服务质量管理

如何提高服务质量是每个企业都在努力探索和实践的重要课题。货物运输企业为客户提供的是整体的运输服务产品，包括从揽货订舱开始直至货交收货人的全过程，因此货物运输服务质量的高低，取决于货物运输服务全过程中各个环节、各个部门以及所有员工的工作质量。

关于质量管理，有关注顾客、领导作用、全员参与以及持续改进这四个原则。货物运输企业必须树立整体质量管理的思想，让服务意识贯穿于整个服务过程，让每位员工都树立较强的质量管理意识，在各自的岗位上恪尽职守，做好本职工作。

单元四 货物运输促销分析

一、促销的方式和特点

促销是企业通过一定的方式，将产品或劳务的信息传递给目标顾客，从而引起顾客的兴趣，促进购买，实现企业产品销售的一系列活动。促销的实质是传播与沟通信息。

货物运输促销可以达到提供信息、促进销售、稳定客户关系、增加货运量的目的。

货物运输企业可以使用多种方式进行信息的传播与沟通，实现促销。按照信息传递的载体不同，可以分为四种方式，分别是人员推销、广告宣传、营业推广以及公共关系。

（一）人员推销

人员推销是指货物运输企业利用销售人员推销产品。

人员推销是指由销售人员向客户和潜在客户介绍本企业的服务，进行推销和信息沟通。采用人员推销的方式，具有直接、准确和双向沟通的特点。

（二）广告宣传

广告是通过大众传播媒体等形式向目标顾客传递企业的产品、商标、服务、企业文化等信息。

广告可以促进客户和公众对企业及其服务的认识，同时也能提高企业的知名度，加快销售速度。

（三）营业推广

营业推广是为了正面刺激消费者的需求而采取的各种促销措施，包括有奖销售、赠送或优惠折扣、展示会等。

营业推广的特点是可以有效地吸引客户，刺激客户的购买欲望。营业推广的短期效果比较显著。比如，有的货物运输企业会在一个或几个航次实行优惠的运输价格，其目的就是在短期内迅速增加货物运输量，提高市场占有率。营业推广往往都是暂时的，如果经常使用，反而会失去客户的信任。

（四）公共关系

公共关系是指为了使公众理解企业的经营方针和经营策略，有计划地与公众建立和谐的关系、树立企业信誉的一系列活动。

公共关系的特点是不以直接的短期促销效果为目标，通过公共关系的宣传报道使潜在客户对企业及其产品产生好感，并在社会上树立良好的企业形象。

货物运输是一个系统工程，涉及多个关系方。如何处理好货物运输企业与这些关系方的关系，直接影响到企业的信誉和客户对企业的信任度。

国际货物运输市场总体上分为两大类，分别是班轮运输市场和不定期船运输市场，这两种市场各具特点。

对于从事不定期船经营的货物运输企业，其客户往往是货物运输量较大的相对固定的客户。因此，货物运输企业在制定促销组合策略时，可以优先考虑人员推销和营业推广的促销方式，并辅以必要的货运广告。

对于从事班轮运输的货物运输企业，其航线和船期都是相对固定的，其主要客户可以分为长期客户和零散客户两类。对于长期客户要加强人员推销，改进服务质量，争取签订长期运输合同。对于零散的新客户，要注重树立良好的企业形象和货物运输信息的宣传，加强货运广告和公共关系促销，再加上必不可少的人员推销，以吸引更多的客户和货物。

除此之外，对于航线腹地较小、客户较集中的地区，应该以人员推销方式为主并配合使用其他促销方式。反之，则应以广告宣传为主，加以人员推销活动，并配合使用其他促销方式。

二、货物运输企业人员推销

（一）货物运输企业人员推销的特点

货物运输企业的人员推销又称为"揽货"，是货物运输企业与客户建立业务联系、取得客户信任的一种最有效的促销方式。其主要特点是揽货人员可以与客户进行面对面的沟通，通过观察客户的表情和态度来了解客户的真实需求，以便及时调整营销策略。

人员推销的方式有利于企业与客户建立长期稳定的业务联系。因此，人员推销是货物运输促销活动中最重要的一种推销方式。

（二）人员推销的方式

人员推销主要包括电话推销、上门推销、柜台推销和会议推销四种方式。

1. 电话推销

电话推销是企业的销售人员通过拨打客户的电话，在电话中通过简单介绍询问客户意向的推销方式。企业的销售人员在推销时，一般要先进行电话推销，当客户有意向时，再约定时间进行上门推销。

2. 上门推销

上门推销是一种主动推销方式，企业的销售人员主动向客户介绍本企业的服务产品，直接为客户提供各种服务。上门推销是被广泛认可和接受的推销方式。

3. 柜台推销

柜台推销是一种被动的推销方式，是"等客上门"式的营销方法。由企业的销售人员接待前来询问的客户，面对面地向客户介绍本企业的服务产品，回答询问，促成交易。

4. 会议推销

会议推销是利用各种会议的方式来介绍和宣传商品、开展推销活动的推销方式。

会议推销具有接触面广、成交额大的特点。在各种会议上，往往是多家企业同时参加推销活动，企业之间有广泛的接触，与会的各方都有明确的目标，通过洽谈达成交易。

（三）销售人员的组织管理

1. 销售人员的组织结构

通常货物运输企业都设有负责销售业务（揽货业务）的专职部门"销售部"或者"业务部"。销售部门的主要职能就是揽取足够的货物，维持企业的正常经营。

销售部门的组织结构一般分为四种类型，分别是地区型结构、客户型结构、航线型结构以及货种型结构。

地区型结构，又称区域型结构，是指根据不同区域分配销售人员。

客户型结构，是指根据客户类型分配销售人员。

航线型结构，是指根据企业所经营的航线分配销售人员。

货种型结构，是指根据被运货物种类分配销售人员。

以上四种结构类型各有其优缺点，货物运输企业在设计和选择销售部门组织结构时应全面比较各种结构的特点，结合货物运输市场和本企业的实际情况进行综合分析。

2. 销售人员的选拔和培训

销售人员主要有两个来源，一是从企业内部进行选拔，二是对外公开招聘。

选拔销售人员，要通过面试和笔试，了解其工作态度、表达能力、仪表仪态、理解能力、分析能力、应变能力、专业知识等，除此之外，还要求员工具有较高的英语水平。

为了提高销售人员的业务能力，除了员工自身的努力外，企业还应该加强对销售人员的培训，培训内容包括企业、产品、市场、英语、揽货方法等多方面的知识和技能。

3. 销售人员的管理

为了充分发挥销售人员的工作积极性，提高揽货效率，企业要对销售人员的工作进行定期考核和评估。企业对销售人员的管理和考核一般包括以下几方面的内容：

（1）分配销售指标。企业可以根据销售人员所负责的客户的具体情况，给销售人员定一个科学合理的销售指标，以充分调动销售人员的工作积极性。

（2）业务活动管理。为了有效管理每个销售人员的销售业务，销售经理通常规定销售人员要定期上报各自的业务活动内容以及访问客户情况，以便及时掌握每个销售人员的业务状况。

销售人员应该如实报告访问客户的情况，包括客户的货量、目的港、收货人信息、运价、竞争对手以及客户要求。销售经理按销售人员的汇报情况定期编制销售报告，以便加强日常业务活动的管理。

（3）建立客户档案。销售人员要完全了解客户的出货情况，与客户保持密切的联系，随时收集客户的相关信息，并为客户建立档案。

通过客户档案，销售经理可以准确把握客户的真实情况，并根据客户货量的变化，制定相应的对策以保持与客户的长期合作关系。

客户档案一般包括客户公司名称、联系方式、联系人、货量、货物流向、出货规律、选用承运人等信息。

三、销售人员揽货程序

销售人员的揽货程序一般包括六个步骤，分别是寻找客户、搜集信息、约见客户、推销洽谈、签订合同以及售后服务。

（一）寻找客户

寻找潜在客户是揽货过程的开始，也是决定揽货成败的关键所在。成功地发掘潜在客户是企业拓展销售范围、增加揽货量、提高企业市场占有率的重要途径。

（二）搜集信息

销售人员在正式约见客户之前，还需要做许多准备工作。通常接触客户前的准备工作包括搜集潜在客户的资料并建立客户档案、搜集竞争对手的信息并建立竞争者档案、制订访问计划等。准备工作是否充分是决定谈判成功与否的重要因素。销售人员搜集的信息越多越详细，在与客户面谈时的成功率就越大。

（三）约见客户

销售人员与客户面谈前，一般都需要事先与客户进行预约。约见客户可以采用电话预约或者他人引荐的方法。约见的内容包括确定约见对象、明确访问目的、确定访问时间、选择访问地点等。约见客户时要遵循客户自愿和方便客户的原则。

（四）推销洽谈

推销洽谈是整个揽货工作的核心，直接关系到揽货的成败。在与客户进行面谈时，要尽量了解客户的信息，同时向客户介绍本企业的优势，尽量说服客户与本企业进行合作。谈判成功与否与销售人员本身的素质和谈判技巧有很大的关系。

（五）签订合同

通过与客户的反复接触和多次洽谈，在双方意见趋于一致的情况下，销售人员应该及时把握机会，争取早日与客户签订合同。在与客户签订合同时，要遵循互惠互利的原则。

（六）售后服务

销售人员的售后服务是指从接受客户订舱开始，直至货物在目的港卸货交付给收货人为止，所有与货物运输相关的服务。

售后服务是揽货工作的最后一环，也是货物运输企业履行合同，为客户提供运输服务产品的重要内容之一。通常，与客户签订合同只是表明客户与本企业合作的开始，客户对本企业运输服务是否满意还要看售后服务质量的高低。因此，销售人员要与客户保持密切的联系，随时跟踪货物的动态，确保货物在每一个运输环节的操作都能有条不紊地运行。

在销售人员的整个揽货过程中，寻找客户和搜集信息是揽货成功的前提和基础；约见客户、推销洽谈与签订合同是揽货的主要内容；售后服务是揽货工作的最后一环，也是关键的一环，良好的售后服务能赢得客户的信任，增加客户的满意度。

四、销售人员揽货技巧

1. 真诚热情的态度

虽然货运代理市场竞争激烈，许多进出口公司或者大型工厂都有自己的合作伙伴，介入的可能性较小，但是作为销售人员还是要热情和认真地进行跟进服务，让客户建立对自己的信任，对于客户来说，有时候信任比服务的费用更为重要。

2. 有竞争力的运价

货运代理企业可以建立自己的优势航线，确定一个在某个区域内最优惠的价格是迈向成功的基石，也就是建立小范围的垄断。垄断就是一种优势，获得了别的企业没有的优势，就有了成功的可能。

3. 与客户保持联系

销售人员要想获得一个客户，就要建立自己的客户群。和客户以及潜在客户保持联系，哪怕没有签订合同，相互交流也对今后的合作大有益处。

4. 熟悉和跟进单证

单证工作主要是由操作部门的文件人员负责，然而销售人员也要熟悉单证业务，并且对客户的单证进行跟进，掌握单证制作的进度，随时解答客户的问题，为客户提供周到的服务。

单元五　市场营销策略

一、市场细分策略

货运代理的市场细分，就是货运代理企业把整个货运代理市场区分为不同的细分市场。同一个细分市场上的客户具有某些共同的特性，这些客户对货运代理服务有某些相似的需求。

市场细分化对货运代理企业来说，有利于发现市场机会，选择目标市场，掌握市场变化，调整经营策略。

货运代理市场的细分标准一般包括客户性质、货源及去向、货物类别等。

（一）按照客户性质划分

货运代理市场上的客户包括各种类型的企业。按照企业的规模和运量的大小，可以分为大型企业、中型企业和小型企业。按照企业经营的类型，可以分为贸易企业、生产企业和其他运输代理企业。

（二）按照货源及去向划分

根据货物运输的来源地和目的地不同，货运代理市场可以分为不同的区域市场。

（三）按照货物类别划分

根据货物的运输和保管条件，可以分为普通货物运输市场、危险货物运输市场、生鲜易腐货物运输市场、贵重货物运输市场等。根据货物运输所采取的方式不同，可以分为水路货运市场、陆路货运市场、航空货运市场等。

二、目标市场策略

企业进行市场细分的目的就是要选择适合自己的目标市场。目标市场是企业在众多的细分市场中挑选出来的适合自身特点的市场，是企业准备进入和服务的市场。确定了目标市场之后，采取何种策略进入和经营目标市场，即目标市场策略的选择，就成为企业要考虑的重要问题。企业选定的目标市场不同，采取的营销策略也不同。

目标市场营销策略可以分为三种，分别是无差异性市场营销策略（Undifferentiated Marketing Strategy）、差异性市场营销策略（Differentiated Marketing Strategy）以及集中性市场营销策略（Concentrated Marketing Strategy）。

（一）无差异性市场营销策略

无差异性市场营销策略，就是企业不考虑细分市场的差异性，把整个市场作为目标市场，对所有的消费者只提供一种产品的目标市场策略。这种策略着眼于满足整个市场的共同需求，舍弃在细分市场中所表现的差异性。采取无差异性市场策略的企业一般拥有广泛或大众化的分销渠道，并能开展强有力的促销活动。

无差异性市场营销策略的优点是有利于标准化和大规模生产，有利于降低单位产品的成本费用，获得较好的规模效益。无差异性市场营销策略的广告可以降低促销费用，由于不需要做细分市场调研和规划，因此降低了市场调研成本。

无差异性市场策略的缺点是不能满足消费者需求的多样性，不能满足较小细分市场的消费者需求。如果同一个细分市场上有几家企业都采用无差异性市场营销策略必然导致激烈的竞争，给企业带来很大的风险。

（二）差异性市场营销策略

差异性市场营销策略就是选择几个细分市场作为目标市场，并针对每个细分市场的不同需求特征设计出不同的产品、服务以及营销方案。采用差异性市场营销策略的企业一般是大企业，拥有较为雄厚的财力、较强的技术力量和素质较高的管理人员是实行差异性市场营销策略的必要条件。

差异性市场营销策略的优点是能够满足不同客户的不同需求，有利于增加销售机会，提高市场占有率。

差异性市场营销策略的缺点是使企业的资源分散、成本增加。改进一种产品以满足不同细分市场的需求通常会导致额外的调研和设计等费用；为打入不同的细分市场而做的不同广告会增加促销的费用；对不同的细分市场分别采取不同的市场营销方案需要额外的市场调研、促销策划和销售渠道管理。

（三）集中性市场营销策略

集中性市场营销策略，一般也称为密集性市场营销策略，是企业以一个细分市场为目标市场，集中力量实行专业化生产和经营的目标市场策略。这种市场营销策略主要适用于资源有限的中小型企业或者初次进入新市场的大型企业。实行集中性市场营销策略是中小企业变劣势为优势的最佳选择。

集中性市场营销策略的优点是对目标市场的需求调研较为深入，采取的营销手段针对性较强，使企业在这一细分市场上占据有利地位。集中性市场营销策略还有助于提高企业和产品在细分市场上的知名度。由于进行专业化生产、分销和促销，所以企业可以节约生产成本和各种经营费用，增加盈利。

集中性市场营销策略的缺点是一旦市场上有较强大的竞争者进入或者消费者需求突然发生变化时，企业就会陷入困境。

采取集中性市场营销策略的企业要随时密切关注市场动向，充分考虑企业在可能出现意外情况下的各种对策。

三、市场竞争策略

随着全球贸易量的增加，货运代理市场的竞争越来越激烈，选择何种市场竞争策略是货运代理企业要面对的重要问题。

由于各个企业的情况不同，所采取的市场竞争策略也有所不同。一般来说，有以下几种市场竞争策略可供企业选择。

（一）靠优质取胜

客户要求货物运输方便、安全、及时、经济，货物运输的质量是货运代理企业的生存之本。货运代理企业只有提供优质的服务，才能赢得良好的声誉，获得稳定的客户和货源。

（二）靠廉价取胜

客户总是希望用最少的钱购买到尽可能多的服务。货运代理企业要想方设法采取各种措施，降低运输成本，从而降低服务的价格，提供价廉物美的服务，实现薄利多销。

（三）靠优势取胜

在市场竞争中，企业总是集中资金、人员、设备、技术、资源等争取尽可能大的市场份额。

每个企业都有自己的优势、特长和有利条件，也有自己的劣势、短处和不利因素。企业在市场竞争中要充分利用自己的优势，扬长避短，争取获得最大的经济效益。

（四）靠联合取胜

货运代理企业为了避免因建立自己的分支机构而花费巨额资金，或者为了取长补短、发挥各自的优势，会和其他企业进行联合经营。这种联合对提高企业的竞争力、扩大业务量有巨大的作用。

同 步 训 练

一、单选题

1. 下列推销方式中，（ ）是人员推销中的被动推销方式。
   A. 上门推销　　　B. 柜台推销　　　C. 广告推销　　　D. 会议推销
2. 国际货运代理揽货工作的核心内容是（ ）。
   A. 接触前的准备　B. 签订合同　　　C. 推销洽谈　　　D. 跟进沟通
3. 国际货运代理销售人员揽货的第一步是（ ）。
   A. 寻找客户　　　B. 约见客户　　　C. 签订合同　　　D. 推销洽谈
4. 与客户签订合同时，要遵循（ ）的原则。
   A. 利益最大化　　B. 互惠互利　　　C. 礼尚往来　　　D. 紧密沟通

二、多选题

1. 货运市场的需求具有（ ）特征。
   A. 派生性　　　　　　　　　　　B. 个别需求的差异性
   C. 潜在性　　　　　　　　　　　D. 总体需求的规律性
2. 货运代理企业的目标市场策略包括（ ）。
   A. 差异性营销策略　　　　　　　B. 低成本策略
   C. 无差异性营销策略　　　　　　D. 集中性营销策略
3. 企业总是集中（ ）等争取尽可能大的市场份额。
   A. 资金　　　　　B. 人员　　　　　C. 技术　　　　　D. 资源

三、简答题

请问：市场营销中的市场竞争策略有哪些?

Project 4

模块四
国际海上货物运输基础

学习目标

📖 知识目标

- ○ 了解国际海运组织。
- ○ 了解海上货物运输船舶。
- ○ 了解海上运输货物。

∾ 能力目标

- ○ 掌握水路货物运输的特点。
- ○ 了解海运地理的相关知识。
- ○ 熟悉海上运输航线。

单元一　国际海上货物运输概述

一、水路货物运输认知

（一）水路货物运输的含义

水路货物运输，是利用船舶等工具在江、河、湖、海、洋以及人工运河等水道进行货物运输的一种运输方式。

水路货物运输可以分为内河货物运输与海上货物运输。海上货物运输又可以分为沿海货物运输和国际海上货物运输。国际海上货物运输又可以进一步分为近洋货物运输和远洋货物运输。

（二）水路货物运输的特点

水路货物运输的优点是运输量大、运输成本相对较低。水路货物运输，尤其是海上货物运输，主要利用的是天然水域，通航能力几乎不受限制，可以实现大运量、长距离的运输，因此非常适合用于大宗货物的运输。海洋面积占地球表面总面积的70%左右，水上航道四通八达，由于运输量大，降低了单位货物的运输成本，因此海上货物运输成为国际贸易运输的主要方式。水路货物运输的缺点是受自然条件影响较大、货物运输速度较慢。比如一些航道和港口冬季结冰，枯水期水位下降，难以保证全年通航。

水路货物运输最适合承担运输量大、运输距离长、对时间要求不太紧、运费负担能力相对较低的货物运输任务。

现代海上货物运输的特征是船舶的专业化、大型化和高速化。

二、海上货物运输的常见风险和损失

（一）海上风险

在国际海上货物运输中，货物运输船舶长时间在远离海岸的海洋上航行。由于海洋环境复杂、气象多变，船舶随时都有可能遭遇到狂风、巨浪、暴雨、雷电、海啸、浮冰等人力不可抗衡的海洋自然灾害的袭击。

（二）海上损失

海上货物运输船舶一旦遭遇海上风险，给船舶和货物造成的损失可能是十分巨大和惊人的。一艘远洋运输船舶一次所载运的货物数量之多是任何其他运输工具都无法比拟的，特别是超大型船舶。

而且，当船舶在海上遭遇危险时，很难及时得到外来力量的援助，或者根本无法得到援助，这还会使已经出现的险情和遭受的损失进一步扩大。例如，油轮遭遇事故后，除了油轮本身和所载运的货油损失外，还会由于货油流入海洋造成海洋环境的污染。

三、国际海上货物运输的特点

国际海上货物运输的特点主要表现在以下三个方面：

1. 船公司业务经营对国际海运市场的依存性

国际海运市场中汇集着许多船舶经营人，船舶经营人之间存在着竞争。在国际海运市场上，运输能力的供给与需求之间的平衡关系左右着运输价格和租金水平的变动。任何一个单一的船舶经营人都不能对国际海运市场的运输价格和租金水平的变化施加决定性的影响，相反，每一个单一船舶经营人的经营活动都要适应国际海运市场的变化。

2. 主要货物运输单证的国际通用性

国际海上货物运输中所使用的货物运输单证繁多，各种单证的作用、记载的内容各不相同，各个国家、港口、船公司所使用的货物运输单证并不完全一致。由于国际海上货物运输船舶航行于不同国家的港口之间，作为划分各方责任和业务联系主要依据的货物运输单证，必须能够适用于不同的国家和港口。在单证的内容和编制方法上，不但要符合本国的规定和业务需要，也必须适应国际公约或其他相关国家和港口的规定或习惯要求，使之能为各关系方所承认和接受。所以，一些主要的货物运输单证在名称、作用和记载内容上往往大同小异，可以在国际上通用。

3. 国际海上货物运输适用法规的国际统一性

国际海上货物运输从事的是国际贸易货物在不同国家港口之间的运输，在货物运输过程中，经常会发生各种纠纷和争议。这些纠纷和争议的发生不一定是在本国的水域范围之内，纠纷和争议的各方也可能分属于不同的国家，因此，在处理这些纠纷和争议时，就存在着适用于哪一个国家的法律规定的问题。有时同一个案件按照不同国家的法律处理，可能得出完全不同的结果。为此，世界各国的海运界一直都在谋求制定一系列能为各国所接受，并共同遵守的国际公约。

海上货物运输的国际公约主要是为了统一世界各国关于海运的不同法律规定，建立船货双方均等平摊海上运输风险的责任制度，并确认承运人与托运人在海上货物运输中的权利和义务。目前，在国际航运业影响最大的国际公约主要有三个，分别是《关于统一提单的若干法律规则》（简称《海牙规则》，The Hague Rules，1931 年 6 月 2 日生效）、《关于修改1924 年统一提单的若干法律规则的协议书》（简称《维斯比规则》，The Visby Rules，1977年 6 月 23 日生效）以及《联合国海上货物运输公约》（简称《汉堡规则》，The Hamburg Rules，1992 年 11 月 1 日生效）。

单元二　国际海运组织

随着国际海运业的不断发展，各国政府和非政府组织相继成立了一些政府间国际海运组织和非政府间国际海运组织，海运企业间也成立了一些具有经营协作性质的国际组织。这些组织在保证海运安全、建立国际公约和提供海运服务等方面发挥着重要的作用。

一、政府间国际海运组织

1948年2月9日，联合国在日内瓦召开海事大会，并于同年3月6日通过了成立"政府间海事协商组织"（Intergovernmental Maritime Consultative Organization，IMCO）的公约，即《政府间海事协商组织公约》。该公约于1958年3月17日生效。1959年1月在伦敦召开第一次大会期间，政府间海事协商组织（IMCO）正式成立。1982年5月22日，该组织更名为"国际海事组织"（International Maritime Organization，IMO）。

国际海事组织（IMO）是联合国在海事方面的一个技术咨询和海运立法机构，是政府间的国际组织（Inter-Government Organization，IGO）。所有联合国成员国均可成为国际海事组织的会员国。

我国于1973年3月1日正式加入国际海事组织，并于1975年当选为理事国。国际海事组织设有五个委员会，分别是海上安全委员会、海上环境保护委员会、法律委员会、便利运输委员会以及技术合作委员会。

国际海事组织的宗旨是"在与从事国际贸易的各种航运技术事宜的政府规定和惯例方面，为各国政府提供合作机会，并在与海上安全、航行效率和防止及控制船舶造成对海洋污染有关的问题上，鼓励和便利各国普遍采用最高可行的标准"。国际海事组织还负责处理与这些宗旨有关的行政和法律事宜。

国际海事组织的主要活动是制定和修改有关海上安全、防止海洋受船舶污染、便利海上运输、提高航行效率及与之有关的海事责任方面的公约；交流上述有关方面的实际经验和海事报告；为发展中国家提供一定的技术援助。

二、非政府间国际海运组织

除了政府间国际组织外，国际上还有一些非政府间的国际组织（Non-Government Organization，NGO）。非政府间的国际海运组织都是由航运企业以及与航运有关的机构联合组成的学术性和咨询性的民间团体。因为参与的成员众多，它们还能在国际海运政策方面起到协调和咨询的作用。

非政府间国际航运组织中比较著名的有国际海事委员会（Committee Maritime International，CMI）、波罗的海国际航运公会（Baltic and International Maritime Council，BIMCO）、国际航运公会（International Chamber of Shipping，ICS）。在国际海上货运代理实践中，如果遇到相关业务问题，可以向上述组织进行咨询。

1. 国际海事委员会（CMI）

国际海事委员会于1897年成立于比利时安特卫普，由各国的海商法协会组成。

国际海事委员会成立的宗旨是促进国际海商法、海事惯例和实践做法的统一，促进各国海商法协会的成立，并与其他具有相同宗旨的国际性协会或组织进行合作。具体包括：促进海商法的实施，使国际海事安全发展；建立海事仲裁委员会，研究处理成员国之间的争端问题；制定海商法案。

国际海事委员会的主要工作是就有关提单、责任制、海上避碰、救助等方面的各类国际海事公约提出建议、制订草案并参加审议。国际海事委员会自创立以来，草拟了很多国际海事公约，并被国际社会接纳和生效。我国在《海商法》的制订以及许多问题的处理上均参照了国际海事委员会的相关规定。

2. 波罗的海国际航运公会（BIMCO）

波罗的海国际航运公会成立于1905年，总部设在丹麦哥本哈根。波罗的海国际航运公会的成员有航运公司、经纪人公司以及保赔协会等团体或俱乐部组织。

波罗的海国际航运公会成立的宗旨是：保护会员的利益，为会员提供情报咨询服务；防止运价投机和不合理的收费与索赔；拟订和修改标准租船合同和其他货运单证；出版航运业务情报资料；等等。

波罗的海国际航运公会的服务项目包括：解释租船合同条款或在发生争议时提供建议；提供港口及航线情况；提供港口费用和使费账单等具体资料。波罗的海国际航运公会共出版九种刊物，有大量资料发表在刊物上。波罗的海国际航运公会在国际海事组织中享有咨询地位。

3. 国际航运公会（ICS）

国际航运公会成立于1921年，会址设在英国伦敦。国际航运公会的主要会员是各国船舶所有人协会；对于尚未建立船舶所有人协会的国家，也可以吸收航运公司为会员。

国际航运公会成立的宗旨是为了保护本协会内所有成员的利益，就互相关心的技术、工业或者商业等问题交流思想，通过协商达成一致意见，共同合作。

国际航运公会的主要业务有油船、化学品船的运输问题和国际航运事务；贸易程序的简化；集装箱和多式联运；海上保险；海上安全；制定一些技术和法律方面的政策，便于船舶进行运输。

国际航运公会在海上安全、防止污染和简化贸易手续方面出版了不少刊物，还向会员分发有关航海、油船和火灾事故的报告，以促使航运公司及其工作人员从这些事故中吸取经验教训，提高对潜在危险的认识，防止事故的发生。

三、海运企业间国际组织

除了上述政府间国际海运组织和非政府间国际海运组织以外，还有一类可以称之为海运企业间国际组织的具有经营协作性质的国际组织，主要有班轮公会、联营体、航运联盟这三种形式。

1. 班轮公会（Liner Conference or Freight Conference）

班轮公会，又称为班轮航运公会、水脚公会、运价协会，是指在同一航线上或相关航线上经营班轮运输的两家以上的海运企业，为了避免相互之间的激烈竞争，通过制定统一的费率或最低费率以及在经营活动方面签订协议，而组成的联合经营组织。一般认为班轮公会为国际海运行业垄断组织。

世界上第一个班轮公会是 1875 年由七家英国船公司成立的加尔各答班轮公会（Calcutta Conference），专门经营从英国至加尔各答的班轮航线。这七家船公司为了避免因竞相跌价争揽货源而损害各自的利益，通过协议规定各自的船舶发航次数和统一的最低运价。

此后，班轮公会发展很快，世界各主要班轮航线都有班轮公会成立。到 20 世纪 70 年代初，全世界共有 360 多家班轮公会。

班轮公会分为闭锁公会（Closed Conference，又称为封闭式公会）和开放公会（Open Conference，又称为开放式公会）两种。闭锁公会吸收会员非常严格，要求入会者必须提出入会申请，一般须经全体会员通过才能入会。闭锁公会制定运输价格，并在会员之间分配货载比例，及促使运力与需求的平衡，并避免会员之间在挂靠港上无效率的重复。有些闭锁公会还在会员之间分配收入和分摊成本。开放公会也制定运输价格，但对入会不限制，任何班轮企业只要同意公会规定的运价并遵守公会协议就能入会。开放公会也不分配货载比例。因此，闭锁公会比开放公会的垄断性质更强。按照美国的反托拉斯法，美国航线上的班轮公会只能采取开放公会的形式。

欧盟委员会从 2008 年 10 月 18 日起正式废除班轮公会享有的反垄断豁免权。这样，班轮公会将直接适用《欧盟条约》第 81 条第（1）款的反托拉斯规定，这意味着班轮公会在欧盟进出口货物运输航线上不能再从事固定运价、运力等限制竞争的活动。在欧盟，以固定价格为基本活动形式的传统班轮公会不再存在。与此同时，其他各国也在修改各自的国际班轮运输管理法律，降低班轮公会对市场竞争的限制，提高市场竞争程度。

2. 联营体（Consortium or Consortia）

20 世纪 70 年代，一些船公司开始组织或加入联营行列，出现了公会内部成员公司组成的非独立法人的联营体。联营体是两个或两个以上主要通过集装箱方式提供国际班轮货物运输服务的船公司之间的协议，该协议可以是关于一条或数条航线的贸易。组成联营体的主要目的是在提供海运服务时共同经营、相互合作、提高服务质量。联营体利用除固定价格以外的技术、经营、商业安排等使各自的经营合理化。

1995 年，随着欧亚航线几大主要联营体的期满解散，各大船公司迅速开始新一轮的组合，并将这种联营行动从欧亚航线推广到亚洲 / 北美航线、欧洲 / 北美航线，航运联营体由此进入一个新的阶段，也就是战略联盟。战略联盟的目的和出发点是在一些公司之间建立起全球范围的合作协议，不统一运输价格，而是通过舱位互租、共同派船、码头经营、内陆运输、集装箱互换、船舶共有、信息系统共同开发、设备共享等各种方式致力于集装箱运输合理运作的技术、经营或商业性协定。

3. 航运联盟（Shipping Alliance）

航运联盟是指船公司之间在运输服务领域航线和挂靠港口互补、船期协调、舱位互租，以及在运输辅助服务领域信息互享、共建共用码头和堆场、共用内陆物流体系而结成的各种联盟。

航运联盟的优势主要有两点，分别是降低成本和增加竞争力。

（1）降低成本。在班轮运输中，船公司能够从互相合作产生的规模经济中获得利益。通过航运联盟，承运人可以减少船舶的数量，降低由于购置船舶带来的资本风险。也可以与其他承运人签订码头堆场共用协议，提高码头堆场利用率，减少在航运淡季时资源闲置的损失。

（2）增加竞争力。

1）增加开船频率。增加开船频率是指通过在某一航线上的联盟，联盟内所有船公司的发船频率都有所提高，这大大提高了各个承运人的竞争力。同时，对广大托运人来说，有更多的船期可供选择。

2）扩大服务范围。船公司可以通过航运联盟扩大服务范围，开发新市场。航运联盟的成员可以利用其他成员长期建立起来的市场网络、劳动力以及各种资源，在新航线上取得优势。

3）重新分配过剩资源。船公司会因为季节因素、战略转移面临运力过剩的问题。也可能在市场低迷时，希望缩减运力规模，减小风险。航运联盟使成员们在不同的目标航线上能够交换运力，重新分配过剩资源。

2017 年 4 月，新成立的三大航运联盟包含了 11 家航运公司，包括世界排名前 10 位的十大集装箱海运公司以及排名第 15 位的 K-Line。

2M 联盟，包括 MSC 和 Maersk，共有船舶 223 艘，运力 6 000 000TEU[⊖]，占运力总量的 34%。

Ocean Alliance 联盟，包括 CMA-CGM，COSCO Group，OOCL，Evergreen，共有船舶 323 艘，5 500 000TEU，占运力总量的 28%。

The Alliance 联盟，包括 Hapag-Lloyd，NYK，Yang Ming，MOL，K-Line，共有船舶 241 艘，3 300 000TEU，占运力总量的 17%。

这三个航运联盟共占全球集装箱海运市场 79% 的运力，其他的航运公司只占 21% 的运力，如表 4-1 所示。

表 4-1　全球集装箱海运市场运力分布 1

2M	34%
Ocean Alliance	28%
The Alliance	17%
Others	21%

现代商船是 2M 联盟的合作伙伴，已经签署了战略合作协议。如果把现代商船算进 2M 联盟里，那么 2M 联盟的市场份额将从 34% 上升到 36%，如表 4-2 所示。

表 4-2　全球集装箱海运市场运力分布 2

2M+H	36%
Ocean Alliance	28%
The Alliance	17%
Others	19%

回顾历史，在 2000 年世界排名前 25 名的集装箱海运公司中，到 2017 年仅剩 15 家，有 10 家集装箱海运公司都难逃破产或者被收购的命运。

⊖ TEU：Twenty-feet Equivalent Unit，20 英尺标准集装箱，也称国际标准箱单位。

单元三　海运地理与海运航线

一、海运地理

（一）海洋

地球表面的总面积约为 5.1 亿平方公里，其中：海洋的面积约为 3.61 亿平方公里，占地球表面总面积的 70.8%；陆地的面积约为 1.49 亿平方公里，占地球表面总面积的 29.2%。

通常把海洋分为四个大洋，也就是太平洋、大西洋、印度洋、北冰洋。国际水文地理组织于 2000 年确定四大洋环绕南极大陆的海域为一个独立的大洋，称为"南冰洋"，也叫作"南极海"或者"南大洋"。如果加上这一"新"的"大洋"，地球上也就有了"五个大洋"。

地球上的陆地被分为几大部分，并分别以"大陆"和"洲"命名。被称为大陆的陆地共有六块，按面积大小依次是欧亚大陆、非洲大陆、北美洲大陆、南美洲大陆、南极大陆和澳大利亚大陆。上述六个大陆又被分为七个洲，按面积大小依次是亚洲、非洲、北美洲、南美洲、南极洲、欧洲和大洋洲。

我们通常所说的海洋是地球上广阔的连续水体的总称。

海洋的中心部分称为"洋"，它远离大陆，面积广阔，约占海洋总面积的 89%，是海洋的主体。水文要素，如温度、盐度等不受大陆影响。

"洋"的边缘靠近大陆的部分，称为"海"。"海"的总面积约占海洋的 11%。"海"靠近大陆，与大陆、河流、气候和季节有直接的相互影响，与人类的相互关系比"洋"更为密切。水温受大陆影响较大，并有显著的季节变化。在淡水流入少、蒸发量大、降水量小的海区，盐度较高；在有大量河水流入、蒸发量较小、降水丰富的海区，盐度较低。"海"按照所处的地理位置不同，可以分为边缘海、地中海和内海。位于大陆边缘，以半岛、岛屿或群岛与大洋分割，但水流交换通畅的海，被称为边缘海，如阿拉伯海、日本海以及我国的东海、南海等；处于几个大陆之间的海，是地中海，如亚、欧、非大陆之间的地中海和中美洲的加勒比海；深入大陆内部，仅有狭窄的水道与大洋相通的海，被称为内海，如红海、黑海以及我国的渤海等。

海峡是海洋中相邻海区之间较狭窄的水道，其一般形式是在大陆与邻近的沿岸岛屿之间或两个大陆之间的狭窄水道，把比较宽广的海面或洋面联系起来，如台湾海峡、马六甲海峡、直布罗陀海峡等。全世界可供航行的海峡约有 130 多个，其中经常用于国际航行的主要海峡有 40 多个。

1. 太平洋（Pacific Ocean）

太平洋是世界上面积最大、深度最深的海洋，面积约 1.65 亿平方公里，约占世界大洋总面积的二分之一，约占地球表面总面积的三分之一。

太平洋最南到南极大陆海岸，最北到白令海峡，最东到南美洲的哥伦比亚海岸，最西到亚洲的马来半岛。太平洋的东南部经南美洲和南极洲之间的海峡与大西洋沟通，西南部与印度洋临界，以赤道为界分为北太平洋和南太平洋。太平洋的平均深度是 4 280 米，已知最大深度在马里亚纳海沟，最深处深达 11 034 米。太平洋的属海，北部主要有东海、黄海、日本海、鄂霍次克海和白令海，中部有南海、爪哇海、珊瑚海、苏禄海、班达海等，南部有塔斯曼海、别林斯高晋海、罗斯海和阿蒙森海等。

太平洋不但是世界上最大最深的海洋，而且是岛屿、海湾、海沟以及火山和地震区分布最多的海洋。全球约 85% 的活火山和约 80% 的地震区域集中在太平洋地区。

太平洋东岸的美洲科迪勒拉山系和太平洋西缘的花彩状群岛是世界上火山活动最剧烈的地带，活火山多达 370 多座，有"太平洋火圈"之称，地震频繁。太平洋约有岛屿 10 000 个，总面积 440 多万平方公里，约占世界岛屿总面积的 45%，主要分布于西部和中部偏西水域。西部分布的主要有日本群岛、中国台湾岛、菲律宾群岛、印度尼西亚群岛、新几内亚岛等大陆岛。中部偏西分布的主要有美拉尼西亚、密克罗尼西亚和玻利尼西亚等群岛。环太平洋居住的人类，有东亚大陆、朝鲜半岛、日本列岛、东南亚半岛和群岛、南北美洲的 30 多个国家和地区，以及南太平洋中的一些群岛国家和地区。

1519 年 9 月 20 日，葡萄牙航海家麦哲伦率领 5 艘帆船、200 多人组成的探险队从西班牙的塞维尔起航，西渡大西洋，他们要找到一条通往印度和中国的新航路。同年 12 月 13 日，船队到达巴西的里约热内卢湾，1520 年 3 月到达圣朱利安港。此后，船队发生了内讧。费尽九牛二虎之力，麦哲伦镇压了西班牙船队的内部叛乱，船队继续南下。他们顶着惊涛骇浪，到达了南美洲的南端，进入了一个海峡。这个后来以"麦哲伦海峡"命名的海峡更为险恶，到处是狂风巨浪和暗礁险滩。又经过 38 天的艰苦奋战，船队终于到达了海峡的西端，然而，此时船队仅剩下 3 条船，队员也损失了一半。又经过 3 个月的艰苦航行，船队从南美越过关岛，来到菲律宾群岛。这 3 个月的航程再也没有遇到过一次风浪，海面十分平静，饱受先前滔天巨浪之苦的船员高兴地感叹："这真是一个太平洋啊！"从此，人们把美洲、亚洲、大洋洲之间的这片大洋称为"太平洋"。

太平洋是国际交通贸易的巨大网络通道。太平洋上有许多条联系亚洲、大洋洲、北美洲和南美洲的重要海、空航线。太平洋东部的巴拿马运河和西南部的马六甲海峡，分别是通往大西洋和印度洋的捷径，也是世界主要航道。海运航线主要有东亚至北美西海岸航线，东亚至加勒比海、北美东海岸航线，东亚至南美西海岸航线，东亚沿海航线，东亚至澳大利亚、新西兰航线，澳大利亚、新西兰至北美东、西海岸航线，等等。

2. 大西洋（Atlantic Ocean）

大西洋是地球上第二大洋，面积约 9 366 万平方公里。大西洋位于欧洲、非洲与南北美洲和南极洲之间，北与北冰洋分界，南临南极洲并与太平洋、印度洋南部水域相通。大西洋东西狭窄、南北绵长，轮廓略呈 S 形，南北全长约 1.6 万公里，赤道区域最窄距离约 2 400多公里。大西洋的平均深度为 3 597 米，最深处位于波多黎各海沟，为 9 218 米。大西洋东西两侧岸线大体平行。南部岸线平直，内海、海湾较少。北部岸线曲折，沿岸岛屿众多，海湾、内海、边缘海较多。岛屿和群岛主要分布在大陆边缘，开阔洋面的岛屿很少。

中国自明代起，在表述海洋的地理位置时，常习惯以雷州半岛至加里曼丹作为界线，此线以东为东洋，此线以西为西洋。这也是我们常称日本人为"东洋人"，称欧洲人为"西洋人"的原因。明神宗时期，传教士利马窦来华拜见中国皇帝，他用中国方式说，他是从"小西洋"（当时中国称印度洋为小西洋）以西的"大西洋"来的人。从此我们称西方人所说的 Atlantic Ocean（出自古希腊神话中大力士阿特拉斯的名字，传说阿特拉斯住在大西洋中，知道任何一个海洋的深度，有擎天立地的神力）为"大西洋"。

大西洋在近代之后欧洲人开辟殖民地、贩卖非洲奴隶、开展世界贸易的海上航运等活动中都处于重要位置。大西洋西通巴拿马运河连太平洋，东穿直布罗陀海峡，经地中海、苏伊士运河通向印度洋，北连北冰洋，南接南极海域，航路四通八达。大西洋沿岸国家经济贸易交往频繁，是世界环球航运体系中的重要枢纽网络。大西洋沿岸约有 1 200 个港口，占全球港口数量的 60%，主要港口有汉堡、鹿特丹、伦敦、利物浦、马赛、开普敦、纽约、费城、新奥尔良、休斯敦、里约热内卢、布宜诺斯艾利斯等。

3. 印度洋（Indian Ocean）

印度洋是世界第三大洋，位于亚洲、大洋洲、非洲、南极洲和澳大利亚大陆之间，西南与大西洋为界，东南与太平洋相接，面积 7 492 万平方公里，约占世界海洋总面积的五分之一。印度洋的平均深度为 3 897 米，仅次于太平洋，位居第二，其最深处在阿米兰特群岛西侧的阿米兰特海沟，深 9 074 米。印度洋的全部水域都在东半球，因位于亚洲印度半岛南面，所以被称为印度洋。印度洋的主体位于赤道带、热带和亚热带范围内，是热带海洋。

印度洋受亚洲西部和南部岛屿、半岛的分隔，形成许多边缘海、内海、海湾和海峡，主要有红海、阿拉伯海、亚丁湾、波斯湾、阿曼湾、孟加拉湾、安达曼海、阿拉弗拉海、帝汶海、莫桑比克海峡等。

印度洋在古代被中国人称为"西洋"。欧洲人早期不知道印度洋，只知道与印度洋相连的红海，称为"厄立特里亚海"。"厄立特里亚"（Erythrea）希腊文原意为红色，即红海。欧洲人正式使用印度洋的名称是在 1515 年左右，当时中欧地图学家舍纳尔编绘的地图上，把这片大洋标注为"东方的印度洋"，此处的"东方"一词是与大西洋相对而言的。1497 年，葡萄牙航海家达·伽马东航寻找印度，便将沿途所经过的洋面统称为"印度洋"。这个名字逐渐被人们接受，成为通用的称呼。

印度洋的地理位置也十分重要，是沟通亚洲、非洲、欧洲和大洋洲的交通要道。向东通过马六甲海峡可以进入太平洋，向西绕过好望角可以到达大西洋，向西北通过红海、苏伊士运河，可以进入地中海。航线主要有亚欧航线和南亚、东南亚、南非、大洋洲之间的航线。

4. 北冰洋（Arctic Ocean）

北冰洋以北极为中心，为亚洲、欧洲和北美洲三洲所环抱，近于半封闭，面积 1 310 万平方公里，约占世界海洋总面积的 4.1%。

北冰洋通过挪威海、格陵兰海和巴芬湾与大西洋连接，并以狭窄的白令海峡沟通太平洋。平均深度约 1 200 米，南森海盆最深处达 5 449 米，是北冰洋的最深点。北冰洋因为所处位置最北，而且该地区气候严寒，洋面上常年覆有冰层，所以人们称它为北冰洋。

北冰洋气候寒冷，洋面大部分常年冰冻。北极海区最冷月平均气温可达 −20℃ 至 −40℃。暖季也多在 8℃ 以下。因其严寒，北冰洋水文最大的特点是有常年不化的冰盖。冰盖面积占总面积的三分之二左右，其余海面上分布有自东向西漂流的冰山和浮冰，沿岸地区则多为永冻土带，永冻层厚达数百米。北冰洋寒季常有猛烈的暴风。北欧海区受北大西洋暖流影响，水温、气温较高，降水较多，冰情较轻，暖季多海雾，有些月份每天有雾，甚至连续几昼夜。

在北极点附近，每年有近六个月的时间是无昼的黑夜（10 月至次年 3 月），其余半年时间是无夜的白昼。

5. 南冰洋（Antarctic Ocean）

南冰洋又称南极洋或南大洋，是围绕南极洲的海域，位于太平洋、大西洋和印度洋南部，具有南极大陆边缘海的性质，因此人们也会称其为"南极海"。但是，由于海洋科学家们发现"南极海"海域有不同于四大洋的洋流，于是国际水文地理组织于 2000 年确定其为一个独立的大洋，称之为"南冰洋"或"南极洋""南大洋"。称"南冰洋"，是与北冰洋相对应；称"南极洋"，是因为其位置在南极圈；称"南大洋"，也是因为在地球的最南部。

国际水文地理组织划定南极洋的范围，是以南纬 60 度为界的经度 360 度内包围南极洲的海洋，主要包括罗斯海、别林斯高晋海、威德尔海、阿蒙森海，部分南美洲南端的德雷克海峡以及部分新西兰南部的斯克蒂亚海。南冰洋的面积为 2 032.7 万平方公里，海岸线长度为 17 968 公里。

南冰洋有巨大的南极绕极流，除南极沿岸一小股流速很弱的东风漂流外，其主流是自西向东运动的西风漂流。这是宽阔、深厚而强劲的风生漂流，南北跨距在南纬 35 ～ 65 度。南极洋流的长度为 21 000 公里，是世界上最长的洋流，流量为 1.3 亿立方米 / 秒，等于全世界所有河流流量总和的 100 倍。

南冰洋的深度一般在 4 000 ～ 5 000 米，最深点为南桑德韦奇海沟，达到 7 235 米。南极洲常年被冰盖所覆盖。南极冰盖在 3 月份有 260 万平方公里，在 9 月份则达到 1 880 万平方公里，是 3 月份的 7 倍多。

（二）海峡

海峡，是被夹在两块陆地之间，两端连接两大海域的狭窄的海洋通道。

海峡的地理位置特别重要，不仅是交通要道、航运枢纽，而且历来是兵家必争之地。因此，常常被称作"海上走廊"或者"黄金水道"。

1. 台湾海峡（Taiwan Strait）

台湾海峡是中国台湾岛与福建海岸之间的海峡，属于东海海区，南通南海。台湾海峡呈东北 - 西南走向，长约 370 公里，北窄南宽，北口宽约 200 公里，南口宽约 410 公里，最狭窄处位于福建省平潭岛与台湾新竹市之间，为 130 公里，总面积约 8 万平方公里。

台湾海峡不仅是台湾与福建之间的航运纽带，而且是东海及其北部邻海与南海、印度洋之间的交通要道，是东亚与东南亚之间主要的海上走廊，战略地位十分重要。

图 4-1 为台湾海峡地理位置。

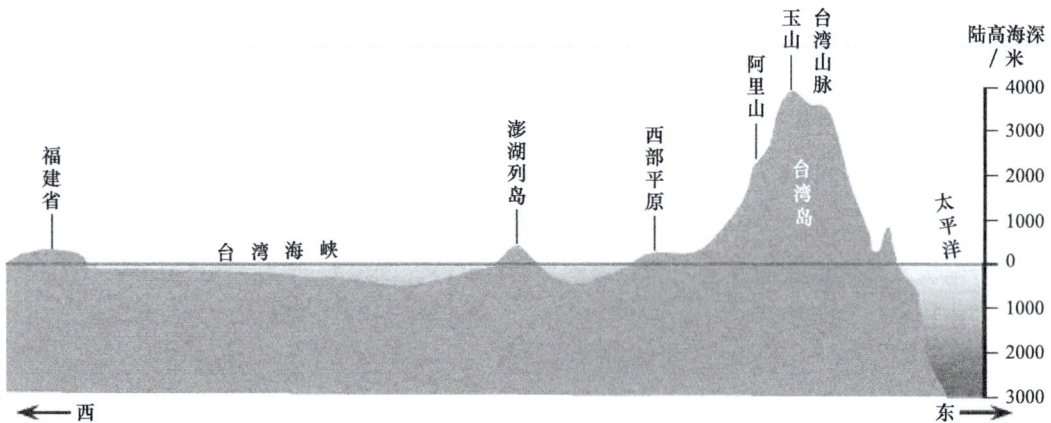

图 4-1　台湾海峡地理位置

2. 马六甲海峡（Strait of Malacca）

马六甲海峡是位于马来半岛与苏门答腊岛之间的海峡，是连接沟通太平洋与印度洋的国际水道，也是亚洲与大洋洲的"十字路口"。

马六甲海峡因临近马来半岛南岸的古代名城马六甲而得名。在 15 世纪末，马六甲城比威尼斯、亚历山大和热那亚等著名城市还要繁华。其西岸是印度尼西亚的苏门答腊岛，东岸是西马来西亚和泰国南端。马六甲海峡全长约 1 080 公里，形状似漏斗，西北部最宽处达 370 公里，东南部最窄处只有 37 公里，水深 25 ～ 150 米。

马六甲海峡被人们称为"海上生命线"。无论在经济还是军事方面，马六甲海峡都是很重要的国际水道。马六甲海峡连接了三个大国，中国、印度与印度尼西亚，也是西亚石油到东亚的重要通道。

每年约有 10 万艘船只通过马六甲海峡，占国际贸易海运量的四分之一左右。新加坡港是世界天然良港之一，随着马六甲海峡航运事业的发展而繁荣起来的新加坡港，不仅是东南亚最大的港口，也是仅次于上海港的世界第二大港（根据 2017 年世界港口排名）。

图 4-2 为马六甲海峡地理位置。

图 4-2　马六甲海峡地理位置

3．直布罗陀海峡（Strait of Gibraltar）

直布罗陀海峡在西南欧的伊比利亚半岛与非洲大陆西北端之间，连接地中海与大西洋，是地中海沿岸国家通往大西洋的"咽喉"，以及大西洋通往南欧、北非和西亚的重要航道。

直布罗陀海峡全长约 90 公里。最窄处仅有 14 公里，其西端入峡处最宽，达到 43 公里，最浅处水深 301 米，最深处水深 1181 米，平均深度约 375 米。

直布罗陀海峡除了沟通地中海和大西洋外，还是地中海的"生命源泉"。在地中海深处，有一股较重、较冷且较咸的洋流，源源不断地向西流出地中海，而大西洋的表层洋流，则向东经过直布罗陀海峡进入地中海，为地中海源源不断地补充着海水。大西洋的这股洋流的流量，大于地中海深处的西向洋流，因此，直布罗陀海峡的存在为地中海避免成为一个萎缩的盐国，发挥着重要的"生命源泉"的作用。

图 4-3 为直布罗陀海峡地理位置。

4．白令海峡（Bering Strait）

白令海峡是亚洲大陆和北美洲之间的海洋的最窄处，位于亚洲东北端楚科奇半岛和北美洲西北端阿拉斯加之间。这是世界上最短的海峡交通要道，也是沟通北冰洋和太平洋的唯一航道。白令海峡长约 60 公里，宽 35～86 公里，平均水深 42 米，最大水深 52 米。

在距今 1 万年前的末次冰期之前，海水低于现在海面约 100～200 米，白令海峡作为"地峡"，曾经是亚洲和北美洲之间的陆桥，两洲的生物通过陆桥相互迁徙。

白令海峡水道中心线既是俄罗斯和美国的国界线，又是亚洲和北美洲的洲界线，还是国际日期变更线。

图 4-4 为白令海峡地理位置。

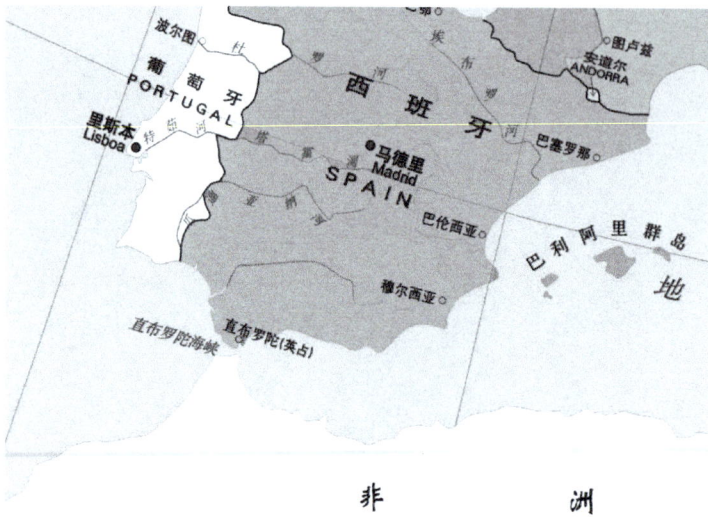

图 4-3　直布罗陀海峡地理位置

图 4-4　白令海峡地理位置

5. 麦哲伦海峡（Strait of Magellan）

麦哲伦海峡位于南美洲大陆南端和火地岛、克拉伦斯岛、圣伊内斯岛之间，由地壳断裂下陷而成。长约 563 公里，宽 3.3～32 公里。1520 年，葡萄牙航海家麦哲伦通过这一海峡，因此而得名。

受西风带的影响，麦哲伦海峡寒冷多雾，常有大风暴，潮高流急，多漩涡逆流，是世界闻名的猛烈风浪海峡。由于自然条件恶劣，不利于航行，所以这里一直是一片人迹罕至的海域。但在巴拿马运河通航之前，麦哲伦海峡是沟通大西洋和太平洋的重要航道。

麦哲伦海峡被中部的弗罗厄得角分成东西两段。西段海峡曲折狭窄，最窄处仅有 3.3 公里，最深处达 1 170 米。两侧岩岸陡峭、高耸入云，每到冬季，巨大冰川悬挂在岩壁上，景象十分壮观，每逢崩落的冰块掉入海中，会发出雷鸣般的巨响并威胁船只航行。东段开阔水浅，主航道最浅处只有 20 米。

图 4-5 为麦哲伦海峡地理位置。

图 4-5　麦哲伦海峡地理位置

6. 霍尔木兹海峡（Strait of Hormuz）

霍尔木兹海峡介于西亚阿曼的穆桑达姆半岛和伊朗之间，东接阿曼湾，西连波斯湾，是盛产石油的波斯湾进入印度洋的必经之地，有"海湾咽喉"之称，也被称为"石油海峡"。

霍尔木兹海峡自古以来就是东西方国家间文化、经济、贸易的枢纽。特别是在海湾地区成为世界石油宝库之后，霍尔木兹海峡成为波斯湾石油通往西欧、美洲、亚洲等世界各地石油需求量较大地区的唯一海上通道，具有十分重要的经济地位和战略地位。

图 4-6 为霍尔木兹海峡地理位置。

图 4-6　霍尔木兹海峡地理位置

（三）运河

运河是人工开凿的水道。在国际航运中，运河与海峡一样起着非常重要的作用，运河往往是航行中的咽喉地带，能够把许多重要海区和航线联系起来。运河还能大大地缩短航程，提高航运经济效益。世界上著名的国际运河有苏伊士运河、巴拿马运河、基尔运河等。

1. 苏伊士运河（Suez Canal）

苏伊士运河于 1859—1869 年开凿成功，于 1869 年 11 月 17 日竣工通航。苏伊士运河位于埃及西奈半岛西侧，横跨苏伊士地峡，是全球最大的无船闸运河。它连接红海和地中海，使大西洋、地中海与印度洋联结起来，是连通欧、亚、非三大洲的主要国际海运航道，大大缩短了东西方间的航程。

苏伊士运河是亚洲与非洲的交界线。与绕道非洲好望角相比，从欧洲大西洋沿岸各国到印度洋缩短了 5 000 ~ 8 000 公里的航程，从地中海各国到印度洋缩短了 8 000 ~ 10 000 公里的航程，对黑海沿岸来说，则缩短了 12 000 公里的航程。它是一条在国际航运中具有重要战略意义的国际海运航道。

苏伊士运河自北向南贯穿四个湖泊，分别是曼札拉湖（Lake Manzala）、提姆萨赫湖（Lake Timsah）、大苦湖（Great Bitter Lake）和小苦湖（Little Bitter Lake）。苏伊士运河两端分别连接北部地中海畔的塞得港和南部红海边的苏伊士城。

从 1882 年起，英国在苏伊士运河地区建立了海外最大的军事基地，驻扎了近 10 万人的军队。第二次世界大战后，埃及人民坚决要求收回苏伊士运河的主权，并为此进行了不懈的斗争。1954 年 10 月，英国被迫同意将其占领军在 1956 年 6 月 13 日以前完全撤离埃及领土。1956 年 7 月 26 日，埃及政府宣布将苏伊士运河公司收归国有。1956 年 10 月 29 日，英国和法国为夺得苏伊士运河的控制权，与以色列联合，发动对埃及的侵略战争，战争结局以埃及获胜而告终，这次战争又被称为"苏伊士运河战争"。

1981 年 10 月 1 日起，苏伊士运河正式启用电子控制系统，标志着苏伊士运河管理进入了现代新时期。它不仅提高了航运的安全性，还使苏伊士运河的通过能力增加近一倍，每天通过运河的船只可达 100 艘以上。

苏伊士运河经过多次扩建，通航船舶吃水深度增至 23.8 米，能使载重量 25 万吨的货轮顺利通过。每年约有 1.8 万艘来自世界 100 多个国家和地区的船只通过苏伊士运河。中东地区出口到西欧的石油，70% 经由苏伊士运河进行运送，每年经苏伊士运河运输的货物占世界海运贸易的 14% 左右。

2015 年 8 月 6 日，耗资约 85 亿美元扩建的新苏伊士运河正式开通。新苏伊士运河全长 72 公里，坐落在原有苏伊士运河的东侧，连接红海与地中海。新苏伊士运河项目单独开凿 35 公里的新河道，其余 37 公里则是拓宽旧运河并与新河道相连接。新苏伊士运河的作用主要是为原有航道提供双向通航条件，并允许更大体量的船只通过，还可有效缩短经航船只的行驶和等待时间。除了新河道的开凿，埃及政府还计划沿苏伊士运河建设"苏伊士运河走廊经济带"，包括修建公路、机场、港口等基础设施以及多个高科技工程项目。

图 4-7 为苏伊士运河地理位置，图 4-8 为新苏伊士运河地理位置。

图 4-7　苏伊士运河地理位置

图 4-8　新苏伊士运河地理位置

2. 巴拿马运河（Panama Canal）

巴拿马运河位于中美洲巴拿马共和国中部，横穿巴拿马地峡，连接太平洋和大西洋，是重要的航运要道，被誉为世界七大工程奇迹之一和"世界桥梁"。巴拿马运河是水闸式运河，共设有 6 座船闸，船舶通过巴拿马运河一般需要 9 个小时。

巴拿马运河由美国建成，自 1914 年通航至 1979 年之间一直由美国独自掌控。1979 年巴拿马运河的控制权转交给由美国和巴拿马共和国共同组建的联合机构"巴拿马运河委员会"，并于 1999 年 12 月 31 日将全部控制权交给巴拿马共和国。巴拿马运河的经营管理交由巴拿马运河管理局负责，而管理局只向巴拿马政府负责。

行驶于美国东西海岸之间的船只，原先不得不绕道南美洲的合恩角（Cape Horn），使用巴拿马运河后可以缩短航程约 15 000 公里。由北美洲的一侧海岸至另一侧的南美洲港口也可以节省航程 6 500 公里。航行于欧洲与东亚或澳大利亚之间的船只经由巴拿马运河也可节省航程 3 700 公里。

通过巴拿马运河的交通流量是世界贸易的晴雨表，世界经济繁荣时交通量就会上升，经济不景气时就会下降。每年大约有 1.2 万～ 1.5 万艘来自世界各地的船舶经过巴拿马运河。在巴拿马运河的国际交通中，美国东海岸与亚洲之间的贸易居于最主要地位。通过巴拿马运河的主要商品种类是汽车、石油产品、谷物，以及煤和焦炭。

2016 年 6 月 26 日，巴拿马运河扩建工程竣工。这项耗资 55 亿美元的扩建工程于 2007 年动工，在巴拿马运河两端都建造了新的辅助通道以及规模更大的船闸。此外还用挖泥船将航道的深度和宽度都进一步扩大。在扩建之前，船只过闸后，船闸里的水会流回大海，而新的船闸设备中包括 9 个储水池，每个储水池的蓄水量都相当于 18 个奥运会标准游泳池，这样使大约 60% 的水都可以回收利用。扩建之前，每天途经巴拿马运河的船只数量为 35 ～ 40 艘，扩建后的数量仍保持在这一水平，但途经船只的总吨位有所上升。

图 4-9 为巴拿马运河地理位置。

3. 基尔运河（Kiel Canal）

基尔运河于 1887—1895 年开凿，1895 年 6 月 21 日建成通航。基尔运河位于德国北部，西南起于易北河口的布伦斯比特尔科克港，东北至基尔湾的霍尔特瑙港，横贯日德兰半岛，是沟通北海与波罗的海的重要水道，所以又名"北海－波罗的海运河"。基尔运河河道全长98.6 公里，有 6 座船闸，平均深度 11.3 米，最宽河道宽度为 162 米，最窄河道宽度为 102.5 米。

基尔运河的开通极大地缩短了北海与波罗的海之间的航程，船舶航行比绕道厄勒海峡—卡特加特海峡—斯卡格拉克海峡减少了 756 公里。在基尔运河的两岸，每隔 200～260 米就设有一对夜间照明灯方便船舶夜晚航行，使基尔运河每天的通行时间维持在 20 小时左右。目前，基尔运河是北海与波罗的海之间最安全、最便捷、最经济的水道。

图 4-10 为基尔运河地理位置。

图 4-9　巴拿马运河地理位置

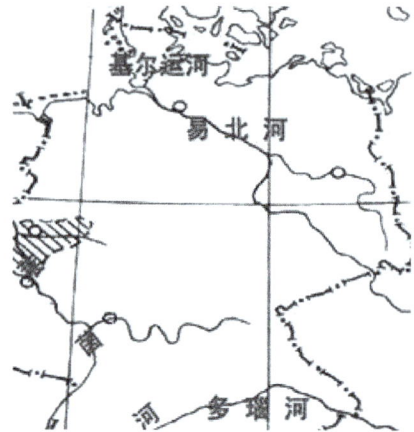

图 4-10　基尔运河地理位置

4. 科林斯运河（Corinth Canal）

科林斯运河位于希腊南部，横穿科林斯地峡，连接科林斯湾和萨罗尼克湾，接通伊奥尼亚海和爱琴海。科林斯运河于 1881—1893 年开凿，是极少数在坚硬石区开凿出来的运河之一，运河全长 6.3 公里，深 7.9 米，河谷底宽 21 米，河面宽 25 米。船舶航行科林斯运河可以缩短从亚得里亚海到比雷埃夫斯的航程 320 公里。

对于现代航运的集装箱船来说，科林斯运河太小了。如今，通过科林斯运河的船大多数是摆渡船和旅游船。科林斯运河两岸的岩壁是希腊著名的旅游参观点。

图 4-11 为科林斯运河地理位置。

图 4-11　科林斯运河地理位置

二、海运航线

（一）海运航线的概念

海运航线是指船舶在两个或多个港口之间从事海上货物运输的线路。

海运航线的形成不但受地域、水文条件的影响，同时也受政治、经济环境的影响。

（二）海运航线的分类

1. 按船舶营运方式划分

（1）定期航线。定期航线又称为班轮航线，是指使用固定的船舶、按固定的船期、在固定的港口间航行，并以相对固定的运价经营运输业务的航线。

定期航线的经营是以航线上各港口保有持续、稳定的往返货源为先决条件的。

（2）不定期航线。不定期航线是与定期航线相对而言的，是指使用不定船舶、按不定船期、行驶不定港口和不定航线的营运方式，并使用租船市场运价。不定期航线以经营大宗、低价货物运输业务为主。

2. 按航程的远近划分

（1）远洋航线。远洋航线指航程距离较远，船舶航行跨越大洋的运输航线，如远东至欧洲航线、远东至美洲航线等。

（2）近洋航线。近洋航线指本国各港口至邻近国家港口间的海上运输航线。

（3）沿海航线。沿海航线指本国沿海各港口之间的海上运输航线，如上海至深圳，宁波至厦门等。

（三）全球主要海运航线

1. 太平洋航线

太平洋航线是美加西海岸与远东之间的主要航线。

太平洋航线东端为北美西海岸，南至美国圣地亚哥，北至加拿大鲁伯特太子港；西端为亚洲各国的港口，北至日本横滨和俄罗斯海参崴，中经中国上海，南至菲律宾马尼拉。

太平洋航线经由巴拿马运河，可与美国东海岸各大港口及西欧的北大西洋航线相连，在世界航运中占据重要地位。

（1）远东—北美西海岸航线。由中国、朝鲜、日本、俄罗斯等远东港口与加拿大、美国、墨西哥等北美西海岸各港口之间的航线组成。从中国沿海各港口出发，偏南的经大隅海峡出东海，偏北的经对马海峡穿过日本海后，或经津轻海峡进入太平洋，或经宗谷海峡，穿过鄂霍茨克海进入北太平洋。

（2）远东—巴拿马运河—加勒比海、北美东海岸航线。由远东各港口与北美东海岸各港口之间的航线组成。从中国北方沿海各港口出发，经大隅海峡或经琉球群岛出东海，中途经过夏威夷群岛及巴拿马运河，到达北美东海岸各港口。

（3）远东—南美西海岸航线。由远东各港口与南美西海岸各港口之间的航线组成。从远东各港口出发，经硫磺列岛（火山列岛）、威克岛、夏威夷群岛南部的莱思群岛穿越赤道进入南太平洋至南美西海岸各港口。

（4）远东—东南亚及印度航线。由中国、朝鲜、韩国、日本至东南亚各港口，以及西经马六甲海峡去波斯湾、地中海、西北欧、东西非、南美东海岸各港口的航线组成。东海、台湾海峡、巴士海峡、南海是该航线船舶经常进出的海域。

（5）远东—澳新航线。远东至澳大利亚东西海岸的航线分为两条。中国北方和日本各港到澳大利亚东海岸和新西兰港口的船舶，需走琉球的久米岛、加罗林群岛的雅浦岛，由新爱尔兰岛与布干维尔岛之间进入所罗门海和珊瑚海；中国与澳大利亚之间的集装箱船由我国北方港口南下经香港加载或转船后经南海、苏拉威西海、班达海、阿拉弗拉海，后经托雷斯海峡进入珊瑚海、塔斯曼海。中国、日本去澳大利亚西海岸航线需经菲律宾的民都洛海峡、望加锡海峡以及龙目海峡南下进入印度洋。

（6）南太平洋航线（澳新—北美东西海岸航线）。由澳大利亚、新西兰至北美西海岸的航线大多途经苏瓦、火奴鲁鲁等太平洋上的重要航站，澳大利亚、新西兰至北美东海岸航线则大多取道社会群岛中的帕皮提，后经巴拿马运河到达。

（7）北美—东南亚航线。北美至东南亚航线一般要经过夏威夷、关岛、菲律宾等地，到北美东海岸和加勒比海各港口要经过巴拿马运河。

（8）美洲西海岸近海航线。这组航线由北美、欧洲各港口至南美太平洋沿岸各港口的航线组成。

2. 大西洋航线

大西洋水域辽阔，海岸线曲折，有许多优良的港湾和深入大陆的内海。

北大西洋两侧是西欧、北美两个经济发达地区，又有苏伊士运河和巴拿马运河通往印度洋和太平洋。

（1）西北欧—北美东海岸航线。这组西起北美的东海岸，北经纽芬兰岛横跨大西洋进入西北欧的航线历史最悠久，其支线分布于欧美两岸，是美国、加拿大与西北欧各国之间国际贸易的海上大动脉。

（2）西北欧、北美东海岸—北美西海岸（加勒比海）航线。这组航线多半出英吉利海峡后横渡北大西洋，同北美东海岸各港出发的船舶一样，一般都经莫纳海峡和向风海峡进入加勒比海。到达加勒比海沿岸各港口后，还可继续经巴拿马运河到达美洲太平洋沿岸港口。

（3）苏伊士运河航线。这条航线从西北欧、北美东海岸经直布罗陀、地中海、苏伊士运河、印度洋到达亚太地区各个港口，是欧洲与亚洲之间的海上交通捷径。

（4）西北欧、地中海—南美东海岸航线。这条航线一般经过西非大西洋岛屿、加纳利、佛得角群岛上的航站。

（5）西北欧、北美东海岸—西非—南非—好望角—远东航线。这条航线一般是从波斯湾通往西欧和北美的巨型油轮运输线。从西北欧、北美去海湾运油的 15 万吨级以上的巨型油轮必须经过好望角。西非大西洋上的佛得角群岛、加纳利群岛是过往船舶停靠的主要航站。

（6）南美东海岸—好望角—远东航线。这条航线是南美东海岸去海湾运油或远东国家购买巴西矿石常走的航线。中国自南美东海岸运输矿石也选择这条航线。

3. 印度洋航线

印度洋航线可以将大西洋与太平洋连接起来，由于印度洋的特殊地理位置，经过的航线众多。

（1）横贯印度洋东西的航线。这是从亚洲太平洋地区和大洋洲横穿印度洋西行的航线。在这组航线上的港口如塞得港、苏伊士港、亚丁、科伦坡等因地理位置的特殊性而有着极其重要的地位。

（2）进出印度洋北部国家各港口的航线。印度洋北部包括孟加拉湾、阿拉伯海沿岸各国，即进出缅甸、孟加拉国、印度、斯里兰卡、巴基斯坦等国港口的航线。航线上的船舶来自东部太平洋地区或欧洲。

（3）进出波斯湾沿岸国家各港口的航线。波斯湾沿岸大多为石油输出国，石油为这组航线运输的基本货物。

这组航线大致分为三条航线：第一条是去曼德海峡和红海，经苏伊士运河、地中海进入大西洋，到达欧洲或继续驶往北美；第二条是南下印度洋，经东非的索马里、肯尼亚、坦桑尼亚附近，绕道好望角通往大西洋，到达西欧和北美；第三条是由波斯湾东行，经印度洋、马六甲海峡、太平洋到东南亚和日本。

（4）进出非洲东岸国家的航线。在这条航线上货物的运输量较其他航线要少，但这条航线仍是印度洋上的一条重要航线。

（四）中国主要海运航线

1. 近洋航线

（1）新马航线。这条航线到新加坡、马来西亚的巴生港、槟城和马六甲等港口。

（2）暹罗湾航线。这条航线又可称为越南、柬埔寨、泰国线，这条航线到越南海防、柬埔寨的磅逊和泰国的曼谷等港口。

（3）科伦坡、孟加拉湾航线。这条航线到斯里兰卡的科伦坡、缅甸的仰光、孟加拉的吉大港以及印度东海岸的加尔各答等港口。

（4）菲律宾航线。这条航线到菲律宾的马尼拉港。

（5）印度尼西亚航线。这条航线到爪哇岛的雅加达、三宝垄等港口。

（6）澳大利亚、新西兰航线。这条航线到澳大利亚的悉尼、墨尔本、布里斯班和新西兰的奥克兰、惠灵顿等港口。

（7）日本航线。这条航线到日本九州岛的门司和本州岛的神户、大阪、名古屋、横滨和川崎等港口。

（8）韩国航线。这条航线到韩国的釜山、仁川等港口。

（9）波斯湾航线。这条航线又称阿拉伯湾线，到巴基斯坦的卡拉奇、伊朗的阿巴斯、霍拉姆沙赫尔，伊拉克的巴士拉，科威特的科威特港，阿拉伯的达曼等港口。

2. 远洋航线

（1）地中海航线。这条航线到地中海东部黎巴嫩的贝鲁特、的黎波里，以色列的海法、阿什杜德，叙利亚的拉塔基亚，地中海南部埃及的塞得港、亚历山大，突尼斯的突尼斯港，阿尔及利亚的阿尔及尔、奥兰，地中海北部意大利的热那亚，法国的马赛，西班牙的巴塞罗那以及塞浦路斯的利马索尔等港口。

（2）西北欧航线。这条航线到比利时的安特卫普，荷兰的鹿特丹，德国的汉堡和不来梅，法国的勒哈弗尔，英国的伦敦、利物浦，丹麦的哥本哈根，挪威的奥斯陆，瑞典的斯德哥尔摩和哥德堡，芬兰的赫尔辛基等港口。

（3）美国、加拿大航线。这条航线到加拿大西海岸的温哥华，美国西海岸的西雅图、波特兰、旧金山、洛杉矶，加拿大东海岸的蒙特利尔、多伦多，美国东海岸的纽约、波士顿、费城、巴尔的摩、波特兰和美国墨西哥湾的莫比尔、新奥尔良、休斯敦等港口。

（4）南美洲西岸航线。这条航线到秘鲁的卡亚俄，智利的阿里卡、伊基克、瓦尔帕莱索、安托法加斯塔等港口。

（五）世界集装箱运输主要航线

世界上规模最大的三条主要集装箱运输航线是远东—北美航线，远东—欧洲、地中海航线以及北美—欧洲、地中海航线。

1. 远东—北美航线

远东—北美航线习惯上也被称为（泛）太平洋航线，包括从中国、朝鲜、日本、俄罗斯等远东港口到加拿大、美国、墨西哥等北美西海岸各个港口的贸易运输线。该航线实际上可以分为两条航线，一条是远东—北美西海岸航线，另一条是远东—北美东海岸航线。

（1）远东—北美西海岸航线。远东—北美西海岸航线主要由远东—加利福尼亚航线和远东—西雅图、温哥华航线组成。

这条航线涉及的港口主要有亚洲的高雄、釜山、上海、香港、东京、神户、横滨等港口，北美西海岸的长滩、洛杉矶、西雅图、塔科马、奥克兰港和温哥华等港口，涉及的国家和地区包括亚洲的中国、韩国、日本以及北美的美国和加拿大西部地区。

这些区域经济总量巨大，人口密集，国际贸易量很大。近年来，我国经济总量稳定增长，在这条航线上的集装箱运量也越来越大。

（2）远东—北美东海岸航线。这条航线主要由远东—纽约航线等组成，涉及美国东部地区的纽约、新泽西港、查尔斯顿港和新奥尔良港等港口。

在这条航线上，有的船公司开展的是"钟摆式"航运，即不断往返于远东和北美东海岸之间，有的船公司则是经营环球航线，东行线为太平洋—巴拿马运河—大西洋—地中海—苏伊士运河—印度洋—太平洋，西行线反向而行。

2. 远东—欧洲、地中海航线

远东—欧洲、地中海航线也被称为欧地航线。该航线由远东—欧洲航线和远东—地中海航线组成。

（1）远东—欧洲航线。远东—欧洲航线是 1879 年由英国四家船公司开辟的世界最古老的海运定期航线。这条航线在欧洲地区涉及的主要港口有荷兰的鹿特丹港，德国的汉堡港、不来梅港，比利时的安特卫普港和英国的费利克斯托港等。

这条航线将中国、日本、韩国和东南亚的许多国家和地区与欧洲联系起来，贸易量与货运量十分庞大。与这条航线配合的，还有西伯利亚大陆桥、新欧亚大陆桥等欧亚之间的大陆桥集装箱多式联运。

（2）远东—地中海航线。远东—地中海航线由远东地区经过地中海到达欧洲。这条航线自 1972 年 10 月开始开展集装箱运输，其地中海地区主要涉及的港口有位于西班牙南部的阿尔赫西拉斯港、意大利的焦亚陶罗港和位于地中海中央马耳他岛南端的马尔萨什洛克港。

3. 北美—欧洲、地中海航线

北美—欧洲、地中海航线也被称为跨大西洋航线。该航线实际上包括三条航线，分别是北美东海岸、海湾—欧洲航线，北美东海岸、海湾—地中海航线以及北美西海岸—欧洲、地中海航线。

北美—欧洲、地中海航线将世界上最发达和富庶的两个区域联系起来，是两个区域经济交往的重要航线，该航线上的船公司在集装箱海上运输方面的竞争最为激烈。

单元四　海上货物运输船舶

在国际货运代理实践中可能会遇到根据运输货物的种类来选择不同运输船舶的情况，所以，国际货运代理人应当了解有关海上货物运输船舶的知识。

海上货物运输船舶可以分为干货船和液货船。

一、干货船

干货船可以分为件杂货船、集装箱船、滚装船、冷藏船、多用途船和干散货船等不同的类型。国际货运代理实践中经常涉及的是集装箱船。

1. 件杂货船

件杂货船（General Cargo Vessel），也称普通杂货船、杂货船，主要用于运输各种包装和裸装的普通货物。

件杂货船通常设有双层底，并采用多层甲板以防止货物因堆装过高而被压损，一般设置三到六个货舱，每个货舱设有货舱口，货舱口两端备有吊杆或起重机，吊杆起重量相对较小（通常在 2～20 吨之间）；若配置塔形吊机，则可起吊重件。国际海上货物运输中，件杂货船的吨位一般在 5 000～20 000 吨之间。

图 4-12 为件杂货船。

图 4-12　件杂货船

2. 集装箱船

人们通常所说的集装箱船是指吊装式全集装箱船，或称集装箱专用船。吊装式集装箱船是指利用船上或岸上的起重机将集装箱进行垂直装卸的船舶。全集装箱船（Full Container Ship）是一种专用于装载集装箱，以便在海上运输时能安全、有效地大量运输集装箱而建造的专用船舶。

全集装箱船的结构特点是：一般为大开口、单甲板船，且常为双船壳，以利于集装箱的装载和卸载。船舱内设置格栅结构，以固定集装箱，防止集装箱在运输途中发生前、后、左、右方向的移动，从而保证航行安全和货物运输质量。舷侧设有边舱，可供载燃料或做压载用。船的甲板上设置了能装载多层集装箱的特殊结构。因为在舱内设有永久性的格栅结构，所以只能装运集装箱而无法装载杂货。全集装箱船上有的带有船用装卸桥，用于装卸集装箱。目前，大多数全集装箱船都依靠港内的装卸桥进行装卸，所以全集装箱船上一般都不设装卸设备。

图 4-13 为集装箱船。

图 4-13 集装箱船

国际上一般以集装箱船载箱量的多少对集装箱船进行分代。按照集装箱船的发展情况可以分为第一、二、三、四、五代集装箱船。

第一代集装箱船，船舶载箱量为 700 ~ 1000 标箱，载重量约 10 000 吨。船长约 150 米，船宽约 22 米，船舶吃水为 8 ~ 9 米。船舱内可装 6 列，5 ~ 6 层。甲板上可装 6 列，1 ~ 2 层。

第二代集装箱船，船舶载箱量为 1000 ~ 2 000 标箱，载重量为 15 000 ~ 20 000 吨。船长为 175 ~ 225 米，船宽为 25 ~ 30 米，船舶吃水为 9.5 ~ 10.5 米。船舱内可装 7 ~ 8 列，6 层。甲板上可装 8 ~ 10 列，2 ~ 4 层。第二代集装箱船的航速从第一代的 23 节提高到 26 ~ 27 节。

第三代集装箱船，船舶载箱量为 2 000 ~ 3 000 标箱，载重量约 30 000 吨。船长为 240 ~ 275 米，船宽约 32 米，吃水为 10.5 ~ 12 米。船舱内装 9 ~ 10 列，7 ~ 9 层；甲板上可装 1 ~ 13 列，2 ~ 4 层。第三代集装箱船的航速降低至 20 ~ 22 节，但由于增大了船体尺寸，提高了运输效率，所以第三代集装箱船是高效节能型船。

第四代集装箱船，船舶载箱量为 3 000 ~ 4 000 标箱，载重量为 40 000 ~ 50 000 吨。船长为 275 ~ 295 米，船宽约 32 米，吃水为 11.5 ~ 12.5 米。船舱内装 10 ~ 11 列，8 ~ 9 层，

甲板上可装 13 ～ 14 列，4 ～ 5 层。第四代集装箱船的航速进一步提高，集装箱船大型化的限度以能通过巴拿马运河为准绳。由于采用了高强度钢，船舶重量减轻了 25%，大功率柴油机的研制大大降低了燃料费。船舶自动化程度的提高，减少了船员人数，集装箱船的经济性进一步提高。

第五代集装箱船，船舶载箱量为 4 000 ～ 6 000 标箱，载重量为 50 000 ～ 75 000 吨。船长为 280 ～ 300 米，船宽为 32.2 ～ 39.4 米，吃水为 11.5 ～ 13.5 米。船舱内可装 12 ～ 13 列，8 ～ 9 层，甲板上可装 15 ～ 16 列，5 层。

第六代集装箱船，即 1996 年投入使用的 Rehina Maersk 集装箱船，最多可装载 8 000 标箱，这个级别的集装箱船拉开了第六代集装箱船的序幕。

2018 年 6 月 12 日，由中国自主研制建造的世界最大级别集装箱船"宇宙号"在上海正式交付。"宇宙号"总长 400 米，船宽 58.6 米，最大载重量为 198 000 吨，最多可以装载 21 237 标箱。这是我国在高端船舶建造领域的新突破，也进一步提升了我国海上运输的能力。

现在，已经有很多集装箱船舶的最大载箱量超过了 20 000 标箱，但在实际操作中，目前并没有一艘船舶实际载箱量达到过 20 000 标箱。集装箱船实际最大载箱量纪录由 Monaco Maersk 于 2019 年 5 月 31 日在丹戎帕拉帕斯港创下，这艘最大载箱量为 20 568 标箱的超级大船实现了 19 284 标箱的最大实际装载箱量。更早之前的 2019 年 2 月 11 日，ONE 旗下一艘名为 MOL Tribute 的超大型集装箱船装载了 19 190 标箱的集装箱货物，打破了此前马士基旗下的 Mumbai Maersk 号船所创下的单船实际最大载箱量 19 038 标箱的纪录。

现代集装箱船还根据船舶的宽度能否通过巴拿马运河分成三类。

第一类是巴拿马型船（Panama），这类船舶的船宽在巴拿马运河尺度 32.3 米限制范围内，在分代中的第一代、第二代和第三代集装箱船，都属于这一类船。

第二类是巴拿马极限型船（Panamax），这类船舶载箱量在 3 000 ～ 4 000 标箱之间，船宽 32.3 米。

第三类超巴拿马型船（Post-Panamax），这类船舶载箱量大于 4 000 标箱，船宽大于 32.3 米。

也有人将超巴拿马型船中载箱量在 6 000 标箱以上的船舶进一步划分为第四类特超巴拿马型船（或称超级超巴拿马型船）（Super Post-Panamax/Extra Post-Panamax）。

3. 滚装船

滚装船（Roll-on/Roll-off Ship；Ro/Ro Ship）是采用将装有集装箱或其他件杂货的半挂车或装有货物的带轮托盘作为货运单元，由牵引车或叉车直接在岸船之间进行装卸作业形式的船舶。滚装船的主要特点是将船舶装卸作业由垂直方向改为水平方向。

滚装船上甲板平整全通，下面的多层甲板之间用斜坡道或升降平台连通，以便车辆通行。有的滚装船甲板可以移动，便于装运大件货物。

滚装船的开口一般设在船尾，有较大的铰接式跳板，跳板可以 35° ～ 40° 角斜搭到岸上，船舶航行时跳板可折起竖立。滚装船的吨位大多在 3 000 ～ 26 000 吨之间。

图 4-14 为滚装船。

4. 冷藏船

冷藏船（Refrigerated Ship）是将货物处于冷藏状态下进行载运的专用船舶。

冷藏船的货舱为冷藏舱，并设有若干个舱室。每个舱室都是一个独立、封闭的装货空间，舱门、舱壁均为气密，并用隔热材料使相邻舱室可以装运不同温度的货物。

冷藏船上有制冷装置，制冷温度一般为 –25 ～ 15℃。冷藏船的吨位较小，通常为数百吨到几千吨。

"宁泰冷 2"号冷藏船是我国首艘自行设计、自主建造的冷藏船，这艘船是在舟山和泰船厂建造的，可以载运远洋冻品 4 000 吨。

图 4-15 为"宁泰冷 2"号冷藏船。

图 4-14　滚装船

图 4-15　"宁泰冷 2"号冷藏船

5. 多用途船

多用途船（Multi-purpose Ship）是具有多种装运功能的船舶。

多用途船按货物对船舶性能和设备等的不同要求可分为以载运集装箱为主的多用途船，以载运重大件为主的多用途船，兼运集装箱和重大件的多用途船以及兼运集装箱、重大件和滚装货的泛多用途船四种。

图 4-16 为多用途船。

6. 干散货船

干散货船（Dry Bulk Carrier）是运输粉末状、颗粒状、块状等无包装大宗货物的船舶。

由于干散货船所运输货物的种类较少，对隔舱要求不高，所以仅设单层甲板，但船体结构较强。为提高装卸效率，货舱很大。干散货船按所载运的货物种类不同，又可分为运煤船（Coal Carrier）、散粮船（Bulk Grain Carrier）、矿石船（Ore Carrier）以及其他专用散装船。

图 4-17 为干散货船。

图 4-16　多用途船

图 4-17　干散货船

二、液货船

液货船是指载运散装液态货物的船舶，主要有油船、液化气船和液体化学品船三种。

1. 油船

油船（Tanker）是专门载运石油及成品油的船舶。

油船有严格的防火要求，在货舱、机舱、泵舱之间设有隔离舱。油舱设有纵舱壁和横舱壁，以减少自由液面对船舶稳性的不利影响。油船有专门的油泵和油管用于装卸，还有扫舱管系和加热管系。油船的甲板上一般不设起货设备和大的舱口，但设有桥楼。

就载重吨来说，油轮列世界第一位。世界上最大的油轮达 60 多万载重吨，一般油轮的载重吨在 2 万～ 20 万吨之间。

图 4-18 为油船。

2. 液化气船

液化气船（Liquefied Gas Carrier）是专门装运液化气的船舶，可分为液化天然气船（Liquefied Natural Gas Carrier，LNG Carrier）和液化石油气船（Liquefied Petroleum Gas Carrier，LPG Carrier）。液化气船的吨位通常用货舱容积来表示，一般在 60 000 到 130 000 立方米之间。

（1）液化天然气船。液化天然气船按液货舱的结构分为独立储罐式和膜式两种。

独立储罐式液化天然气船是将柱形、筒形、球形等形状的储罐置于船内，液化气装载于储罐中进行运输。

膜式液化天然气船采用双层壳结构，内壳就是液货舱的承载体，并衬有一层由镍合金钢制成的膜，可以起到阻止液货泄漏的屏蔽作用。

图 4-19 为液化天然气船。

图 4-18　油船

图 4-19　液化天然气船

（2）液化石油气船。液化石油气船按液化的方法分为压力式、半低温半压力式和低温式三种。

压力式液化石油气船是将几个压力储罐装在船上，在高压下维持液化石油气的液态。

半低温半压力式和低温式的液化石油气船采用双层壳结构，液货舱用耐低温的合金钢制造并衬以绝热材料，船上设有气体再液化装置。

图 4-20 为液化石油气船。

3. 液体化学品船

液体化学品船（Liquid Chemical Tanker）是载运各种液体化学品，如醚、苯、醇、酸等的专用液货船。

液体化学品大多具有剧毒、易燃、易挥发、易腐蚀等特点，对防火、防爆、防毒、防腐蚀有很高的要求，所以液体化学品船上分隔舱多、货泵多。载运腐蚀性强的酸类液货时，货舱内壁和管系多采用不锈钢或敷以橡胶等耐腐蚀材料。液体化学品船的吨位多在 3 000 ～ 10 000 吨。

《国际散装运输危险化学品船舶构造和设备规则》将液体化学品船按照所装货物的危险程度分为三个类型：1 型，用于运输危险性最大的货物，要求有双层底和双重舷侧，翼舱宽度不小于船宽的五分之一，以确保液体化学品在船舶发生碰撞或搁浅时不致泄出；2 型，用于运输危险性较小的货物，要求有双层底和双重舷侧，但翼舱宽度可以小些；3 型，用于运输危险性更低的货物，其构造特点与一般油船相似。

图 4-21 为液体化学品船。

图 4-20　液化石油气船

图 4-21　液体化学品船

单元五　海上运输货物

凡是经由运输部门承运的一切原料、材料、工农业产品、商品以及其他产品或物品都称为货物（Cargo/Goods）。

海运货物则是特指由海上运输部门承运的货物。

一、海上运输货物的分类

（一）按照货物装运形态分类

1. 包装货物（Packed Cargo）

为了保证货物在装卸运输中的安全和便利，必须使用一些材料对它们进行适当的包装，这种货物即称为包装货物。

按货物包装的形式和材料，通常可分为箱装货物、桶装货物、袋装货物、捆装货物和其他坛状、罐状、瓶状、卷筒状、编筐状等多种形态的包装货物。

2. 裸装货物（Unpacked Cargo 或 Non-packed Cargo）

不加包装而成件的货物称为裸装货物，如钢材、生铁、有色金属和车辆及一些设备等。它们在运输过程中需要采取防止水湿锈损的安全措施。

3. 成组货物（Unitized Cargo）

成组货物是指把单件货物集中起来组成一个货组用机械进行装卸的货物。通常使用的成组工具有托盘（Pallet）和集装箱（Container）等。

在普通杂货单件运输时，由于货物的重量、包装和运输距离等千差万别，因此运输效率很低，但是采用成组化（托盘化和集装箱化）以后，效率大大提高。

4. 散装货物（Bulk Cargo）

有些大批量的低值货物，不加任何包装，采取散装方式，以利于使用机械装卸作业进行大规模运输，把运费降到最低的限度，这种货物称为散装货物。其包括干质散装货物（Solid Bulk Cargo）和液体散装货物（Liquid Bulk Cargo）。

（二）按照货物的性质分类

1. 普通货物（General Cargo）

（1）清洁货物（Clean Cargo）。清洁货物是指清洁、干燥的货物，也可称为精细货物（Fine Cargo）。例如运输保管中不能混入杂质或被玷污的棉纺织品，供人们食用的食品（Food Stuffs）中的糖果、粮食、茶叶，不能受压、易于损坏的易碎品（Fragile Cargo）中的陶瓷器、玻璃制品等等。另外，还有各种日用工业品等。

（2）液体货物（Liquid Cargo）。液体货物是指盛装于桶、瓶、坛等容器内的流质或半流质货物。液体货物在运输过程中，包装容器易破损而使液体滴漏。例如油类、酒类、药品和普通饮料等。

（3）粗劣货物（Rough Cargo）。粗劣货物是指具有油污、水湿、扬尘和散发异味等特性的货物。例如能散发气味的气味货物（Smelly Cargo）中的生皮、骨粉、鱼粉、烟叶、大蒜，易扬尘并使其他货物受到污染的扬尘污染性货物（Dusty and Dirty Cargo）中的水泥、炭黑、颜料，等等。

2. 特殊货物（Special Cargo）

（1）危险货物（Dangerous Cargo）。危险货物是指具有易燃、易爆、毒害、腐蚀和放射线以及污染环境等性质，在运输过程中可能引起人身伤亡和财产毁损，必须按照有关危险货物运输规则的规定进行运输的货物。危险货物还可以进一步分成若干种类和不同等级。

（2）冷藏货物（Reefer Cargo）。冷藏货物是指在常温条件下易腐烂变质和其他需按指定的某种低温条件运输的货物。例如易腐性货物（Perishable Cargo）中的需要处于冷冻状态运输的肉、鱼、鸡等，处于低温状态运输的水果、蔬菜等。另外，还有需要处于低温状态下运输的药品等特殊物品。

（3）贵重货物（Valuable Cargo）。贵重货物是指价值昂贵的货物。例如金银等贵重金属、货币、高价商品、精密仪器等。

（4）活的动植物（Live Stock and Plants）。活的动植物是指具有正常生命活动，在运输中需要特别照顾的动物和植物。例如牛、马、猪、羊等家畜以及其他兽类、鸟类、家禽、鱼类等活的动物，树木等植物。

（5）长大、笨重货物（Bulky and Lengthy Cargo，Heavy Cargo）。长大、笨重货物是指单件货物体积过大或过长，重量超过一定界限的货物。按照港口收费规定和运价本规定，通常将单件重量超过 5 吨的货物称为重件货物，将长度超过 9 米的货物视为长大件货物。

二、货物的计量和积载因数

（一）货物的计量

货物的体积和重量不仅直接影响船舶的载重量和载货容积的利用程度，还关系到有关库场堆放货物时如何充分利用场地面积和仓库空间等问题，而且还可能是确定运价和计算运费的基础，同时与货物的装卸、交接也有直接的关系。货物的计量包括货物丈量和衡重。

货物的丈量又称量尺，是指测量货物的外形尺度和计算体积。货件丈量的原则是：按照货件的最大方形进行丈量和计算，在特殊情况下可酌情予以适当的扣除，某些不规则的货件可按实际体积酌情考虑其计费体积。货物的量尺体积是指货物外形最大处的长、宽、高之乘积，即

$$V = L \times W \times H$$

式中　V——货物的量尺体积（立方米）；

　　　L——货物的最大长度（米）；

W——货物的最大宽度（米）；

H——货物的最大高度（米）。

货物的衡重是指衡定货物的重量。货物衡重应以毛重（总重）计算。海上货物运输中，货物衡重使用的衡制，即货物重量的计重单位为公吨（Metric ton，M/T）。美洲国家有时使用短吨（Short Ton），欧洲国家则有时使用长吨（Long Ton）。

货物的重量原则上应逐件衡重，不具备逐件衡量条件时，可采用整批或分批衡重、抽件衡重并求平均值等方法测得重量。

（二）货物的积载因数

货物积载因数（Stowage Factor，S.F）是每一吨货物在正常堆装时实际所占的容积（包括货件之间正常空隙及必要的衬隔和铺垫所占的空间），单位为立方米/吨（英制为立方英尺/吨）。

货物积载因数的大小说明货物的轻重程度，反映一定重量的货物须占据船舶多少舱容，或者占据多少箱容，甚至仓储时须占据多少库容。

货物积载因数的实测方法为：将1吨货物堆积成近似正方体的形状，丈量该货堆的最大外形尺度，由此计得体积（其中包含货件之间的空隙及必要的衬垫）。如果货件较重，仅几件成堆无法反映出货件与货件之间的装载空隙，则应采用9个货件打底，堆高三层（共27件）的方法成堆，丈量货堆最大外形尺度及27个货件的总重量，通过计算即可得到1吨货物正常堆装的实际体积数值。散装货物的积载因数可用测量单位容量的方法求得。

三、危险货物

（一）危险货物的含义

国家标准 GB 6944—2012《危险货物分类和品名编号》规定，危险货物是指"具有爆炸、易燃、毒害、感染、腐蚀、放射性等危险特性，在运输、储存、生产、经营、使用和处置中，容易造成人身伤亡、财产损毁或环境污染而需要特别防护的物质和物品"。

由此可见，危险货物必须同时具备三个要素：一是具有爆炸、易燃、毒害、腐蚀、放射性等性质；二是容易造成人身伤亡和财产损毁；三是在运输、装卸和储存保管过程中需要特别防护。

（二）危险货物的分类

由于海上运输是国际贸易运输的主要方式，对危险货物的危险性、包装、运输、保管等需要有一个国际上的统一认识，才能使危险货物在各国之间顺利流通。

国际海事组织制订了《国际海运危险货物规则》（International Maritime Dangerous Goods Code，IMDG Code），简称《国际危规》，主要内容为：分类原则和各类别定义，以及主要危险货物列表、一般包装要求、试验程序、标记、标签、揭示牌和运输单据等。

我国于1982年宣布承认并开始在国际海运中实施《国际危规》。

《国际危规》根据危险货物的性质、危险的程度将危险货物分为以下几类：

第一类：爆炸品。

第二类：气体。

第三类：易燃液体。

第四类：易燃固体、易自燃物质和遇水放出易燃气体的物质。

第五类：氧化剂和有机过氧化物。

第六类：有毒物质和感染性物质。

第七类：放射性物质。

第八类：腐蚀性物质。

第九类：杂类危险物质和物品。

（三）危险货物的包装和标志

危险货物是具有自燃、易燃、爆炸，腐蚀、毒害、放射性等性质的货物，大部分危险货物在力、光、热的作用下，极易产生危险现象。所以，在危险货物的运输、包装、装卸、运送各环节中必须严格执行有关规定。

1. 危险货物的包装

（1）包装材质、容器与所装危险货物直接接触时不应发生化学反应或其他作用。

（2）包装应具有一定强度。包装试验项目包括跌落试验、渗漏试验、液压试验、堆码试验等。包装分为三类：一类包装（能盛装高度危险性的货物）；二类包装（能盛装中等程度危险性的货物）；三类包装（能盛装低度危险性的货物）。

（3）包装及容器封口应适合货物的性质。封口的严密程度可分为三种：气密封口（不透气体的封口）；液密封口（不透液体的封口）；牢固封口（在关闭状态下，不会使内装固体物质在正常运输条件下发生撒漏的封口）。

（4）包装应有适当的衬垫材料。衬垫材料应是惰性的，与容器中的物质不会起化学反应和其他反应；能确保内容器保持围衬状态，不致移动，固定在外容器中；具有足够的吸湿材料以吸收一定量液体，从而不损害其他货物或损坏外容器的保护性。

（5）包装应能经受一定范围内温度、湿度、压力的变化。为避免温度升高而产生体积膨胀的影响，盛装液体的容器应留有适当的膨胀余位。

（6）包装的重量、体积、外形应便于运输和装卸堆码。

2. 危险货物的标志

危险货物的标志是标注在危险货物外表的简短文字和符号，由危险货物的标记、图案标志（标签）和标牌组成。

标记是指标注在包装危险货物外表的简短文字或符号。

图案标志是指以危险货物运输规则中规定的色彩、图案和符号绘制成的菱形标志。用它可以醒目地标示包装危险货物的性质。

标牌是指放大的图案标志（250毫米×250毫米），适用于如集装箱、可移动罐柜等较大的运输单元。

　　《国际危规》规定，危险货物的所有标志均须满足至少 3 个月海水浸泡后，既不脱落又清晰可辨。

同 步 训 练

一、单选题

1. 以下国际组织中，（　　　）制定了《国际危规》（IMDG Code）。
   A. BIMCO　　　　　B. ICC　　　　　　C. IMO　　　　　　D. ICS

2. 某船舶从上海装货运往美国西雅图，其航线为（　　　）。
   A. 远东—北美航线　　　　　　　　B. 欧地线
   C. 北美—欧洲　　　　　　　　　　D. 北美—地中海

3. 下列港口，属于北美西岸的有（　　　）。
   A. 长滩　　　　　B. 香港　　　　　C. 鹿特丹　　　　D. 纽约

4. 巴拿马运河位于（　　　）巴拿马共和国中部，横穿巴拿马地峡，连接太平洋和大西洋。
   A. 非洲　　　　　B. 中美洲　　　　C. 欧洲　　　　　D. 亚洲

二、多选题

1. 海运运输方式的优点包括（　　　）。
   A. 运量大　　　　B. 成本低　　　　C. 速度慢　　　　D. 运距长

2. 海上危险具有的特点是（　　　）。
   A. 可能性大　　　B. 制度特别　　　C. 损失大　　　　D. 单证复杂

3. 海上货物运输的国际性体现在（　　　）。
   A. 受国际海运市场的影响　　　　　B. 风险的国际性
   C. 货运单证的国际通用性　　　　　D. 适用法律的国际统一性

三、简答题

请问：水路货物运输适合承担什么样的货物运输任务？

模块五
集装箱运输基础知识

Project 5

学 习 目 标

📖 知识目标

- ○ 了解现代集装箱运输的起源和发展。
- ○ 掌握集装箱的定义。
- ○ 了解集装箱的识别标记。
- ○ 熟悉集装箱的术语。

〰 能力目标

- ○ 掌握集装箱的分类。
- ○ 掌握集装箱的交接方式。
- ○ 熟悉集装箱运输的优越性。
- ○ 掌握集装箱的装载。

单元一　现代集装箱运输的起源和发展

很早以前，在运输过程中，有时会发生使用卡车运输的货物需要通过渡轮或火车运输来进行过渡的情况。为了减少货物装上、卸下的工作量，有人会将整个卡车车厢吊上渡船或火车，到达目的地后再将整个卡车车厢吊到另一辆卡车的底盘上，这就给了人们集装箱运输方式的启示。

早在19世纪初，英国的詹姆士·安德森（James Anderson）博士就提出了集装箱运输的设想。1830年，在英国铁路上首先使用容器来装运煤，接着在铁路上使用容器来装运杂货。

1853年美国铁路也采用了容器装运法。1845年，英国铁路上开始出现载货车厢，酷似现在的集装箱。发展到19世纪的下半叶，英国兰开夏使用了一种运输棉纱和棉布的带有活动框架的托盘，俗称兰开夏托盘（Lancashire Flat），可以看作是最早使用的集装箱雏形。

1880年，美国试制了第一艘内河使用的集装箱船，在密西西比河上进行试验，但当时这种新的运输方式没有产生太大的影响，也没有被广泛地接受。

直到20世纪初期，由于世界经济的发展，西方国家的陆路运输量迅速增长，铁路运输得到了较快的发展。这时，英国铁路才正式使用集装箱运输（当时的集装箱较为简陋）。这种新的运输方式在英国采用以后，很快在欧洲得到推广。

1928年9月，罗马举行了一次"世界公路会议"，会上有人宣读了"关于在国际交通运输中如何使用集装箱"的论文。该会议还探讨了铁路和公路运输间相互合作的最优集装箱运输方案，在会议讨论中，有人认为利用集装箱运输货物，对于协调铁路和公路间的矛盾特别有利。最后，该会议成立了"国际集装箱运输委员会"，研究有关集装箱运输的问题。同年，欧洲的各铁路公司之间签订了有关集装箱运输的协定。

1933年，法国巴黎成立了"国际集装箱运输局"，这是一个民间的集装箱运输组织，它以协调有关集装箱各方的合作关系为目的，并开展集装箱所有人登记业务。

1931—1939年期间，由于公路运输的迅速发展，铁路运输的地位相对下降。公路运输与铁路运输之间为了争夺货源，展开了激烈的竞争。竞争的结果导致这两种运输方式不能紧密配合和相互协调，使集装箱运输的经济效果得不到充分发挥。这个时期集装箱运输发展极为缓慢，主要原因有两个：一是铁路运输和公路运输的割裂，二是社会生产力还比较落后，没有达到开展集装箱运输所需的水平，没有充足而稳定的适箱货源，同时，集装箱运输所需的技术基础与配套的设施落后，集装箱运输的组织管理水平也较差，使集装箱运输的优越性不能很好地发挥，从而影响集装箱运输的开展。

将集装箱运输海陆连通起来的最早实践者是美国人马克林。1956年，由马克林收购的泛大西洋轮船公司（Pan-Atlantic Steamship Corp.）在一艘未经改装的油船甲板上装载了58个大型集装箱，从纽约驶往休斯敦，首开"海上集装箱运输"的先河。首次运输便取得了成功，每吨货物的装卸成本从5.83美元降低到0.15美元。首航成功以后，在1957年10月，第一艘经过改装的全集装箱船"盖脱威城"（Gateway City）号在马克林的泛大西洋轮船公司投入运营，由此开创了集装箱运输的历史新纪元。

1960年，该公司更名为"海陆联运公司"（Sea-Land Service Inc.）。1965年，海陆联运公司制订了用大型集装箱船环航世界的计划。从此，海上集装箱运输成了国际贸易中通用的运输方式，许多大的航运公司纷纷效仿海陆联运公司的做法。

相对于"散货"和"液体货物"运输，件杂货的运输方式显得非常落后。件杂货有外形不一、体积不一等特点，要提高装卸的效率，首先要摆脱沉重与低效率的人力装卸状况。要摆脱依赖人力的装卸状况，就要着眼于"货件"的标准化和扩大"装卸单元"，也就是即使外形、体积不一的件杂货，也能够通过某种组合方式，变成外形、体积一致的"货件"，于是，就出现了"成组运输"这一改进的方法。

所谓"成组运输"，就是把单件的杂货，利用各种不同的"成组工具"，组成数个同一尺寸的标准"货件"，并使其在公路、铁路、水路等不同的运输方式之间可以不拆组地快速转移。采用这种运输工艺，使每个"货件"定型化、标准化，从而促进了件杂货运输的机械化和自动化。

件杂货的成组运输最开始是用"网兜"和"托盘"来实现的，后来进一步发展成托盘船，从而实现了"托盘化"。

件杂货"托盘化"以后，与单件运输比较已经有了很大的进步，但是在托盘运输中仍然存在一些不足之处。托盘运输的不足之处主要有以下几点：

（1）托盘上只能装载包装尺寸相同的货物。托盘最适合装载用纸板箱或木板箱包装的商品。对坛、罐包装的或者形状不一的家具、机械以及尺寸较大的货物，堆装会产生困难。

（2）采用托盘运输时，货物需要堆装，上层货物的重量直接压在下层的货物上，因此，货物的外包装需要具有较高的强度。

（3）在使用托盘运输时，托盘上的货物是敞开的，在运输过程中容易发生货物被盗事件。

（4）货物交接理货工作量大，在国际贸易运输中，需要办理较为烦琐的过境手续。

成组运输的进一步改进就是"集装箱化"。托盘货物被装进集装箱里，克服了托盘运输的上述不足。于是，"集装箱化"就代替了"托盘化"。

成组工具的不断改进，提高了成组运输的效率，使成组运输系统得到了进一步的完善，彻底改变了件杂货落后的运输方式，从而引发了世界运输史上的重大变革。

单元二　集装箱的定义和标准化

一、集装箱的定义

集装箱（Container），又被称为"货柜"或者"货箱"，是一种运输设备。

关于集装箱的定义，在各国的国家标准、各种国际公约和文件中，都有具体的规定，其内容不尽相同。下面仅列举国际标准化组织（International Organization for Standardization，ISO）与有关国际公约对集装箱的定义。

1968 年，国际标准化组织 104 技术委员会（ISO/TC 104）起草的国际标准 ISO/R 830—1968《集装箱术语》中，对集装箱下了定义，该标准后来又经过了多次修改。国际标准 ISO 830—1981《集装箱名词术语》中，对集装箱的定义如下：

"A freight container is an article of transport equipment:

（1）Of a permanent character and accordingly strong enough to be suitable for repeated use;

（2）Specially designed to facilitate the carriage of goods, by one or more modes of transport, without intermediate reloading;

（3）Fitted with devices permitting its ready handling, particularly its transfer from one mode of transport to another;

（4）So designed as to be easy to fill and empty;

（5）Having an internal volume of 1m³ or more.

The term freight container includes neither vehicles nor conventional packing."

"集装箱是一种运输设备：

（1）具有足够的强度，可以长期反复使用；

（2）适于一种或多种运输方式的运送，途中转运时箱内货物不需换装；

（3）具有快速装卸和搬运的装置，特别便于从一种运输方式转移到另一种运输方式；

（4）便于货物的装满和卸空；

（5）具有 1 立方米或 1 立方米以上的容积。

集装箱这一术语，不包括车辆和一般包装。"

目前，许多国家制定标准都引用了这一定义。如日本工业标准 JISZ 1613—1972《国际大型集装箱术语说明》、法国国家标准 NFH90-001-70《集装箱的术语》以及我国国家标准 GB 1992—1985《集装箱名词术语》。

二、集装箱的标准化

在运输中，海运和陆运普遍使用 20 英尺和 40 英尺的集装箱。为便于计算集装箱的数量，以 20 英尺的集装箱（Twenty-foot Equivalent Unit，TEU）作为换算标准箱。以标准箱作为集装箱船载箱量、港口集装箱吞吐量、集装箱保有量等的计量单位。

在统计集装箱量时，20 英尺集装箱 = 1 TEU，40 英尺集装箱 = 2 TEU。

另外，实践中人们也会将 40 英尺的集装箱称为 FEU（Forty-foot Equivalent Unit）。

集装箱的标准化促进了集装箱在国际上的流通，有力地推动了集装箱运输的发展。

三、集装箱的规格尺寸

在实践中，常用的普通集装箱为 20 尺柜、40 尺柜、40 尺高柜及 45 尺高柜。这四种集装箱的内尺寸、配货毛重及内容积如表 5-1 所示。

常用的集装箱规格

表 5-1　常用集装箱规格尺寸

规　　格	内尺寸［长（米）×宽（米）×高（米）］	配货毛重（吨）	体积（立方米）
20 尺柜	5.69 × 2.13 × 2.18	17.5	24 ～ 26
40 尺柜	11.8 × 2.13 × 2.18	22	54
40 尺高柜	11.8 × 2.13 × 2.72	22	68
45 尺高柜	13.58 × 2.34 × 2.71	29	86

四、集装箱的识别标记

为了便于集装箱在流通和使用中识别和管理，便于单据编制和信息传输，国际标准化组织制定了集装箱标记。

1. 箱主代号（Owner No.）

箱主代号即集装箱所有人的代号，通常由四个大写拉丁字母表示。前三个字母由公司制定，为了防止代号重复，所有箱主在使用代号之前应向国际集装箱局（Bureau of International Containers，BIC）登记注册。目前国际集装箱局已在 16 个国家和地区设有注册机构，并且每隔半年公布一次在册的箱主代号一览表。第四个字母用 U（它为集装箱这种特殊设备的设备识别码）表示。

2. 顺序号（Serial No.）

顺序号通常由六位阿拉伯数字组成。若有效数字少于六位，则在前加 0 补足六位。箱主代码和顺序号组成箱号。

3. 核对数字（Check Digit）

核对数字由一位阿拉伯数字表示，列于六位顺序号之后，置于方框之中或者与箱号之间互相隔开。

设置核对数字的目的是防止在记录箱号时发生差错。运营中的集装箱频繁地在各种运输方式之间转换，每进行一次转换和交接，就要记录一次集装箱箱号。在多次记录中，如果偶然发生差错，记错一个字符，就会使该集装箱从此不知下落。为了不致出现此类丢失集装箱及所装货物的事故，在箱号记录中设置了一个自检测系统，即设置一位核对数字。该"自检测系统"的原理如下：

（1）箱主代号四个拉丁字母与顺序号六位阿拉伯数字视作一组，共十个字符。前四位拉丁字母字符与等效数值一一对应（参见表 5-2）。

表 5-2　等效数值表

箱主代号	字母	A	B	C	D	E	F	G	H	I	J	K	L	M
	等效数值	10	12	13	14	15	16	17	18	19	20	21	23	24
	字母	N	O	P	Q	R	S	T	U	V	W	X	Y	Z
	等效数值	25	26	27	28	29	30	31	32	34	35	36	37	38
顺序号	数字	0	1	2	3	4	5	6	7	8	9			
	等效数值	0	1	2	3	4	5	6	7	8	9			

注：表中省略了等效数值 11、22、33，因为这几个数都是模数 11 的倍数。

（2）六位顺序号数字与等效数值完全相同。

（3）箱主代号的四个等效数值与六位顺序号，共十个数值，分别乘以 $2^0 \sim 2^9$。

（4）将所有乘数累加，然后除以模数 11，所得的余数即为核对数字，余数 10 的核对数字为 0。

在集装箱运行中，每次交接记录箱号时，在将箱主代号和顺序号录入系统时，系统就会自动按照上述原理计算核对数字。当记录人员键入最后一位核对数字与电脑计算得出的数字不符时，系统就会提醒箱号记录出错。这样，就能有效地避免箱号记录出错的事故。

五、集装箱的术语

（一）有关集装箱重量的术语

集装箱的重量分为自重、载重和额定重量三种。

自重（Tare Weight）又称空箱质量（Tare Mass），以 T 表示，是指空集装箱的重量，包括各种集装箱在正常工作状态下应备有的附件和各种设备的重量。

载重（Payload）又称载货质量，以 P 表示，是指集装箱最大容许承载的货物重量，包括集装箱在正常工作状态下所需的货物紧固设备及垫货材料等在内的重量。

额定重量（Rating）又称额定质量，以 R 表示，是指集装箱的空箱重量和箱内装载货物的最大容许重量之和，即最大工作总重量（Max Gross Mass），简称"最大总重"。

额定重量减去自重等于载重，即 $P = R - T$。

集装箱在装货前，为了使集装箱的容积和载重能充分利用，必须仔细参阅集装箱上述各主要参数。

由于集装箱的制造材料和制造厂家不同，即便是同一种类的集装箱，其尺寸和重量参数也是不同的。即使是同一种制造材料、同一个制造厂家制造的集装箱，其制造时间不同，尺寸和重量参数也有所差异。在选用集装箱时，需要引起注意。

（二）有关集装箱方位性的术语

集装箱的方位性术语主要是指区分集装箱的前、后、左、右以及纵、横方向和位置的定义。占集装箱总数 85% 以上的通用集装箱，均一端设门，另一端为盲端。通用集装箱的方位性术语如下：

（1）前端（Front）：指没有箱门的一端。

（2）后端（Rear）：指有箱门的一端。

如集装箱两端结构相同，则应避免使用前端和后端这两个术语，若必须使用时，应依据标记、铭牌等特征加以区分。

（3）左侧（Left）：从集装箱后端向前看，左边的一侧。

（4）右侧（Right）：从集装箱后端向前看，右边的一侧。

由于集装箱在公路上行驶时，有箱门的后端都必须装在拖车的后方，因此有的标准把左侧称为公路侧，右侧称为路缘侧。

（5）路缘侧（Curbside）：当集装箱底盘车在公路上沿右侧向前行驶时，靠近路缘印的一侧。

（6）公路侧（Roadside）：当集装箱底盘车在公路上沿右侧向前行驶时，靠近路中央的一侧。

（7）纵向（Longitudinal）：指集装箱的前后方向。

（8）横向（Transverse）：指集装箱的左右、与纵向垂直的方向。

单元三　集装箱的分类

集装箱的分类

集装箱的分类有多种方法，下面根据集装箱的用途不同来进行分类说明。在工作实践中要根据运输货物的不同来选择不同类型的集装箱。

1. 干货集装箱 / 普通集装箱（Dry Container）

干货集装箱 / 普通集装箱用来运输无须控制温度的件杂货，是使用范围最为广泛的一种集装箱，占全部集装箱的 80% 以上。这种集装箱通常为封闭式，在一端或侧面设有箱门。干货集装箱 / 普通集装箱通常用来装运日用品、文化用品、化工用品、电子机械、工艺品、医药、纺织品及仪器零件等，不受温度变化影响的各类普通货物都可以使用这种集装箱进行装运。对装入这种集装箱的货物要求有适当的包装，以便充分利用集装箱的容积。

图 5-1 为干货集装箱 / 普通集装箱。

什么是干散货
集装箱

图 5-1　干货集装箱 / 普通集装箱

2. 散货集装箱（Bulk Container）

散货集装箱是用于装载粉状或粒状货物，如豆类、大米、面粉、各种饲料、树脂、水泥、砂石等的集装箱。散货集装箱除了有箱门外，在集装箱的顶部还设有 2 ~ 3 个装货口，在箱门的下部设有卸货口。使用这种集装箱装运散货，可以节约包装费用，提高装卸效率，降低物流成本，还可以减轻粉尘对人体和环境的损害。

图 5-2、图 5-3 为散货集装箱。

图 5-2　散货集装箱 1

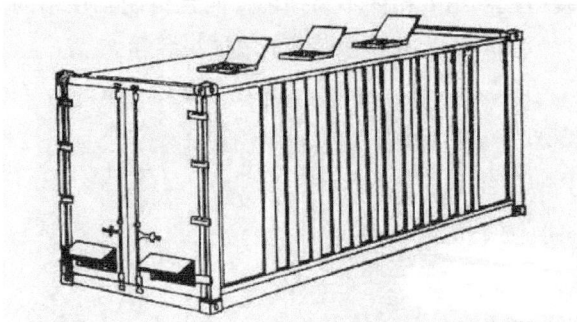

图 5-3　散货集装箱 2

3. 冷冻集装箱 / 冷藏集装箱（Reefer Container）

冷冻集装箱 / 冷藏集装箱是指具有制冷或保温功能，可用于运输冷冻货或低温货，如鱼、肉、新鲜水果、蔬菜等食品的集装箱。这种集装箱分为外置式和内置式两种类型。内置式集装箱在运输过程中可以随时启动冷冻机，使集装箱保持指定温度。外置式集装箱必须依靠集装箱专用车、船和专用堆场、车站上配备的冷冻机来进行制冷。

图 5-4 为冷冻集装箱 / 冷藏集装箱。

图 5-4　冷冻集装箱 / 冷藏集装箱

什么是冷藏
集装箱

4. 通风集装箱（Ventilated Container）

通风集装箱是为了防止由于集装箱内外温差引起在集装箱内壁或者货物表面形成水汽而设计的。通风集装箱的外表与干货集装箱相同，是带有箱门的密闭式集装箱。为了通风，一般在侧壁或者端壁或者箱门上设有 4 ~ 6 个通风口。通风集装箱适合装运不需要冷冻、冷藏而需要通风、防止汗湿的货物，如水果、蔬菜等。如果将通风口关闭，同样可以作为干货集装箱使用。

图 5-5 为通风集装箱。

5. 开顶集装箱 / 敞顶集装箱（Open Top Container）

开顶集装箱 / 敞顶集装箱是没有刚性箱顶的集装箱，但是有由可折叠式或可折式顶梁支撑的帆布、塑料布或涂塑布制成的顶篷，其他构件与通用集装箱类似。这种集装箱适于装载大型货物、超高货物和重货，如钢铁、木材，特别是像玻璃板等易碎的重货，利用吊车从集装箱顶部吊入箱内不易损坏，而且也便于在箱内固定。

图 5-6 为开顶集装箱 / 敞顶集装箱。

图 5-5　通风集装箱

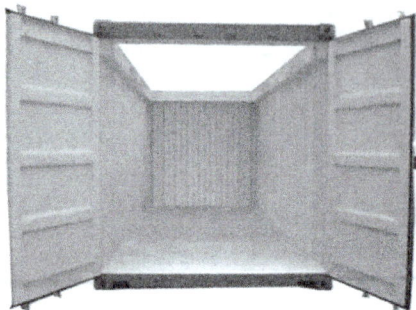

图 5-6　开顶集装箱 / 敞顶集装箱

6. 台架式集装箱（Platform Based Container）

台架式集装箱是 ISO/TC 104 在 1984 年《集装箱术语》（ISO 830—1984）修改以后出现的名词，其中包括了过去的板架集装箱（Flat Rack Container）在内。台架式集装箱的结构种类有很多。总的来说，台架式集装箱没有箱顶和侧壁，可以用吊车从顶上装货，也可以用叉式装卸车从集装箱的箱侧进行装货，适合于装载长大货和重件货。有些台架式集装箱的端壁可以折叠起来，以减少空箱回运时的舱容损失。台架式集装箱的箱底较厚，箱底强度比一般集装箱的箱底强度大。在陆路运输中或在堆场上存放时，为了不淋湿货物，应对货物进行遮盖。

图 5-7、图 5-8、图 5-9 为台架式集装箱。

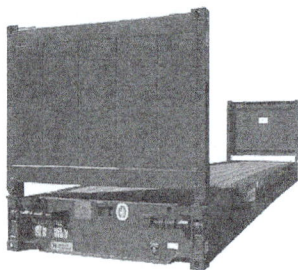

图 5-7　台架式集装箱 1

图 5-8　台架式集装箱 2

图 5-9　台架式集装箱 3

7. 平台集装箱（Platform Container）

平台集装箱是具有高承载能力的底板而无上部结构（箱顶和侧壁）的一种集装箱。平台集装箱主要用来装载超重、超长的货物，如重型机械、钢材、木材、各种设备等。这种集装箱打破了集装箱必须具有一定容积的概念。

图 5-10、图 5-11 为平台集装箱。

图 5-10 平台集装箱 1

图 5-11 平台集装箱 2

8. 罐式集装箱（Tank Container）

罐式集装箱是一种安装于紧固外部框架内的不锈钢压力容器，是专门用来装运酒类、油类、液体食品以及化学品等液体货物的集装箱。

罐式集装箱主要由液罐和框架构成。箱体框架的尺寸符合国际标准的要求，角柱上也装有国际标准角件，装卸时与国际标准箱相同。

液罐为椭圆形或近似球形，采用双层结构。内壁采用不锈钢，或用其他刚性材料制成，但需要涂一层环氧树脂，防止液体货物的腐蚀。外壁采用保温材料。一般罐顶有圆形的装货口，装货口的盖子必须水密，罐底有卸货阀。液罐有高压液罐、低压液罐、保温液罐、带加热装置液罐等数种。罐体四周有起保护和吊装作用的角部承力框架，框架采用高强度钢材制成，液罐放在框架中间。罐式集装箱可用于公路、铁路及水路运输。罐式集装箱罐体的强度在设计时，是以满载为条件的，所以在运输途中，货物如呈半罐状态，可能对罐体有巨大的冲击力，会造成危险。因此装货时，须确保货物为满罐。罐式集装箱的搬运操作、装货、卸货、贮藏均需要专门的场所，并配备专门的消防安全设备。

图 5-12 罐式集装箱

图 5-12 为罐式集装箱。

9. 动物集装箱 / 牲畜集装箱（Pen Container）

动物集装箱 / 牲畜集装箱是一种专门为装运鸡、鸭、鹅等活家禽和牛、马、羊、猪等活家畜而制造的集装箱。动物集装箱的侧面和端面有用金属丝网制成的窗，以获得良好的通风。窗下设有饲养槽或者喂食口，可以定时给家禽或家畜投喂食物。侧壁下方设有清扫口和排水口，并配有上下移动的拉门，便于清扫和保持卫生。动物集装箱在船上一般应装在甲板上，因为甲板上空气流通，便于清扫和照顾动物。动物集装箱一般强度较低，在车上或船上只装载一层。

图 5-13、图 5-14 为动物集装箱。

图 5-13　动物集装箱 1

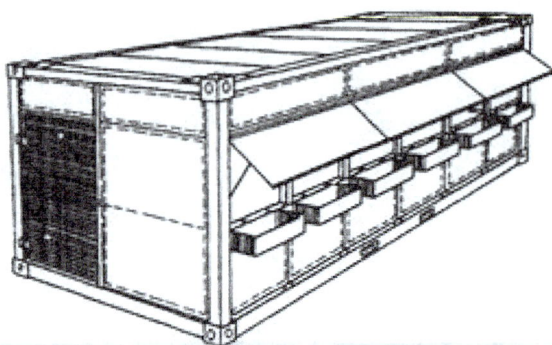

图 5-14　动物集装箱 2

10. 挂衣集装箱 / 挂式集装箱（Dress Hanger Container）

挂衣集装箱 / 挂式集装箱是指专门装运成衣的密闭式集装箱。为防止衣服受潮和箱壁结露，箱板一般设有内衬板。在内部箱顶和箱内装有吊挂衣服的横杆。这种挂式装载法属于无包装运输，它不仅节约了包装材料和包装费用，而且减少了人工劳动，对于一些易皱且不宜折叠的高档服装，例如西装、衬衫等，使用挂衣集装箱能够保证运输过程中服装的质量。

图 5-15、图 5-16 为挂衣集装箱 / 挂式集装箱。

图 5-15　挂衣集装箱 / 挂式集装箱 1

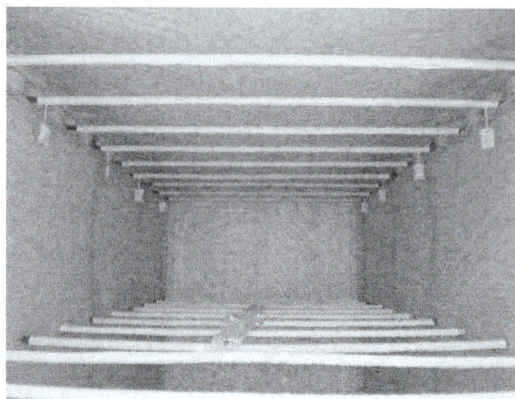

图 5-16　挂衣集装箱 / 挂式集装箱 2

11. 汽车集装箱（Car Container）

汽车集装箱是一种专门装载汽车的集装箱。在集装箱的箱底上装钢制框架，通常没有箱壁（包括端壁和侧壁），箱底使用防滑钢板，防止汽车在箱内滑动。除了这种骨架式的汽车集装箱，也有密闭式的汽车集装箱。汽车集装箱有装单层的和双层的两种。

图 5-17、图 5-18 为汽车集装箱。

图 5-17　汽车集装箱 1　　　　　　　　图 5-18　汽车集装箱 2

单元四　集装箱运输的优越性

集装箱运输是以集装箱作为运输单位进行货物运输的一种现代化运输方式。这种运输方式适用于水路运输、陆路运输以及多式联运等。目前，集装箱海运已经成为国际主要班轮航线上占有支配地位的运输方式。集装箱运输的优越性主要体现在以下几个方面。

1. 提高运输效率

在装卸作业中，装卸成组单元越大，装卸效率越高。托盘成组化与单件货物相比，装卸单元扩大了 20 ～ 40 倍。集装箱与托盘成组化相比，装卸单元又扩大了 15 ～ 30 倍。所以集装箱化有助于装卸效率的提高。另外，集装箱装卸通常不受天气影响，因此能大大提高运输效率，缩短船舶在港装卸停泊时间，使船舶周转速度大大加快。

2. 减少货损和货差

由于集装箱具有一定的强度和相应的设备，且整箱装卸，使箱内货物得到有效的保护。集装箱运输减少了单件货物的装卸次数。尤其当采用门到门运输时，中途不拆箱。此外，集装箱使用机械进行装卸，因而货运事故大大减少。由于货物的交接按照整箱进行办理，便于理货，也减少了货损和货差，提高了货物运输的安全性和质量。

3. 降低物流成本

集装箱化给港口和场站的货物装卸、堆码的全机械化和自动化创造了条件。标准化的货物单元加大，提高了装卸效率，节省了装卸劳动力，简化了理货工作，缩短了车船在港口和场站停留的时间。货物的在途时间减少，物流成本降低。另外，集装箱化后，货物自身的包装可以简化，从而节省了货物包装的费用。

4. 推动包装的标准化

集装箱作为一种大型标准化设备使用，也促进了商品包装的进一步标准化。目前，中国的包装国家标准已接近 400 个，这些标准大多采用或参照国际标准，并且许多包装标准与集装箱的标准相适应。

5. 便于开展多式联运

集装箱运输使货物的多式联运得到迅速发展，即货物由一个承运人，以多种运输方式，凭着一张运输单证，从货物的卖方所在地运至买方所在地，为国际贸易的开展创造了十分有利的条件。

集装箱最大的成功在于其产品的标准化以及由此建立的一整套运输体系。能够让一个载重几十吨的庞然大物实现标准化，并且以此为基础逐步实现全球范围内的船舶、港口、航线、公路、中转站、桥梁、隧道、多式联运相配套的物流系统，这是人类有史以来创造的伟大奇迹之一，而撬动这个系统的理念就是标准化。随着标准化概念在全球物流系统的逐渐深入，世界已被彻底改变。无论货物的体积、形状差异多么大，最终都被装载进集装箱里。由于要实现标准尺寸集装箱的运输，堆场、码头、起吊、船舶、汽车乃至公路、桥梁、隧道等，都必须适应它在全球范围内的应用而逐渐加以标准化，形成影响国际贸易的全球物流系统。由此带来的是系统效率大幅度提升，运输费用大幅度下降，地球上任何一个地方生产的产品都可以快速、经济地运送到有需求的地方。

单元五　集装箱的装载

一、集装箱的检查

集装箱在装载货物之前，都必须经过严格的检查。一旦有缺陷的集装箱进入运输过程，轻则导致货损，重则在运输、装卸过程中造成箱毁人亡的重大事故。因此，对集装箱的检查是货物安全运输的基本条件之一。

发货人、承运人、收货人、货运代理人、管箱人以及其他关系人在相互交接时，除了对集装箱进行检查外，还应该以设备交接单等书面形式确认集装箱交接时的状态。一般而言，应当从以下几方面对集装箱进行检查。

1. 外部检查

对集装箱的外部进行六面察看，判断是否有损伤、变形、破口等异样情况。

2. 内部检查

对集装箱的内侧进行六面察看，检查是否漏水、漏光，有无污点、水迹等。

3. 箱门检查

检查箱门的四周是否水密，门锁是否完整，箱门能否 270°开启。

4. 清洁检查

检查集装箱内有无残留物、污染、锈蚀异味、水湿。如果不符合要求，应当及时予以清扫或者更换。

5. 附属件检查

对货物的加固环节的部件进行检查。

二、集装箱的选择

集装箱的选择应具备以下五个基本条件：

（1）集装箱符合 ISO 标准。

（2）集装箱的四柱、六面、八角完好无损。

（3）集装箱的各焊接部位牢固。

（4）集装箱的内部清洁、干燥、无味、无尘。

（5）集装箱不漏水、不漏光。

如何正确选择集装箱

三、集装箱装箱注意事项

集装箱装箱工作看似简单，但如果装载不合理、不正确就会造成货损、设备损坏，甚至人身伤亡。集装箱装箱注意事项如下：

货物装箱很重要，箱型随货要知道，装前检查证书校，混装一箱货区分，
上轻下重不能忘，重量均衡防故障，堆码层数要限量，上下左右有空隙，
隔板隔垫防碰撞，垫料清洁货损少，箱门附近易损伤，关前措施一定要，
堆装系固要做好，积载合理能防损，特殊货用特殊箱，箱子超重不允许，
危险货物更重要，要求不符不能装，不能外突门封好，不相容的不混装，
包装合格才能装，包件必须固定牢，液气货物要批条，操作循规安全保，
以上几条要记牢，人员设备免损伤，货运质量有保障，省钱省时麻烦少。

集装箱装箱

四、整箱货和拼箱货

集装箱运输是将散件货物汇总成一个运输单元（集装箱），使用船舶等运输工具进行运输的方式。集装箱运输的货物流通途径与传统的杂货运输有所不同，集装箱运输不仅可以像传统杂货运输一样以港口作为货物交接和换装的地点，还可以在港口以外的地点设立货物交接和换装的站点。

集装箱运输改变了传统的货物流通途径，在集装箱货物的流转过程中，其流转形态分为两种，一种为整箱货，另一种为拼箱货。

（一）整箱货（Full Container Load，FCL）

整箱货是指由货方负责装箱和计数，填写装箱单，并加封志的集装箱货物，通常只有一个发货人和一个收货人。

国际公约或各国海商法没有对整箱货交接的特别规定，而承运人通常根据提单正面和背面的印刷条款以及提单正面的附加条款（如"Said To Contain, S.T.C."等"不知条款"），承担在箱体完好和封志完整的状况下接受并在相同的状况下交付整箱货的责任。在目前的海上货运实践中，班轮公司主要从事整箱货的货运业务。

（二）拼箱货（Less Than Container Load，LCL）

拼箱货是指由承运人的集装箱货运站负责装箱和计数，填写装箱单，并加封志的集装箱货物，通常每一票货物的数量较少，因此装载拼箱货的集装箱内的货物会涉及多个发货人和多个收货人。承运人负责在箱内每件货物外表状况明显良好的情况下接受并在相同的状况下交付拼箱货。在目前的货运实践中，主要由拼箱集运公司从事拼箱货的货运业务。

货运代理人可以从事拼箱货的货运业务，但此时其身份也发生了变化。货运代理人参与拼箱货的货运业务，为小批量货物提供了快速和高效率的运输服务，解决了集装箱班轮运输大量代替传统杂货班轮运输后批量货物的运输等问题。

货运代理人或拼箱集运商从事拼箱货运输有以下三个方面的作用：

（1）可以因由其直接面对客户和承接小批量的货运业务、专门处理相关的货运问题，使班轮公司不再需要为小批量货物专门组织人力和物力、耗费资金和时间、承担风险和责任。

（2）可以扩大货运代理企业的活动空间和业务范围，使货运代理企业通过为小批量货物提供良好服务获得更多回报。

（3）可以通过提供拼箱集运的服务，满足货主对于小批量货物在贸易、技术、经济、流通等方面的要求。

整箱货与拼箱货的比较如表 5-3 所示。

表 5-3　整箱货与拼箱货的比较

项　　目	整　箱　货	拼　箱　货
货主数量	一个货主	多个货主
装箱人	货主	货运站、集拼经营人、无船承运人（NVOCC）
制装箱单加封志	货主	货运站、集拼经营人、无船承运人（NVOCC）
货物交接责任	只看箱子外表状况良好、封志良好即可交接	需要看货物的实际情况（如件数、外观、包装等）
提单上的不同	加注不知条款，如： ① SLAC（货主装箱、计数） ② SLACS（货主装箱、计数并加封） ③ SBS（据货主称） ④ STC（据称箱内包括）	SLAC、SLACS、SBS、STC 等不知条款无效
流转程序	①发货人；②装货港码头堆场；③海上运输；④卸货港码头堆场；⑤收货人	①发货人；②发货地车站、码头货运站；③装货港头堆场；④海上运输；⑤卸货港码头堆场；⑥收货地车站、码头货运站；⑦收货人

五、集装箱货物的交接地点

货物运输中的交接地点是指根据运输合同，承运人与货方交接货物、划分责任风险和费用的地点。在集装箱运输中，根据实际需要，货物的交接地点并不固定。

目前，集装箱运输中货物的交接地点有门（双方约定的地点）、集装箱堆场、船边或吊钩以及集装箱货运站。

1. 门（Door）

门指工厂、仓库或双方约定的其他收、交集装箱的地点。在多式联运中经常使用。

2. 集装箱堆场（Container Yard，CY）

集装箱堆场（又简称为"场"）是交接和保管集装箱空箱和重箱的场所，也是集装箱换装运输工具的场所。

3. 船边或吊钩（Ship's Rail or Hook/Tackle）

船边或吊钩（又简称为"钩"）指装货港或者卸货港装卸船边或码头集装箱装卸吊具，并以此为界区分运输装卸费用的责任界限。

4. 集装箱货运站（Container Freight Station，CFS）

集装箱货运站（又简称为"站"），是拼箱货交接和保管的场所，也是拼箱货装箱和拆箱的场所。

门、场、钩主要是整箱货（FCL）的交接场所，站主要是拼箱货（LCL）的交接场所。

六、集装箱货物的交接方式

在集装箱运输中，根据集装箱货物的交接地点不同，理论上可以通过排列组合的方法得到集装箱货物的交接方式为16种，如图5-19所示。

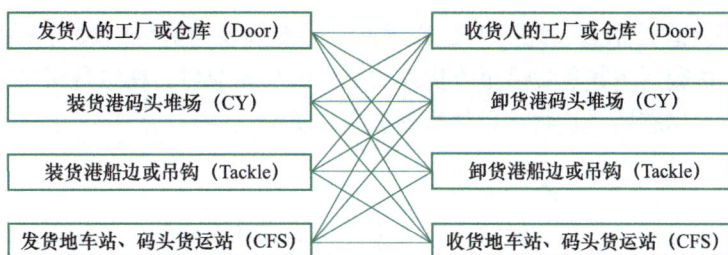

图 5-19　集装箱货物的 16 种交接方式

（一）常见的九种集装箱交接方式（交接地点）

在不同的交接方式中，集装箱运输经营人与货方所承担的责任、义务不同。以下介绍常见的九种集装箱交接方式。

1. 门到门（Door to Door）交接方式

门到门交接方式，是指运输经营人由发货人的工厂或仓库接受货物，负责将货物运至收货人的工厂或仓库交付。在这种交付方式下，货物的交接形态都是整箱交接。

2. 门到场（Door to CY）交接方式

门到场交接方式，是指运输经营人在发货人的工厂或仓库接受货物，并负责将货物运至卸货港码头堆场或其内陆堆场，在堆场向收货人交付。在这种交接方式下，货物也都是整箱交接。

3. 门到站（Door to CFS）交接方式

门到站交接方式是指运输经营人在发货人的工厂或仓库接受货物，并负责将货物运至卸货港码头的集装箱货运站或其在内陆地区的货运站，经拆箱后向各收货人交付。在这种交接方式下，运输经营人一般是以整箱形态接受货物，以拼箱形态交付货物。

4. 场到门（CY to Door）交接方式

场到门交接方式是指运输经营人在码头堆场或其内陆堆场接受发货人的货物（整箱货），并负责把货物运至收货人的工厂或仓库向收货人交付（整箱货）。

5. 场到场（CY to CY）交接方式

场到场交接方式是指运输经营人在装货港的码头堆场或其内陆堆场接受货物（整箱货），并负责运至卸货码头堆场或其内陆堆场，在堆场向收货人交付（整箱货）。

6. 场到站（CY to CFS）交接方式

场到站交接方式是指运输经营人在装货港的码头堆场或其内陆堆场接受货物（整箱货），负责运至卸货港码头集装箱货运站或其在内陆地区的集装箱货运站，一般经拆箱后向收货人交付。

7. 站到门（CFS to Door）交接方式

站到门交接方式是指运输经营人在装货港码头的集装箱货运站及其内陆的集装箱货运站接受货物（经拼箱后），负责运至收货人的工厂或仓库交付。在这种交接方式下，运输经营人一般是以拼箱形态接受货物，以整箱形态交付货物。

8. 站到场（CFS to CY）交接方式

站到场的交接方式是指运输经营人在装货港码头或其内陆的集装箱货运站接受货物（经拼箱后），负责运至卸货港码头或其内陆地区的货场交付。在这种交接方式下，货物的交接形态一般也是以拼箱形态接受货物，以整箱形态交付货物。

9. 站到站（CFS to CFS）交接方式

站到站的交接方式是指运输经营人在装货港码头或内陆地区的集装箱货运站接受货物（经拼箱后），负责运至卸货港码头或其内陆地区的集装箱货运站，（经拆箱后）向收货人交付。在这种交接方式下，货物的交接方式一般都是拼箱交接。

（二）四种集装箱货物的交接方式（交接形态）

根据集装箱交接时的形态，可以通过排列组合的方法得到四种集装箱货物的交接方式。

1. 整箱交、整箱接（FCL/FCL）

货主在工厂或仓库把装满货后的整箱交给承运人，收货人在目的地以同样的整箱接货，换言之，承运人以整箱为单位负责交接。货物的装箱和拆箱均由货方负责。

这种交接方式一般是一个发货人、一个收货人。

2. 拼箱交、拼箱接（LCL/LCL）

货主将不足整箱的小票托运货物在集装箱货运站或内陆转运站交给承运人，由承运人负责拼箱和装箱，运到目的地货运站或内陆转运站，由承运人负责拆箱，拆箱后，收货人凭单接货。货物的装箱和拆箱均由承运人负责。

这种交接方式一般是多个发货人、多个收货人。

3. 整箱交、拼箱接（FCL/LCL）

货主在工厂或仓库把装满货后的整箱交给承运人，在目的地的集装箱货运站或内陆转运站由承运人负责拆箱后，各收货人凭单接货。

这种交接方式一般是一个发货人、多个收货人。

4. 拼箱交、整箱接（LCL/FCL）

货主将不足整箱的小票托运货物在集装箱货运站或内陆转运站交给承运人，由承运人分类整理，把同一收货人的货集中拼装成整箱，运送至目的地后，承运人以整箱交货，收货人以整箱接货。

这种交接方式一般是多个发货人、一个收货人。

在实践中，海运集装箱货物交接的主要方式主要有两种，分别是 CY/CY 和 CFS/CFS。

CY/CY：班轮公司通常承运整箱货，并在集装箱堆场进行集装箱的交接。CY/CY 是班轮公司通常采用的交接方式。

CFS/CFS：集拼经营人承运拼箱货，并在集装箱货运站与货方交接货物。CFS/CFS 是集拼经营人承运拼箱货时通常采用的交接方式。

同 步 训 练

一、单选题

1. 班轮公司运输的集装箱货物的交接方式通常是（　　）。
   A. CY/CFS　　　　B. CFS/CFS　　　　C. CFS/CY　　　　D. CY/CY
2. 门到门的集装箱运输最适合于（　　）交接方式。
   A. 整箱接，整箱交　　　　　　　　B. 整箱接，拆箱交
   C. 拼箱接，拆箱交　　　　　　　　D. 拼箱接，整箱交
3. Reefer Container 表示（　　）。
   A. 普通集装箱　　　　　　　　　　B. 开顶集装箱
   C. 冷藏集装箱　　　　　　　　　　D. 散装集装箱

4. 存在多个发货人、多个收货人的运输方式是（   ）。

    A. FCL/FCL   B. FCL/LCL   C. LCL/FCL   D. LCL/LCL

5. 集装箱整箱货由（   ）装箱。

    A. 货主   B. 船公司

    C. 集装箱货运站   D. 集装箱堆场

二、多选题

1. 集装箱标志的第一组标记主要包括（   ）。

    A. 箱主代码   B. 顺序号   C. 核对数   D. 尺寸代号

2. 下列交接方式中，属于拼箱接货、整箱交货的有（   ）。

    A. CFS to Door   B. Door to CFS   C. Door to Door   D. CFS to CY

3. 货主或委托货代到码头堆场提空箱，通常与堆场业务人员一起对集装箱进行检查，检查的主要内容包括（   ）。

    A. 集装箱外部是否有损伤、变形、破口等异样

    B. 集装箱箱门能否做 270°开启

    C. 箱内是否清洁

    D. 附件是否齐全

三、计算题

某集装箱的箱主代号和顺序号为 TRIU583888，核对数字是 0，检验是否有误。

模块六
国际海上货运代理实务

Project 6

学习目标

📖 知识目标

- ⚪ 了解班轮运输的主要关系人。
- ⚪ 熟悉集装箱货运单证。
- ⚪ 熟悉集装箱拼箱货运输业务。

ᔕ 能力目标

- ⚪ 掌握班轮运输主要关系人之间的关系。
- ⚪ 熟悉杂货班轮运输的单证和流程。
- ⚪ 掌握集装箱整箱货货运代理业务流程。

单元一　班轮运输的主要关系人

班轮运输中，通常会涉及班轮公司、船舶代理人、无船（公共）承运人、海上货运代理人、托运人和收货人等有关货物运输的关系人。

一、班轮公司

班轮公司（船公司）是指运用自己拥有或者自己经营的船舶，提供国际港口之间的班轮运输服务，并依据法律规定设立的船舶运输企业。

班轮公司应拥有自己的船期表、运价本、提单或者其他运输单据。

在实践中，国际海上货运代理人应该了解各个班轮公司的情况，以便在必要时从中选择适当的承运人。

（出口托运流程）

二、船舶代理人

船舶代理人，这里指船舶代理公司，是指接受船舶所有人、船舶经营人或者船舶承租人的委托，为船舶所有人、船舶经营人或者船舶承租人的船舶及其所载货物或集装箱办理船舶进出港口手续、安排港口作业、接受订舱、代签提单、代收运费等服务，并依据法律规定设立的船舶运输辅助性企业。

中国最大的国际船舶代理公司是成立于1953年的中国外轮代理公司。20世纪80年代末中外运船务代理公司成立，成为我国第二家从事国际船舶代理业务的公司。现在，在我国的对外开放港口都有多家国际船舶代理公司。在实践中，国际货运代理人经常会与船舶代理人有业务联系。

三、无船（公共）承运人

无船承运人（无船公共承运人），这里指经营无船承运业务的公司，是指以承运人身份接受托运人的货载，签发自己的提单或者其他运输单证，向托运人收取运费，通过班轮运输公司完成国际海上货物运输，承担承运人责任，并依据法律规定设立的提供国际海上货物运输服务的企业。

根据《中华人民共和国国际海运条例》的规定，在中国境内经营无船承运业务，应当在中国境内依法设立企业法人；经营无船承运业务，应当办理提单登记，并缴纳保证金；无船承运人应有自己的运价本。

无船承运人可以与班轮公司订立协议运价，从中获得利益。但是，无船承运人不能从班轮公司那里获得佣金。国际货运代理企业在满足了市场准入条件后，可以成为无船承运人。

四、海上货运代理人

国际海上货运代理人，也称远洋货运代理人，这里指国际海运代理公司，是指接受货主的委托，代表货主的利益，为货主办理有关国际海上货物运输的相关事宜，并依据法律规定设立的提供国际海上货物运输代理服务的企业。海上货运代理人可以从货主那里获得代理服务报酬。

五、托运人

托运人，这里指货主企业，是指本人或者委托他人以本人名义或者委托他人为本人与承运人订立海上货物运输合同的人；本人或者委托他人以本人名义或者委托他人为本人将货物交给与海上货物运输合同有关的承运人的人。

托运人可以与承运人订立协议运价，从而获得比较优惠的运价。但是，托运人无法从承运人那里获得"佣金"。如果承运人给托运人"佣金"，则将被视为给托运人"回扣"。

六、收货人

收货人是指有权提取货物的人，即提单上所载明的在卸货港有权提取货物的当事人，因此收货人可以被称为合法的提单持有人。

七、班轮运输主要关系人之间的关系

托运人与海上货运代理人之间会签订委托合同，海上货运代理人作为托运人的代理人为托运人进行服务，船舶代理人一般负责班轮公司的进出港等业务，这样班轮公司的主要精力可以放在海上运输上。对于FCL（整箱货），承托双方分别为班轮公司与托运人；对于LCL（拼箱货），托运人与无船承运人签订的是LCL运输合同，无船承运人为合同的承运人，同时，当无船承运人将LCL拼成FCL后，又作为FCL的托运人将FCL交给班轮公司，班轮公司作为真正的承运人进行海上货运。

班轮运输主要关系人之间的关系如图6-1所示。

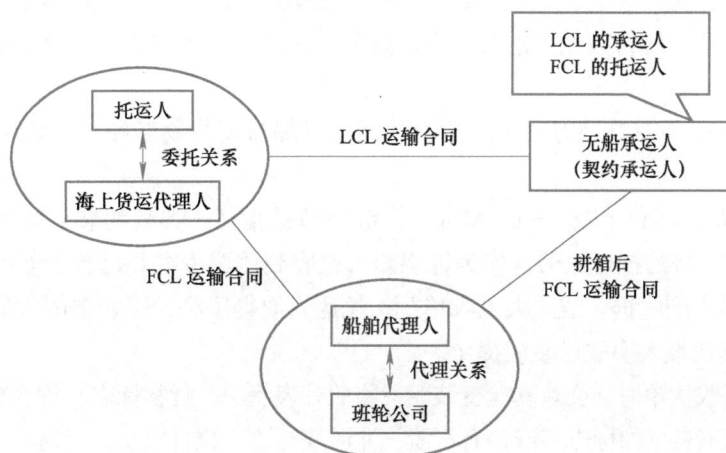

图 6-1　班轮运输主要关系人之间的关系

单元二　杂货班轮运输的货运单证与流程

一、杂货班轮运输的货运单证

在杂货班轮运输中，办理货物托运、装船、卸货、交付货物的整个运输过程，都需要编制各种单证。这些单证是在货主（包括托运人和收货人）与船方之间办理货物交换的证明，也是货方、港方、船方联系工作及划分责任的依据。在这些单证中，有的受到国际公约和各国国内法规约束，有的则是按照港口当局的规定和航运习惯而编制使用。尽管这些单证种类繁多，而且因各地港口的规定会有所不同，但主要单证是基本一致的，并且能在国际航运中通用。

（一）在装货港编制使用的单证

1. 装货联单

在实践中，通常是由货运代理人根据托运人委托，填写装货联单后提交给船公司的代理人申请托运。船公司或其代理人接受承运后，予以编号并签发装货单。装货联单主要由以下各联组成：

（1）托运单（Booking Note，B/N）及其留底。托运单又称订舱单、订舱申请书，是由托运人或者其代理人根据买卖合同和信用证的有关内容向承运人或其代理人申请订舱配载的书面凭证。经承运人或其代理人对该单证审核无误并签章确认，即视为已接受托运，承运人与托运人之间对货物运输的相互关系即告建立。

（2）装货单（Shipping Order，S/O）。签发装货单时，船公司或其代理人会按不同港口分别编制装货单号（有可能成为最终的提单号），装货单号不会重复，也不会混港编号。签发装货单后，船、货、港等方面都需要一段时间来编制装货清单、积载计划、办理货物报关、查验放行、货物集中等待装船等准备工作。因此，对每一航次在装船开始前的一定时间应截止签发装货单。

由于托运人必须在办理海关手续后，才能要求船长将货物装船，所以装货单又常称为"关单"。

（3）收货单（Mate's Receipt，M/R）。收货单是指某一票货物装上船后，由船上大副（Chief Mate）签署给托运人的，作为证明船方已收到该票货物并已装上船的凭证，所以，收货单又称为"大副收据"或"大副收单"。托运人取得了经大副签署的收货单后，即可凭以向船公司或其代理人换取已装船提单。

大副在签署收货单时，会认真检查装船货物的外表状况、货物标志、货物数量等情况。如果货物外表状况不良，如标志不清，有水渍、油渍或污渍，数量短缺，货物损坏等，大副就会将这些情况记载在收货单上。此种记载称为"批注"（Remark），习惯上称为"大副批注"。

2. 海运提单

海运提单（Ocean Bill of Lading，B/L）简称提单，是指用以证明海上货物运输合同和货物已经由承运人接受或者装船，以及承运人保证据以交付货物的凭证。

提单的有关内容，将在模块七中进行详细介绍。

3. 装货清单

装货清单（Loading List，L/L）是指船公司或其代理人根据装货联单中的托运单留底联，将全船待运货物按货物性质和目的港归类，依航次靠港顺序编制的装货单的汇总单。其内容包括船名、装货单编号、件数、包装、货名、毛重、估计体积及特种货物对运输的要求或注意事项的说明等。装货清单是大副编制积载计划的主要依据，也是供现场理货人员进行理货、港口安排驳运、进出库场，以及掌握托运人备货及货物集中情况的业务单据。当有增加或取消货载的情况发生时，船方（通常是船舶代理人）会及时编制"加载清单"（Additional Cargo List）或"撤载清单"（Cancelled Cargo List），并及时分送给各有关方。

4. 载货清单

载货清单（Manifest，M/F）又称"舱单"，是在货物装船完毕后，根据大副收据或提单按卸货港顺序逐票编制的全船实际载运货物的汇总清单，其内容包括船名及国籍、开航日期、装货港及卸货港，同时逐票列明所载货物的详细情况。载货清单是国际货运实践中一份非常重要的通用单证。它是海关对船舶载货航行进出境进行监督管理的单证，如果船载货物载货清单上没有列明，海关有权依据《海关法》的规定进行处理；是船舶载运所列货物的证明；是业务联系的单证，在一定情况下，可用作安排泊位或货物进出库场和卸货的依据。在我国，载货清单还是出口企业在办理货物出口后，申请退税，海关据以办理出口退税手续的单证之一。因此，在船舶装货完毕离港前，船方应由船方签认若干份载货清单，并留下数份随船同行，以备中途挂靠港或到达卸货港时办理进口报关手续时使用。另外，进口货物的收货人在办理货物进口报关手续时，载货清单也是海关办理验放手续的单证之一。

如果在载货清单上增加运费项目，则可以制成载货运费清单（Freight Manifest，F/M）。

5. 货物积载图

货物积载图（Stowage Plan）是船方大副在货物装船之前，根据装货清单上记载的货物资料，按照货物装运要求和船舶性能绘制的一个计划受载图。图中列明各批货物应装入船舶的具体舱位，用以指导有关方面安排泊位、货物出舱、下驳、搬运等工作。在实际装船过程中，往往会因为各种客观原因，使装货工作无法完全按照计划进行。所以，货物装船后按实际装船情况对其进行订正。货物积载图是船方进行货物运输、保管、卸船等工作必需的查阅资料，也是卸货港方、卸货部门安排泊位、货物进仓、派驳调车、理货人员进行现场理货的主要依据。

6. 危险货物清单

危险货物清单（Dangerous Goods List）是专门列出的船舶所载运全部危险货物的汇总清单。这是船舶载运危险货物时必备的单证之一。危险货物清单记载的内容除装货清单、载货清单所应记载的内容外，特别增加了危险货物的性能和装船位置两项。为了确保船舶、货物、港口及装卸、运输的安全，包括我国在内的世界上许多国家或地区的港口都规定，凡船舶载运危险货物都必须另行单独编制危险货物清单。船舶装运危险货物时，船方应向有关部门（我国海事局）申请派员监督装卸。在装货港装船完毕之后，由监装部门签发给船方一份危险品安全装载书（Dangerous Cargo Safe Stowage Certificate），这也是船舶载运危险货物时必备的单证之一。

（二）在卸货港编制使用的单证

1. 过驳清单

过驳清单（Boat Note）是采用驳船作业时，作为证明货物交接和表明所交货物实际情况的单证。过驳清单是根据卸货时的理货单证编制的，其内容包括驳船名、货名、标志、号码、包装、件数、卸货港、卸货日期、舱口号等，并由收货人、卸货公司、驳船经营人等收取货物的一方与船方共同签字确认。

2. 货物溢短单

货物溢短单（Overlanded/Shortlanded Cargo List）是指一票货物所卸下的数量与载货清单上所记载的数量不符，发生溢卸或短卸的证明单据。货物溢短单由理货员编制，并且必须经过船方和有关方（收货人或者仓库）共同签字确认才能生效。

3. 货物残损单

货物残损单（Broken and Damaged Cargo List）是指卸货完毕后，理货员根据卸货过程中发现的货物破损、水湿、水渍、渗漏、霉烂、生锈、弯曲、变形等异常情况，记录编制的证明货物残损情况的单据。货物残损单必须经船方签字确认。

过驳清单、货物溢短单、货物残损单这三种单据通常是收货人向船公司提出损害赔偿时所要求的证明材料，也是船公司处理收货人索赔要求的原始资料和依据。所以，船方在签字时会认真进行核对，在情况属实时才会给予签字确认。在各方对单证记载内容意见不一致时，应尽量协调，以取得一致意见。经协商不能取得一致意见时，船方也可以在单证上做出适当的保留批注。货主在获取以上三种单据时，应检查船方的签字。

4. 提货单

提货单（Delivery Order，D/O）又称"小提单"，是由船公司或者其代理人签发给提单持有人或者其他指定收货人的要求在规定时间和规定地点提取指定货物的单证。它既是收货人向仓库或者场站提取货物的凭证，也是船公司或者其代理人对仓库或者场站交货的通知。提货单的内容包括船名、货名、件数、数量、包装式样、标志、提单号、收货人名称等。

提货单的性质与提单完全不同，它只不过是船公司指令码头仓库或装卸公司向收货人交付货物的凭证，不具备流通及其他作用。因此，提货单上一般印有"禁止流通"（Non-negotiable）字样。

二、杂货班轮货运单证流程

杂货班轮货运及主要货运单证流程如下：

（1）托运人在装货港向船公司或者船舶代理人提出货物装运申请，递交托运单（B/N），填写装货联单。

（2）船公司同意承运后，其代理人指定船名，核对装货单（S/O）与托运单（B/N）上的内容无误后，签发装货单（S/O），将底联留下后退还给托运人，要求托运人将货物及时送至指定的码头仓库。

（3）托运人持装货单（S/O）及有关单证向海关办理货物出口报关、验货放行手续，海关在装货单（S/O）上加盖放行章后，货物准予装船出口。

（4）船公司在装货港的船舶代理人根据留底联编制装货清单（L/L）送船舶及理货公司、装卸公司。

（5）大副根据装货清单（L/L）编制货物积载计划并交代理人分送理货、装卸公司等按计划装船。

（6）托运人将经过检验验关的货物送至指定的码头仓库准备装船。

（7）货物装船后，理货长将装货单（S/O）交大副，大副核实无误后留下装货单（S/O）并签发收货单（M/R）。

（8）理货长将大副签发的收货单（M/R）转交给托运人。

（9）托运人持收货单（M/R）到船公司在装货港的船舶代理人处付清运费（预付运费情况下）换取正本已装船提单（B/L）。

（10）船公司在装货港的船舶代理人审核无误后，留下收货单（M/R）并签发已装船提单（B/L）给托运人。

（11）托运人持已装船提单（B/L）及有关单证到议付银行结汇（在信用证支付方式下），取得货款，议付银行将已装船提单（B/L）及有关单证邮寄开证银行。

（12）货物装船完毕后，船公司在装货港的船舶代理人编制出口载货清单（M/F）送船长签字后向海关办理船舶出口手续，并将载货清单（M/F）交船随带，船舶起航。

（13）船公司在装货港的船舶代理人根据已装船提单（B/L）副本或收货单（M/R）编制出口载货运费清单，连同已装船提单（B/L）副本、收货单（M/R）送交船公司结算代收运费，并将卸货港所需要的单证寄给船公司在卸货港的船舶代理人。

（14）船公司在卸货港的船舶代理人接到船舶抵港电报后，通知收货人船舶到港日期，做好提货准备。

（15）收货人到开证银行付清货款取回已装船提单（B/L）（在信用证支付方式下）。

（16）卸货港船公司的船舶代理人根据装货港船公司的代理人寄来的货运单证，编制进口载货清单及有关船舶进口报关和卸货所需的单证，约定装卸公司、理货公司，联系安排泊位，做好接船及卸货准备工作。

（17）船舶抵港后，船公司在卸货港的船舶代理人随即办理船舶进口手续，船舶靠泊后即开始卸货。

（18）收货人持正本已装船提单（B/L）向船公司在卸货港的船舶代理人处办理提货手

续，付清应付的费用后，换取代理人签发的提货单（D/O）。

（19）收货人办理货物进口报关手续，支付关税。

（20）收货人持提货单（D/O）到码头仓库或船边提取货物。

单元三　集装箱货运单证

在集装箱货物进出口业务中，除采用了与传统的散杂货运输中相同的商务单证（如商业发票、报关单、检验检疫证书、磅码单、装箱单、货物托运单、装货单、提单等各种单证）以外，在船务单证中根据集装箱运输的特点，还采用了空箱提交单、集装箱设备交接单、集装箱装箱单、场站收据、提货通知书、到货通知书、交货记录、卸货报告和待提集装箱报告等单证。

（集装箱出口业务流程）

一、场站收据（Dock Receipt，D/R）

（一）场站收据的概念

场站收据是由承运人发出的证明已收到托运货物并且开始对货物负责的凭证。

与传统件杂货运输所使用的托运单证比较，场站收据是一份综合性的单证，它把货物托运单（订舱单）、装货单（关单）、大副收据、理货单、配舱回单、运费通知等单证汇成了一份，这对于提高集装箱货物托运的效率有很大的意义，场站收据一般是在托运人口头或书面订舱，与船公司或船舶代理人达成了货物运输的协议，船舶代理人确认订舱之后，由船舶代理人交托运人或货运代理人填制，在码头堆场、集装箱货运站或内陆货站收到整箱货或拼箱货后签发生效，托运人或其代理人可凭场站收据，向船舶代理人换取已装船或待装船提单。

（二）场站收据的作用

场站收据的作用主要体现在以下几个方面：

（1）船公司或船代确认订舱并在场站收据上加盖有报关资格的单证章后，将场站收据交给托运人或其代理人，意味着运输合同开始执行。

（2）场站收据是出口货运报关的凭证之一。

（3）场站收据是承运人已收到托运货物并对货物开始负有责任的证明。

（4）场站收据是换取海运提单或联运提单的凭证。

（5）场站收据是船公司、港口组织装卸、理货、配载的资料。

（6）场站收据是运费结算的依据。

（7）如果信用证中有规定，场站收据可作为向银行结汇的单证。

（三）场站收据的组成

下面以十联单格式为例说明场站收据的组成，如表6-1所示。

表 6-1　场站收据十联单的组成

第　×　联	含　义	颜　色	作　用
第一联	集装箱货物托运单——货主留底	白色	早先托运单由货主缮制后将此联留存，故列第一联
第二联	集装箱货物托运单——船代留底	白色	此联盖有货主的公章或订舱章，船舶代理据以编制载货清单，船公司据以编制预配图
第三联	运费通知（1）	白色	船舶代理在此联上批注运价，作为船舶代理结算部门办理运费结算的参考
第四联	运费通知（2）	白色	此联作为货运代理向发货人办理运费结算的参考依据
第五联	场站收据副本——装货单（关单）	白色	此联又称场站收据副本或关单，船舶代理在此联上盖订舱章，表示确认接受发货人的订舱申请；海关凭此联接收出口报关申报，经查验合格后在此联盖海关放行章
第五联（附页）	接纳出口货物港务申请书	白色	此联是港区核算验收的港务费用的单据
第六联	场站收据副本——大副联	粉红色	此联为理货单据，表示大副已代表船方接收了单据上的货物，一般由理货公司签署后将此联留存
第七联	场站收据（正本联）	淡黄色	此联又称为收据单或大副收据，在货物装船后由大副签字和批注，表示所列货物已经装上船；装船结束后，船舶代理凭此联签发已装船提单
第八联	货代留底	白色	此联由货运代理留存以备查询、编制货物流向单
第九联	配舱回单（1）	白色	配舱后交还发货人，发货人凭此联缮制提单；如果货运代理统一缮制提单，则由货运代理缮制提单
第十联	配舱回单（2）	白色	根据此联回单批注修改提单

注：如由货运代理统一缮制提单，则第九联、第十联不用退还发货人。

（四）场站收据的流转程序

在集装箱货物出口托运过程中，场站收据要在多个机构和部门之间流转。在流转过程中涉及托运人、货运代理、船舶代理、海关、堆场、理货公司、集装箱船舶等等。一式十联的场站收据联单的流转程序如下：

（1）货运代理接受托运人的委托后填制一式十联场站收据，并将第一联（货主留底联）交由货主留存以备查询，将其余九联送船公司或船舶代理申请订舱。

（2）船公司或船舶代理经审核确认接受订舱申请，确定船名、航次，给每票货物一个提单号，将提单号填入九联单相应栏目，并在第五联（装货单联）加盖确认订舱章，然后留下第二～四联，第五～十联退还托运人或者货运代理。

（3）货运代理留下第八联（货代留底联）用于编制货物流向单及作为留底以备查询。并将第九联（配舱回单（1）联）退给托运人作为缮制提单和其他货运单证的依据；如果由货运代理缮制单证，则不需退还给托运人。

（4）货运代理将第五至七联（已盖章的装货单联、缴纳出口货物港务申请书联、场站收据大副联、场站收据正本联）随同报关单和其他出口报关用的单证向海关办理货物出口报关手续。

（5）海关接受报关申报后，经过查验合格，征关税后对申报货物进行放行，在第五联（装货单联）上加盖海关放行章，并将第五～七联退还给货运代理。

（6）货运代理将退回的第五～七联及第十联（配舱回单（2）联）随同集装箱或待装货物送装箱地点（货主指定地点、集装箱堆场或集装箱货运站）装箱。

（7）集装箱堆场或集装箱货运站查验集装箱或货物后，先查验第五联的海关放行章，再检查进场货物的内容、箱数、货物总件数是否与单证相符。若无异常情况则在第七联（场站收据正本联）上加批实收箱数并签字、加盖场站收据签证章，在第十联（配舱回单（2）联）上签章；如实际收到的集装箱货物与单证不符，则需在第五联、第十联上做出批注，并将其退还货运代理或货主，而货运代理或货主则须根据批注修改已缮制的提单等单证。场站留下第五、六联，第五联（装货单联）归档保存以备查询，第五联附页用来向托运人或货运代理结算费用，第六联（大副收据联）连同配载图应及时转交理货部门，由理货员在装船完毕后交船上大副留底。第七联（场站收据正本联）应退回托运人或货运代理。

（8）托运人或货运代理拿到第七联（场站收据正本联），并凭此要求船舶代理签发正本提单（装船前可签发收货待运提单，装船后可签发已装船提单）。但在实际业务中，托运人或货运代理并不取回第七联，而是在集装箱装船4小时之内，由船舶代理在港区和现场人员与港区场站签证组交接将其带回，船舶代理据此签发装船提单。

一式十联的场站收据联单的流转程序如图6-2所示。

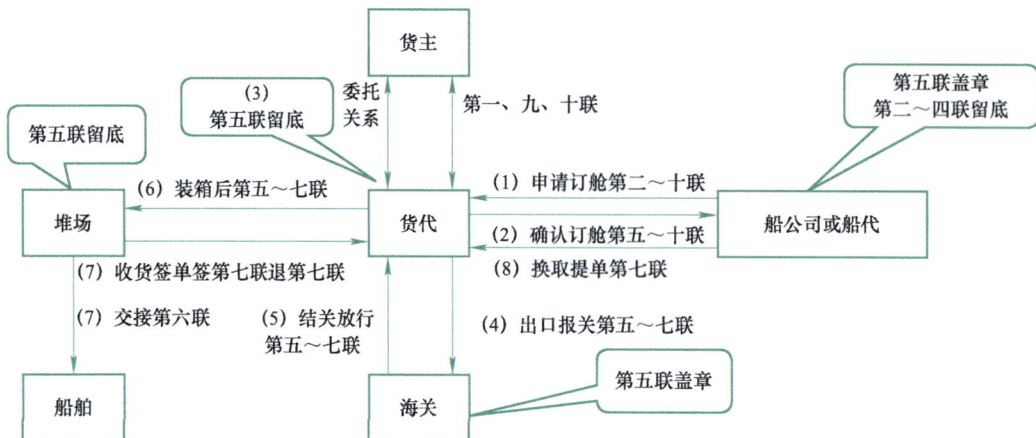

图6-2 场站收据的流转程序

（五）场站收据流转过程中的注意事项

在场站收据的流转过程中，应注意以下事项：

（1）托运人或货运代理的出口货物，一般要求在装箱前24小时内向海关申报，海关在场站收据上加盖放行章后方可装箱，并在装箱前24小时内将海关盖章的场站收据送交收货的场站业务员。

（2）场站收据中出口重箱的箱号，允许装箱后由货运代理或者装箱单位正确填写，海关验放时允许无箱号，但进场完毕时必须填写所有箱号、封志号和箱数。

（3）托运人和货运代理对场站收据内容的变更，必须及时通知有关各方，并在24小时内出具书面通知，办理变更手续。

（4）各承运人委托场站签发场站收据必须有书面协议。

（5）场站业务员签发的场站收据必须验看是否有海关放行章。没有海关放行章不得安排所载明的集装箱装船。

（6）采用整箱货的交接条款，货主对箱内货物的准确性负责；拼箱货物以箱为单位签发场站收据。

（7）外轮理货人员应根据交接条款，在承运人指定的场站和船边理箱，并在有关单证上加批注，提供理货报告和理箱单。

（8）货运代理、船舶代理应正确完整地填写并核对场站收据的各个项目。

二、集装箱设备交接单（Equipment Interchange Receipt，EIR）

（一）集装箱设备交接单的概念

集装箱设备交接单，简称设备交接单，是集装箱进出场站时，用箱人、运箱人与管箱人或其代理人之间交接集装箱及其他机械设备的凭证，并兼有管箱人发放集装箱的凭证的功能。当集装箱或机械设备在集装箱码头堆场或货运站借出或回收时，由码头堆场或货运站制作设备交接单，经双方签字后，作为两者之间设备交接的凭证。

集装箱设备交接单分进场和出场两种，各有三联，分别为管箱单位（船公司或其代理人）留底联；码头、堆场联；用箱人、运箱人联。

出码头堆场时，码头堆场工作人员与用箱人、运箱人就设备交接单上的以下主要内容共同进行审核：用箱人名称和地址，出堆场时间与目的，集装箱箱号、规格、封志号以及是空箱还是重箱，有关机械设备的情况，正常还是异常等等。

进码头堆场时，码头堆场的工作人员与用箱人、运箱人就设备交接单上的以下主要内容共同进行审核：集装箱、机械设备归还日期、具体时间及归还时的外表状况，集装箱、机械设备归还人的名称与地址，进堆场的目的，整箱货交箱货主的名称和地址，拟装船的船次、航线、卸箱港等等。

（二）集装箱设备交接单的填写

集装箱设备交接单的各栏分别由管箱单位的船公司或其代理人，用箱人或运箱人，码头、堆场的经办人进行填写。

由船公司或其代理人填写的栏目有：用箱人/运箱人、船名/航次、集装箱的类型及尺寸、集装箱状态（空箱或重箱）、免费使用期限和进（出）场目的等栏目。

由用箱人、运箱人填写的栏目有：运输工具的车号，如果是进场设备交接单，还须填写来自地点、集装箱号、提单号、铅封号等栏目。

由码头，堆场的经办人填写的栏目有：集装箱进出场日期、检查记录，如果是出场设备交接单，还须填写所提集装箱号和提箱地点等栏目。

（三）集装箱设备交接单的流转

集装箱设备交接单的流转程序如下：

（1）由管箱单位填制设备交接单的用箱人、运箱人、船名、航次等。

（2）由用箱人、运箱人到码头、堆场提箱送收箱地（或到发箱地提箱送码头、堆场），经办人员对照设备交接单，检查集装箱的箱体后，双方签字，码头、堆场留下管箱单位联和码头堆场联（共两联），将用箱人、运箱人联退还给用箱人、运箱人。

（3）码头、堆场将留下的管箱人联退还给管箱单位。

集装箱设备交接单是分清集装箱设备交接责任的凭证。在集装箱外表无异状，且铅封完好的情况下，它也是证明箱内货物交接无误的凭证。如果发现集装箱等设备有异常，应该把异常情况摘要记录在设备交接单上，由经办人双方签字各执一份。设备交接单也用于集装箱的盘存管理和对集装箱的追踪管理，必要事项都要输入系统中，以备查询。

集装箱设备交接单如图 6-3、图 6-4 所示。

集装箱设备交接单　　　　　　IN 进场

EQUIPMENT INTERCHANGE RECEIPT

NO.

用箱人 / 运箱人 (CONTAINER USER/HAULIER)			提箱地点 (PLACE OF DELIVERY)	
来自地点 (WHERE FROM)			返回 / 收箱地点 (PLACE OF RETURN)	
航名 / 航次 (VESSEL/VOYAGE NO.)	集装箱号 (CONTAINER NO.)	尺寸 / 类型 (SIZE/TYPE)	营运人 (CNTR.ORTR.)	
提单号 (B/L NO.)	铅封号 (SEAL NO.)	免费期限 (FREE TIME PERIOD)	运载工具牌号 (TRUCK WAGON.BARG NO.)	
出场目的 / 状态 (PPS OF GATE-OUT/STATUS)		进场目的 / 状态 (PPS OF GATE-IN/STATUS)	进场日期 (TIME-IN)	

进场检查记录 (INSPECTION AT THE TIME OF INTERCHANGE)

普通集装箱 (GP CONTAINER)	冷藏集装箱 (RF CONTAINER)	特种集装箱 (SPECIAL CONTAINER)	发电机 (GEN SET)
□ 正常 □ 异常	□ 正常 □ 异常	□ 正常 □ 异常	□ 正常 □ 异常

损坏记录及代号 (DAMAGE & CODE)

BR 破损 (BROKEN)	D 凹损 (DENT)	M 丢失 (MISSING)	DR 污箱 (DIRTY)	DL 危标 (DGLABEL)

左侧 (LEFT SIDE)　　右侧 (RIGHT SIDE)　　前部 (FRONT)　　集装箱内部 (CONTAINER INSIDE)

顶部 (TOP)　　底部 (FLOOR BASE)　　箱门 (REAR)

如有异状，请注明程度及尺寸 (REMARK)

除列明者外，集装箱及集装箱设备交换时完好无损，铅封完整无误。

THE CONTAINER/ASSOCIATED EQUIPMENT INTERCHANGED IN SOUND CONITION AND SEAL AINTACT UNLESS OTHERWISE STATED

用箱人 / 运箱人签署　　　　　　　　　　　　　码头 / 堆场值班员签署

(CONTAINER USER/HAULIERS SIGNATURE)　　　　(TERMINAL/DEPOT CLERKS SINATURE)

图 6-3　集装箱设备交接单（进场）

集装箱设备交接单　　　　　OUT 出场

EQUIPMENT INTERCHANGE RECEIPT

NO.

用箱人 / 运箱人 (CONTAINER USER/HAULIER)		提箱地点 (PLACE OF DELIVERY)	
来自地点 (DELIVERED TO)		返回 / 收箱地点 (PLACE OF RETURN)	
航名 / 航次 (VESSEL/VOYAGE NO.)	集装箱号 (CONTAINER NO.)	尺寸 / 类型 (SIZE/TYPE)	营运人 (CNTR.ORTR.)
提单号 (B/L NO.)	铅封号 (SEAL NO.)	免费期限 (FREE TIME PERIOD)	运载工具牌号 (TRUCK WAGON.BARG NO.)
出场目的 / 状态 (PPS OF GATE-OUT/STATUS)		进场目的 / 状态 (PPS OF GATE-IN/STATUS)	出场日期 (TIME-OUT)

出场检查记录 (INSPECTION AT THE TIME OF INTERCHANGE)

普通集装箱 (GP CONTAINER)	冷藏集装箱 (RF CONTAINER)	特种集装箱 (SPECIAL CONTAINER)	发电机 (GEN SET)
□ 正常 / □ 异常	□ 正常 / □ 异常	□ 正常 / □ 异常	□ 正常 / □ 异常

损坏记录及代号 (DAMAGE & CODE)　BR 破损 (BROKEN)　D 凹损 (DENT)　M 丢失 (MISSING)　DR 污箱 (DIRTY)　DL 危标 (DGLABEL)

左侧 (LEFT SIDE)　右侧 (RIGHT SIDE) 　前部 (FRONT) 　集装箱内部 (CONTAINER INSIDE)

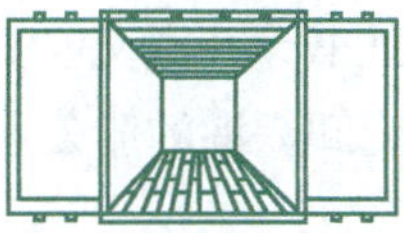

顶部 (TOP) 　底部 (FLOOR BASE) 　箱门 (REAR) 　如有异状，请注明程度及尺寸 (REMARK)

除列明者外，集装箱及集装箱设备交换时完好无损，铅封完整无误。

THE CONTAINER/ASSOCIATED EQUIPMENT INTERCHANGED IN SOUND CONITION AND SEAL AINTACT UNLESS OTHERWISE STATED

用箱人 / 运箱人签署　　　　　　　　　　码头 / 堆场值班员签署
(CONTAINER USER/HAULIERS SIGNATURE)　　　(TERMINAL/DEPOT CLERKS SINATURE)

图 6-4　集装箱设备交接单（出场）

三、集装箱装箱单（Container Load Plan，CLP）

（一）集装箱装箱单的概念

集装箱装箱单是记载集装箱内所有装载货物的名称、重量、尺码、数量等内容的单证，它是由装箱人根据实际装入箱内的货物情况制作的。

集装箱装箱单每个集装箱一份，一式五联，其中码头、船舶代理、承运人各一联，发货人、装箱人两联。集装箱货运站装箱时由装箱的货运站缮制。由发货人装箱时，由发货人或其代理人的装箱货运站缮制。

（二）集装箱装箱单的流转程序

集装箱装箱单的流转程序如下：

（1）发货人或集装箱货运站将货物装箱，缮制集装箱装箱单一式五联，并在集装箱装箱单上签字。

（2）集装箱装箱单一式五联随同货物一起交付给拖车司机，指示司机将集装箱送至集装箱堆场，在司机接箱时应要求司机在装箱单上签字并注明拖车号。

（3）集装箱送至堆场后，司机应要求堆场收箱人员签字并写明收箱日期，以作为集装箱已进港的凭证。

（4）堆场收箱人在五联单上签章后，留下码头联、船代联和承运人联（码头联用以编制装船计划，船代联和承运人联分送给船代合承运人用以缮制积载计划和处理货运事故），并将发货人/装箱人联退还给发货人或集装箱货运站。发货人或集装箱货运站除了留一份发货人/装箱人联备查外，将另一份送交发货人，以便发货人通知收货人或卸箱港的集装箱货运站，供拆箱时使用。

有的国家（或地区），如澳大利亚，对动植物检疫有严格的特别要求，在装箱单上就须附有申请卫生检疫机关检验申请联。在申请联的申请检验事项中，与货运有关的内容包括货物本身及其包装用料是否使用了木材，如木板、木箱、货板、垫板等。如果使用了木材，是否已经经过防虫处理的说明。如果已经经过处理，则就货物本身应由发货人将发票、海运单证和熏蒸证书一并寄交收货人；就集装箱而言，则应由船公司或其代理人连同集装箱适航证书一并寄交卸货港的船公司的代理人。该项申请联由发货人和船公司或其代理人分别签署。

（三）集装箱装箱单的作用

集装箱装箱单的作用主要体现在以下几个方面：

（1）集装箱装箱单是发货人向船公司提供的集装箱内所装货物的明细清单。

（2）集装箱装箱单是集装箱船舶计算船舶吃水和稳性的基本数据来源。

（3）集装箱装箱单是集装箱装货港、卸货港编制装船、卸船计划的依据。

（4）集装箱装箱单是发货人、集装箱货运站与集装箱堆场之间货物交接的依据。

（5）集装箱装箱单便于境外买方在货物到达目的港时供海关检查和核对货物。

装箱单是发票的补充单据，它列明了信用证（或者合同）中买卖双方约定的有关包装事宜的细节，通常可以将其有关内容加列在商业发票上，但是在信用证有明确要求时，就必须严格按信用证约定制作。

（6）集装箱装箱单是办理保税内陆运输，办理货物从码头堆场运出手续，以及集装箱货运站办理拆箱、理货的单证之一。

（7）集装箱装箱单是处理货损、货差索赔时的重要单证之一。

总之，集装箱装箱单是记载出口货物信息的重要单证之一，其填制准确与否直接关系到海上出口集装箱电子装箱单的运作和外贸出口货物进港、装船、运输的安全及效率。

四、"交货记录"联单

在集装箱班轮运输中普遍采用"交货记录"联单代替杂货班轮运输中的"提货单"。

"交货记录"联单一套共五联，分别是到货通知书一联、提货单一联、费用账单两联、交货记录一联。

（一）"交货记录"联单各联的作用

1. 到货通知书

到货通知书是在卸货港的船舶代理人在集装箱卸入集装箱堆场，或移至集装箱货运站，并办好交接准备后，向收货人发出的要求收货人及时提取货物的书面通知。

所以，到货通知书是在集装箱卸船并做好准备后，将交货记录五联单中的第一联（到货通知联）寄交收货人或通知人。收货人持正本提单和到货通知书至船公司或船舶代理处付清运费换取其余四联。

2. 提货单

提货单是船公司或其代理人指示负责保管货物的集装箱货运站或集装箱堆场的经营人，向提单持有人交付货物的非流通性单据。

理论上交货应该与提单进行交换来完成，但传统的实际做法是船公司或其代理人收到提单持有人交来的正本提单后，签发提货单，收货人凭提货单向货物堆场或仓库提货。而在集装箱运输中，是凭到货通知和正本提单换取费用账单两联，盖章后的提货单一联和交货记录一联，共四联，随同进口货物报关单到海关办理货物进口通关，海关核准放行后，在提货单上盖海关放行章，再持单到集装箱堆场或货运站，场站留下提货单和两联费用账单，在交货记录上盖章，收货人凭交货记录提货。

3. 交货记录

船公司或其代理人向收货人或其代理人进行交货时，双方共同签署的，证明双方已进行货物交接和载明其交接状态的单据称为交货记录。交货记录在签发提货单的当时交给收货人或其代理人，再出示给集装箱货运站或集装箱堆场经营人。

作为船公司代理人的集装箱货运站或集装箱堆场的经营人在向收货人或其代理人交货时，要检查货物的件数和外表状态，如有损坏或灭失等情况时，应将货损货差的内容记载在摘要栏内，双方签字后完成交接手续，交货记录是在收货人提取集装箱货物时，堆场或货运站的发货人员凭以发放集装箱货物的单据，收货人在交货记录上签收，堆场或货运站留存。

在集装箱运输中，船公司的责任是从接受货物开始到交付货物为止。因此，场站收据是证明船公司责任开始的单据，而交货记录是证明责任终止的单据。

4. 费用账单

费用账单是场站凭此向收货人结算费用的单据。费用账单的主要内容包括收货人名称、地址、开户银行与账号、船名、航次、起运港、目的港、提单号、交付条款、到付海运费、卸货地点、到达日期、进库场日期、第一程运输、标记与集装箱号、货名、集装箱数、件数、重量、体积、费用名称、港务费、港建费、堆存费、装卸费、其他费用、费用合计等栏目；还有计费吨、单价、金额；另外有收货人章、收款单位财务章，港区场站受理章、核算章、复核章，开单日期等。收货人或其代理人凭以结算港口费用，提取货物。

（二）"交货记录"联单的流转程序

（1）在船舶抵港前，由船舶代理人根据装货港提供的舱单或提单副本，制作交货记录一式五联。

（2）在集装箱卸船并做好交货准备后，由船舶代理向收货人或其代理人发出到货通知书。

（3）收货人凭正本提单和到货通知书向船舶代理换取提货单、费用账单、交货记录共四联，对运费到付的进口货物结清费用，船舶代理核对正本提单后，在提货单上盖专用章。

（4）收货人持提货单、费用账单、交货记录共四联随同进口货物报关单一起送海关报关，海关核准后，在提货单上盖放行章，收货人持上述四联送场站业务员。

（5）场站核单后，留下提货单联作为放货依据，费用账单由场站凭此结算费用，交货记录由场站盖章后退收货人。

（6）收货人凭交货记录提货，提货完毕时，交货记录由收货人签收后交场站留存。

（三）"交货记录"联单的填制要求

交货记录在船舶抵港前由船舶代理人依据舱单、提单副本等卸船资料预先制作。到货通知书除进库日期外，所有栏目由船舶代理人填制，其余四联相对应的栏目同时填制完成。提货单盖章位置由责任单位负责盖章，费用账单剩余项目由场站、港区填制，交货记录出库情况由场站、港区的发货员填制，并由发货人、提货人签名。

单元四 集装箱整箱货货运代理业务流程

整箱货海运出口流程

一、集装箱整箱货出口货运代理业务流程

集装箱整箱货的出口货运代理业务流程在我国各个港口是有所不同的，基本流程如图6-5所示。

（1）货主与货代建立货运代理关系。

（2）货代填写托运单证，及时订舱。

（3）订舱后，货代将有关订舱信息通知货主或将"配舱回单"转交货主。

（4）货主申请用箱，取得设备交接单（EIR）后，凭此到空箱堆场提取所需的集装箱。

（5）货主"自拉自送"时，先从货代处取得EIR，然后提空箱，装箱后制作集装箱装箱单（CLP），并按要求及时将重箱送码头堆场，即集中到港区等待装船。

（6）当货代"上门提货"时，货代凭EIR提空箱，然后到货主指定的地点装箱，制作CLP，然后按要求及时将重箱送码头堆场，即"集港"。

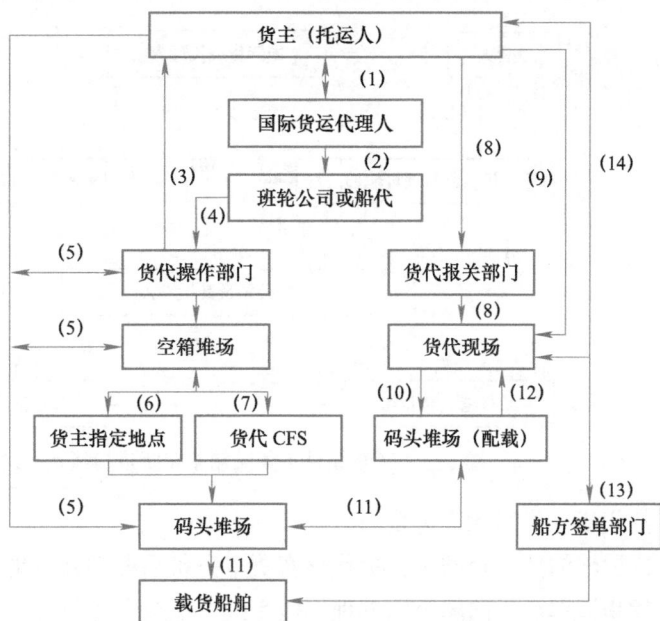

图 6-5　集装箱整箱货出口货运代理业务流程

（7）当为货主"送货上门"时，货主将货物送到货代 CFS，货代凭 EIR 提空箱，并在 CFS 装箱，制作 CLP，然后"集港"。

（8）货主委托货代代理报关、报检，办妥有关手续后将单证交货代现场。

（9）货主也可自理报关。

（10）货代现场将办妥手续后的单证交码头堆场配载。

（11）配载部门制订装船计划，经船公司确认后实施装船作业。

（12）实践中，在货物装船后可以获得场站收据（D/R）正本。

（13）货代可凭 D/R 正本到船方签单部门换取提单（B/L）或其他单据。

（14）货代将 B/L 等单据交给货主。

在以上出口业务流程中，（5）表示货主自拉自送，（6）表示货代上门提货，（7）表示货主送货上门，在实际业务中（5）（6）（7）只选其中一种操作方式。

（8）表示委托货代代理报关，（9）表示自行报关，在实际业务中（8）（9）只选其中一种操作方式。

二、集装箱整箱货进口货运代理业务流程

（一）FOB 条件下集装箱整箱货进口货运代理业务流程

FOB 条件下买方负责租船订舱，卖方负责交货，卖方所订舱位的船舶在装货港接卖方的货物。基本流程如图 6-6 所示。

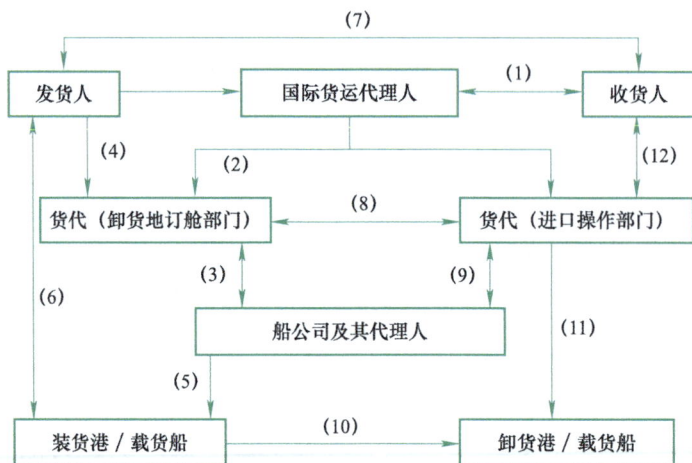

图 6-6　FOB 条件下集装箱整箱货进口货运代理业务流程

（1）收货人与货代建立货运代理关系。

（2）在买方安排运输的贸易合同下，货代落实货单齐备后办理卸货地订舱业务。

（3）货代缮制货物清单后，向船公司办理订舱手续，船公司进行订舱确认。

（4）货代通知发货人及装货港代理人船舶何时到港。

（5）船公司安排载货船舶抵装货港。

（6）发货人将货物交给船公司，货物装船后，发货人取得有关运输单证。

（7）发货人与收货人之间办理交易手续及单证转移。

（8）货代掌握船舶动态，收集、保管好有关单证。

（9）货代及时办理进口货物的单证及相关手续。

（10）船舶抵卸货港卸货，货物入库、进场。

（11）在办理了货物进口报关等手续后，货代凭提货单到码头堆场提货，特殊情况下可在船边提货。

（12）货代安排将货物交给收货人，并办理空箱回运堆场等事宜。

（二）CFR、CIF 条件下集装箱整箱货进口货运代理业务流程

CFR 条件下卖方负责租船订舱，买方负责投保。CIF 条件下卖方既负责租船订舱，又负责办理保险业务。基本流程如图 6-7 所示。

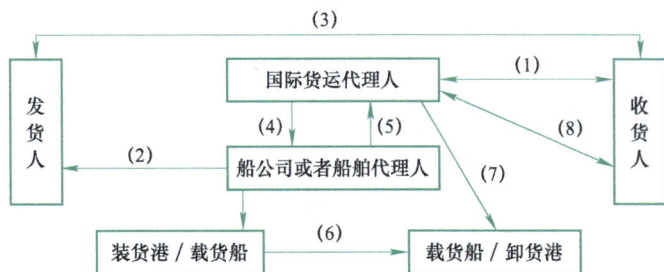

图 6-7　CFR、CIF 条件下集装箱整箱货进口货运代理业务流程

（1）收货人与货代建立货运代理关系。

（2）船公司装船后签发提单给发货人。

（3）发货人向收货人发出装船通知（尤其在 CFR 条件下，因为收货人需要办理保险业务）。

（4）货代需掌握船舶动态，收集、保管好有关单证。

（5）货代办理进口货物的单证及相关手续。

（6）船舶抵卸货港卸货，货物入库、进场。

（7）办理货物进口报关等手续后凭提货单到现场提货，特殊情况下可在船边提货。

（8）货代将货物交接给收货人，并办理空箱回运到空箱堆场等事宜。

单元五　集装箱拼箱货运输业务

集装箱运输的货物分为整箱货（FCL）和拼箱货（LCL）两种，有条件的国际货运代理公司也能承办拼箱业务，即接受客户尺码或重量达不到整箱要求的小批量货物，把不同收货人、同一卸货港的货物集中起来，拼凑成一个整箱，这种做法称为"集拼"（Consolidation），承办者称为集拼经营人。

一、集拼业务应具备的条件

承办集拼业务的国际货运代理企业必须具备如下条件：

（1）国际货运代理企业具有集装箱货运站（CFS）、装箱设施以及装箱能力。

（2）国际货运代理企业与国外卸货港有拆箱分运能力的航运企业或者货运企业建有代理关系。

（3）政府主管部门批准有权从事集拼业务并且有权签发自己的仓至仓提单（House B/L）。

从事集拼业务的国际货运代理企业由于其签发了自己的提单（House B/L），所以通常被货方视为承运人（集装箱运输下承运人的概念是指凡有权签发提单，并对运输负有责任的人），如果只经营海运区段的拼箱业务，则是无船承运人（Non-Vessel Operating Common Carrier，NVOCC）。其特征主要有以下几点：

（1）不是国际贸易合同的当事人。

（2）在法律上有权订立运输合同。

（3）本人不拥有、不经营海上运输工具。

（4）因与货主订立运输合同而对货物运输负有责任。

（5）有权签发提单，并受该提单条款约束。

（6）具有双重身份，对货主而言，是承运人，对真正运输货物的集装箱班轮公司而言，是货物托运人。

二、集拼业务流程

集拼业务的操作比较复杂，先要区分货种，进行合理组合，待拼成一个整箱时可以向船公司或其代理人订舱。

集拼的每票货物各缮制一套托运单（场站收据），附于一套汇总的托运单（场站收据）上。例如有五票货物拼成一个整箱，这五票货物要分别按其货名、数量、包装、重量、尺码等各自缮制托运单（场站收据），另外缮制一套总的托运单（场站收据），货名可作成"集拼货物"，数量是总的件数，重量、尺码都是五票货的汇总数，目的港是统一的，关单、提单号也是统一的编号，但五票分单的关单、提单号则在这个统一编号之尾缀以 A、B、C、D、E 加以区分。货物出运后，船公司或其代理人按总单签一份海运提单（Ocean B/L），托运人是货代公司，收货人是货代公司的卸货港代理人，然后，货代公司根据海运提单，按五票货的托运单（场站收据）内容签发五份仓至仓提单（House B/L），House B/L 编号按海运提单号，尾部分别缀以 A、B、C、D、E，其内容则与各该托运单（场站收据）相一致，分发给各托运单位银行结汇之用。

另外，货代公司须将船公司或其代理人签发的海运提单（Ocean B/L）正本连同自签的各仓至仓提单（House B/L）副本快递邮寄其卸货港代理人，代理人在船抵港卸货后向船方提供 Ocean B/L 正本，提取整箱货物到自己的货运站（CFS）拆箱，通知 House B/L 中各个收货人持正本 House B/L 前来提货。

集拼业务票数越多，处理难度越大，有时其中一票货的数量发生变更往往牵涉整箱货的出运，所以在处理中要加倍仔细。

具体业务流程如图 6-8 所示。

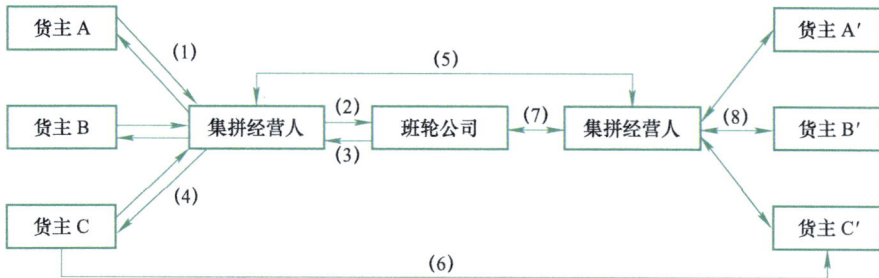

图 6-8　集装箱拼箱货业务流程图

（1）A、B、C 等不同货主（发货人）将不足一个集装箱的货物（LCL）交集拼经营人。

（2）集拼经营人将拼箱货拼装成整箱货（FCL）后，向班轮公司办理整箱货物运输。

（3）整箱货物装船后，班轮公司签发海运提单（Ocean B/L）给集拼经营人。

（4）集拼经营人在货物装船后签发自己的仓至仓提单（House B/L）给每一个货主（发货人）。

（5）集拼经营人将货物装船及船舶预计抵达卸货港等信息告知其卸货港的机构（代理人），同时，还将班轮公司的正本海运提单（Ocean B/L）及仓至仓提单（House B/L）的复印件等单据交卸货港代理人，以便向班轮公司提货和向收货人交付货物。

（6）货主之间办理包括仓至仓提单（House B/L）在内的有关单证的交接。

（7）集拼经营人在卸货港的代理人凭班轮公司的海运提单（Ocean B/L）等提取

整箱货物，并在货运站（CFS）拆箱。

（8）A′、B′、C′等不同货主（收货人）凭仓至仓提单（House B/L）等在集装箱货运站（CFS）提取拼箱货（LCL）。

海运提单（Ocean B/L）与仓至仓提单（House B/L）的区别如表6-2所示。

表6-2 海运提单与仓至仓提单的区别

项 目	海 运 提 单	仓至仓提单
发货人	出口地的无船承运人（货代）	真正的发货人
收货人	无船承运人（货代）进口地的代理人	真正的收货人
承运人	班轮公司	无船承运人（货代）
流转方式	通过快递邮寄	通过银行
运输条款	CY/CY	CFS/CFS
可否用来银行结汇	不可以	可以
可否用来向船公司提货	可以	不可以

同 步 训 练

一、单选题

1. 下列单证中，常被称为"关单"的是（　　）。
   A. 提单　　　　　B. 装货单　　　　　C. 收货单　　　　D. 提货单

2. 杂货班轮运输中的收货单由（　　）签署。
   A. 托运人　　　　B. 收货人　　　　　C. 大副　　　　　D. 船长

3. 下列属于集装箱出口货运特有的单证是（　　）。
   A. 交货记录　　　B. 场站收据　　　　C. 设备交接单　　D. 装箱单

4. 载货清单就是通常所称的（　　）。
   A. 装货清单　　　B. 舱单　　　　　　C. 积载图　　　　D. 托运单的底联

5. 国际货运代理人在签发自己的提单时，他就是（　　）。
   A. 货主代理人　　B. 托运人代理人　　C. 收货人代理人　D. 承运人

二、多选题

1. 船舶载货清单（M/F）是（　　）。
   A. 根据大副收据或提单编制的全船实际载运货物汇总清单
   B. 根据托运单留底联编制的全船待装货物汇总清单
   C. 船舶报关单证
   D. 办理进口货物手续时海关验放单证

2. 目前，我国集装箱运输中的三大单证是指（   ）。
   A. 装箱单
   B. 场站收据
   C. "交货记录"联单
   D. 设备交接单

3. 目前，我国各个港口使用的装货单的组成不尽相同，主要包括（   ）。
   A. 托运单
   B. 装货单
   C. 收货单
   D. 装箱单

4. 货运代理企业承办集拼业务必须具备的条件有（   ）。
   A. 有 CFS 装箱设施和装箱能力
   B. 与国外卸货港有拆箱分运能力的航运或货运企业确立了代理关系
   C. 经批准有权从事集拼业务
   D. 能签发自己的抬头提单

三、论述题

请问：CFR、CIF 条件下集装箱整箱货进口货运代理业务流程是怎样的？

模块七
班轮提单与海运单

Project 7

学习目标

📖 知识目标

- ○ 掌握提单的定义。
- ○ 掌握提单的功能。
- ○ 熟悉提单的分类。

∽ 能力目标

- ○ 熟悉提单的主要内容。
- ○ 掌握提单业务涉及的主要关系人。
- ○ 掌握海运单与提单的区别。

单元一　提单的定义和功能

在国际海上货物运输中，人们使用提单（Bill of Lading，B/L）已经有很长的历史，在公元 12 ～ 14 世纪就已经出现了提单的雏形。

随着社会发展和专业分工，国际海上贸易的形式也经历了从"船商合一"到"船商分离"的变化。即从原来船主就是商人，并用自己的船舶将自己的货物运到国外"以货易货"，转变为船主运货、商人经商，但商人自己或派代表随船出海，然后又变为商人不再自己或派代表随船出海。商人将货物交给船主运输时，即希望船主能出具一份表明收到货物的证明文件。

到公元 17 世纪，随着海上运输向规模化发展，船主（承运人）开始将其与商人（托运人）签订的运输合同的条款记载于提单背面，并且为了方便起见，船主也不再为每一票货物逐一制定提单，而是制定统一的标准格式提单，提单背面印制有运输合同条款，收货时只要在提单正面记载每一票货物的情况后即发给商人。

之后，提单又被做成一式两份，并在骑缝处裁开，船主与商人各执一份，在目的港只要能将两份提单拼接对上，船主即将货物交给商人。

一、提单的定义

《中华人民共和国海商法》第 71 条给提单下的定义是："提单，是指用以证明海上货物运输合同和货物已经由承运人接收或者装船，以及承运人保证据以交付货物的单证。提单中载明的向记名人交付货物，或者按照指示人的指示交付货物，或者向提单持有人交付货物的条款，构成承运人据以交付货物的保证。"

提单是国际海上货物运输中最具有特色的运输单据，它既是一份非常重要的业务单据，又是一份非常重要的法律文件。

二、提单的功能

目前使用的提单都受到国际公约、各国法律等约束，而提单的功能可以说是法律所赋予的，结合长期以来的业务习惯，提单往往被认为具有以下三项主要功能。

1. 提单是海上货物运输合同的证明（Evidence of the Contract of Carriage）

提单的印刷条款规定有承运人与货物关系人之间的权利、义务，提单也是法律承认的处理有关货物运输争议的依据，因此，有人会认为提单本身就是运输合同。但是，提单并不具有作为经济合同应具备的基本条件。构成运输合同的主要项目诸如船名、开航日期、航线、靠港及其他有关货运条件都是事先公布，且众所周知的，至于运价和运输条件也是承运人预先规定的；而提单条款仅是承运人单方面制定的，在提单上只有承运人单方的签字。而且履行提单在前，签发提单在后，提单只是在履行运输合同的过程中出现的一种证据。而合同实际上是在托运人向承运人或其代理人订舱、办理托运手续时就已成立。确切地说，承运人或其代理人在托运人填制的托运单上盖章时，承托之间的合同就已成立。所以，将提单称为"海上货物运输合同已存在的证明"更为合理。

提单是运输合同成立的证明。如果在签发提单之前，承运人、托运人双方另有约定，且该约定又不同于提单条款规定的内容，则以该约定为准。如果在签发提单之前，承运人、托运人双方并无约定，且托运人在接受提单时又未提出任何异议，这时才可将提单条款推定为合同条款的内容，从而约束承运人、托运人双方，提单才能从运输合同成立的证明转化为运输合同本身。

当提单转让给善意的第三人（提单的受让人、收货人等）以后，承运人与第三人之间的权利、义务等就按提单条款的规定处理，即此时提单就是第三人与承运人之间的运输合同。我国《海商法》第78条第1款规定："承运人同收货人、提单持有人之间的权利、义务关系，依据提单的规定确定。"

2. 提单是证明货物已由承运人接管或已装船的货物收据（Receipt for the Goods Received or Shipped）

首先，货物的原始收据不是提单，而是大副收据或者是场站收据。

"收货待运提单"是证明承运人已接管货物、具有明显的货物收据功能的单证。

"已装船提单"是在货物装船之后，根据货物的原始收据——大副收据或场站收据等签发的，提单上记载有证明收到货物的种类、数量、标志、外表状况等内容。此外，由于国际贸易中经常使用 FOB、CFR 和 CIF 三个传统的价格术语，在这三个传统的装运合同（Shipment Contract）价格术语下，是将货物装船象征卖方将货物交付给买方，货物装船时间也就意味着卖方的交货时间，因此，提单上还记载有货物装船的时间。用提单来证明货物的装船时间是非常必要的，因为作为履行贸易合同的必要条件，如果卖方未将货物按时装船，银行就不会接受该提单。

承运人签发提单，就表明其已按照提单上所列内容收到货物。但是，提单作为货物收据的法律效力在不同的当事人之间也是不同的。

提单作为货物收据的效力，因其在托运人或收货人手中而有所不同。对托运人来说，提单只是承运人依据托运人所列提单内容收到货物的初步证据（Prima Facie Evidence）。换言之，如果承运人有确实证据证明其在事实上未收到货物，或者在收货时实际收到的货物与提单所列的情况有差异，承运人可以通过一定方式减轻或者免除自己的赔偿责任。但对于善意接受提单的收货人而言，提单是承运人已按托运人所列内容收到货物的绝对证据（Conclusive Evidence）。承运人不能提出相反的证据否定提单内所记载的内容。我国《海商法》第77条对提单有关货物记载事项的证据效力的规定为："……，承运人或者代其签发提单的人签发的提单，是承运人已经按照提单所载状况收到货物或者货物已经装船的初步证据；承运人向善意受让提单的包括收货人在内的第三人提出的与提单所载状况不同的证据，不予承认。"

3. 提单是承运人保证凭以交付货物的权利凭证（Document of Title）

承运人或其代理人在目的港交付货物时，必须向提单持有人交货。在这种情况下，即使是真正的收货人，如果不能递交正本提单，承运人也可以拒绝其提货请求。也就是说，收货人是根据提单权利凭证的功能，在目的港以提单相交换来提取货物的。

提单作为权利凭证的功能是用法律的形式予以确定的，提单的转移就意味着提单上所记载货物的转移，提单的合法受让人或提单持有人就有权要求承运人交付提单上所记载的货物。除提单中有规定外，提单的转让是不需要经承运人同意的。

提单具有权利凭证的功能使提单所代表的"权利"可以随提单的转移而进行转移，提单中所规定的权利和义务也随着提单的转移而进行转移。即使货物在运输过程中遭受损坏或灭失，也因货物的风险已随提单的转移而转移给了提单的受让人。提单的受让人能否得到赔偿将取决于有关海上货物运输的法律、国际公约和提单条款的规定。

单元二　提单的分类

根据不同的分类标准，提单可以分为不同的种类。

一、根据提单条款内容的繁简程度分类

根据提单条款内容的繁简程度不同，可以分为繁式提单和简式提单。

1. 繁式提单（Long Form B/L）

繁式提单也称全式提单，通常使用的提单就是繁式提单。繁式提单上详细列有承运人和提单关系人之间权利、义务等条款，并且不但在提单正面印有条款，在提单背面也印有详细条款。

2. 简式提单（Short Form B/L）

简式提单也称短式提单，通常不使用简式提单。简式提单是相对于繁式提单而言的另一种提单，其正面印有"简式"（Short Form）字样，而背面没有印刷有关承运人与提单关系人的权利、义务条款，或者背面简单注明以承运人全式提单所列条款为准的提单。简式提单上加列的字样可以是："本提单货物的收受保管、运输和运费等事项，均按本公司繁式提单的正面、背面的印刷条款及手抄、印章和打字等书面的附加或例外条款办理，该繁式提单存本公司分支机构或代理人处，可供托运人随时查阅。"

由于简式提单中可能没有列明承运人的权利、义务等条款，因此在一定程度上会影响其流通性，所以信用证可能规定不接受简式提单。

简式提单可能在租船合同下签发。但是，在班轮运输中，简式提单的使用已经越来越少。

二、根据船舶经营方式分类

根据船舶经营方式不同，可以分为班轮提单和租船提单。

1. 班轮提单（Liner B/L）

班轮提单是指在班轮运输方式下承运人或其代理人签发的提单。

在《跟单信用证统一惯例》（Uniform Customs and Practice for Documentary Credits-UCP500）第 23 条中规定了"海运提单"（Marine/Ocean Bill of Lading），而在第 25 条中规定了"租船（合同）提单"（Charter Party Bill of Lading）。其中的"海运提单"讲的是港至港提单（Bill of Lading Covering a Port to Port Shipment）。在实践中，可以认为这是一种基于提单的港至港运输，而班轮运输通常就是基于提单的运输，所以"海运提单"基本上可以认为就是"班轮提单"。

2. 租船提单（Charter Party B/L）

租船提单是指在租船运输中，承租人在货物装船后要求出租人或船长签发的提单，是出租人（船东）或船长根据租船合同签发的提单。租船提单是为基于租船合同的海上货物运输而签发的提单。通常在租船提单上注明"所有条款和条件均按照（日期）签订的租船合同"（All terms and conditions as per charter party dated...），或者注明"根据……租船合同订立"。因此，租船提单就要受到租船合同的约束，不成为一个完整的独立文件。银行或买方（提单受让人）接受这种提单时，往往要求卖方提供租船合同副本，以了解租船合同的全部内容。

三、根据货物是否已装船分类

根据货物是否已装船，可以分为已装船提单和收货待运提单。

1. 已装船提单（On Board B/L or Shipped B/L）

已装船提单是指整票货物全部装船后，应托运人的要求，由承运人或其代理人签发的载明装运船舶船名和装船日期，表明货物已经装船的提单。因此，已装船提单上除了载明其他通常事项外，还须注明装运船舶名称和货物实际装船完毕的日期。

2. 收货待运提单（Received for Shipment B/L）

收货待运提单，简称待装提单或待运提单，是指在托运人已经将货物交给承运人，承运人已经接管等待装船的货物后，承运人虽已收到货物但尚未装船，或者尚未装船完毕，应托运人的要求而签发的提单。由于收货待运提单上没有明确的装船日期，而且又不注明装运船的船名，因此，在跟单信用证的支付方式下，银行一般都不接受这种提单。

当货物装船后，承运人在收货待运提单上加注装运船舶的船名和装船日期，就可以使收货待运提单成为已装船提单。

四、根据提单收货人一栏的记载分类

根据提单上"收货人"一栏的记载不同，可以分为记名提单、不记名提单和指示提单。

1. 记名提单（Straight B/L）

记名提单是指在提单上的"收货人"（Consignee）一栏内具体填上特定的收货人名称的提单。记名提单上所记载的货物只能由提单上所指定的收货人提取货物。记名提单不得转让。

记名提单可以避免因转让而带来的风险，但也失去了其代表货物可转让流通的便利。银行一般不愿意接受记名提单作为议付的单证。

另外，在有些国家，如美国，在使用记名提单的情况下，承运人可能不需要凭提单向收货人交付货物。也就是说，不论提单上记载的收货人是否持有提单，承运人只要将货物交给该收货人即完成交货义务。

2. 不记名提单（Open B/L or Blank B/L or Bearer B/L）

不记名提单是指在提单上的"收货人"（Consignee）一栏内记明应向提单持有人交付货物（To the bearer or to the holder）或在提单上的"收货人"一栏内不填写任何内容（空白）的提单（后一情况现在船公司一般不同意）。不记名提单无须背书即可转让。也就是说，不记名提单由出让人将提单交付给受让人即可转让，谁持有提单，谁就有权提货。

虽然不记名提单的转让或者提货手续极为简便，但如果发生提单被窃或者遗失，然后再转入善意的第三人手中时，极易引起纠纷。所以，在跟单信用证支付方式下，也极少采用不记名提单。

3. 指示提单（Order B/L）

指示提单是指在提单上"收货人"（Consignee）一栏内只填写"凭指示"（To order）或"凭某人指示"（To the order of ×××）字样的提单。指示提单可通过记名背书或空白背书转让。指示提单除由出让人将提单交付给受让人外，还应背书，这样提单才得到了转让。

如果提单上的"收货人"一栏只填写"To order"，则称为托运人指示提单。记载"To the order of the shipper"与记载"To order"一样，都是托运人指示提单。在托运人未指定收货人或受让人以前，货物仍属于托运人。

如果提单上的"收货人"一栏填写了"To the order of ×××"，则称为记名指示提单。这种情况下，由记名的指示人指定收货人或受让人。记名的指示人（"×××"）可以是银行，也可以是贸易商等等。

由于指示提单可以经过背书加交付而得到转让，因此银行愿意接受指示提单，所以，目前通常使用的提单大多数是指示提单。

五、根据对货物外表状况有无批注分类

根据在提单上是否记载不良批注，可以分为清洁提单和不清洁提单。

1. 清洁提单（Clean B/L）

清洁提单是指在提单上没有任何记载有关货物残损、包装不良或其他有碍于结汇的词语，即没有不良"批注"（Remark）的提单。

提单正面已印有"外表状况明显良好"（in apparent good order and condition）的词句，若承运人或其代理人在签发提单时未加任何相反的批注，则表明承运人确认货物装船时外表状况良好这一事实，承运人因此也必须在目的港将接受装船时外表状况良好的同样货物交付给收货人。在正常情况下，作为出口商的卖方（信用证中的受益人）向银行办理结汇时，都应该提交清洁提单。

2. 不清洁提单（Foul B/L or Unclean B/L）

不清洁提单是指承运人在提单上加注有货物及包装状况不良或存在缺陷，如水湿、油渍、污损、锈蚀等字样批注的提单。

承运人通过批注，声明货物是在外表状况不良的情况下装船的，在目的港交付货物时，若发现货物损坏，可归因于这些批注的范围，从而减轻或免除自己的赔偿责任。根据国际贸易惯例，银行将拒绝受益人以不清洁提单办理结汇。

实践中，当货物及包装状况不良或存在缺陷时，托运人会出具保函，并要求承运人签发清洁提单，以便能顺利结汇。由于这种做法掩盖了提单签发时的真实情况，因此承运人将会承担由此而产生的风险责任。如果承运人凭托运人出具的保函签发清洁提单，则承运人将面临的风险主要有：

（1）承运人不能以保函对抗善意的第三方，因此承运人要赔偿收货人的损失；然后承运人根据保函向托运人追偿赔款。

（2）如果保函具有欺骗性质，则保函在承运人与托运人之间也属无效，承运人将独自承担责任，而不能向托运人追偿赔款。

（3）承运人接受了具有欺骗性质的保函后，不但要承担赔偿责任，而且还会丧失责任限制的权利。

（4）虽然承运人通常会向"保赔协会"（Protection and Indemnity Club，P&I Club）投保货物运输责任险，但如果货损早在承运人接受货物以前就已经发生，则"保赔协会"是不负责任的，责任只能由承运人自负。

（5）如果承运人是在善意的情况下接受了保函，该保函也仅对托运人有效。但是，托运人经常会抗辩：货物的损坏并不是包装表面缺陷所致，而是承运人在运输过程中没有履行其应当适当谨慎地保管和照料货物的义务所致。因此，承运人要向托运人追偿也是很困难的。

六、根据签发提单的时间分类

根据签发提单的时间不同，可以分为预借提单、倒签提单和顺签提单。

1. 预借提单（Advanced B/L）

预借提单是指由于信用证规定的结汇期，即信用证的有效期即将届满，而货物尚未装船或货物尚未装船完毕时，托运人为了能够及时结汇，而要求由承运人或其代理人提前签发的已装船清洁提单。即托运人为能及时结汇而从承运人处借用的已装船清洁提单。

当托运人未能及时备妥货物，或者船期延误使船舶不能如期到港，托运人估计货物装船完毕的时间可能要超过信用证规定的装运期甚至结汇期时，就可能采取从承运人那里借出提单用以结汇的办法。但是，承运人签发预借提单要冒极大的风险，因为这种做法掩盖了提单签发时的真实情况。根据许多国家法律的规定和判例表明，一旦货物发生损坏，承运人不但要负责赔偿，而且还会丧失享受责任限制和援用免责条款的权利。

2. 倒签提单（Anti-dated B/L）

倒签提单是指在货物装船完毕后，应托运人的要求，由承运人或其代理人以早于该票货物实际装船完毕的日期作为提单签发日期的提单。因此，倒签提单就是托运人从承运人处得到的以早于货物实际装船完毕的日期作为提单签发日期的提单。由于"倒填日期"签发提单，所以称为"倒签提单"。

由于货物实际装船完毕的日期迟于信用证规定的装运日期，若仍按实际装船日期签发提单，肯定影响结汇，为了使签发提单日期与信用证规定的装运日期相吻合，以便结汇，托运人就可能要求承运人仍按信用证规定的装运日期"倒填日期"签发提单。承运人倒签提单的做法同样掩盖了真实的情况，因此也要承担由此而产生的风险责任。

3. 顺签提单（Post-dated B/L）

顺签提单是指在货物装船完毕后，承运人或其代理人应托运人的要求，以晚于该票货物实际装船完毕的日期作为提单签发日期的提单。因此，顺签提单就是托运人从承运人处得到的以晚于该票货物实际装船完毕的日期作为提单签发日期的提单。由于"顺填日期"签发提单，所以称为"顺签提单"。

由于货物实际装船完毕的日期早于有关贸易合同中的装运期限的规定，如果按货物实际装船日期签发提单将影响贸易合同的履行，所以托运人就可能要求承运人按有关贸易合同装运期限的规定"顺填日期"签发提单。承运人顺签提单的做法也掩盖了真实的情况，因此也要承担由此而产生的风险责任。

七、根据换装船舶与否分类

根据海上货物运输过程中是否换装船舶，可以分为直达提单和转船提单。

1. 直达提单（Direct B/L）

直达提单是指由承运人签发的，货物从装货港装船后，中途不经过转船而直接运抵卸货港的提单。

2. 转船提单（Transshipment B/L）

转船提单是指在装货港装货的船舶不直接驶达货物的目的港，而要在中途港换装其他船舶运抵目的港，由承运人为这种货物运输所签发的提单。

八、根据装货单号与提单号多少分类

根据装货单号与提单号多少不同，可以分为并提单和分提单。

1. 并提单（Omnibus B/L or Combined B/L）

并提单是指应托运人的要求，承运人将同一船舶装运的相同港口、相同货主的两票或两票以上货物合并而签发的一套提单。

托运人为节省运费，会要求承运人将属于最低运费提单的货物与其他提单的货物合在一起只签发一套提单。也就是将不同装货单号下的货物合起来签发相同提单号的一套提单。

2. 分提单（Separate B/L）

分提单是指应托运人的要求，承运人将属于同一装货单号下的货物分开，并分别签发的提单（多套提单）。

托运人为满足商业上的需要，会要求承运人为同一票多件货物分别签发提单。如有三件货物时，分别为每一件货物签发提单，这样就会签发三套提单。也就是将相同装货单号下的货物分开签发不同提单号的提单。

单元三 提单业务涉及的主要关系人

一、承运人

（一）承运人的基本概念

"承运人"（Carrier）概念的发展体现了海上货物运输领域一些重要观点与原则的发展。

《海牙规则》对承运人的界定是"包括与托运人订有运输合同的船舶所有人或租船人"，该条款明确了"包括"的对象不仅有"船舶所有人"，还有"租船人"，但这两者都需具有的条件是"与托运人订有运输合同"。

在海上运输发展的初期，与托运人缔结运输合同的往往就是船舶所有人。随着海运业的发展，越来越多的船舶所有人不再真正参与海上运输的经营，而是将船舶出租给他人，由他人经营船舶。随着行业的进一步发展，不实际掌控船舶的运输经营人也开始参与海上运输，以自己的名义为托运人运输货物，如无船承运人。因此，"承运人"的概念需要进一步由传统的以"船"为核心转变为以"合同"为核心。

《汉堡规则》首次以国际公约的形式明确提出，"承运人"是指由其本人或以其名义与托运人订立海上货物运输合同的任何人。我国《海商法》第 42 条也给出了与《汉堡规则》几乎相同的定义，即"承运人"是指本人或者委托他人以本人名义与托运人订立海上货物运输合同的人。《汉堡规则》与我国《海商法》都明确承运人的实质是与托运人所签订的海上货物运输合同的当事人。无论该合同是由其本人直接与托运人签订的，还是委托他人以本人名义与托运人签订的，都不影响其承运人的地位。

除了"承运人"，《汉堡规则》与我国《海商法》还提出了"实际承运人"的概念，即接受承运人的委托，从事货物运输或者部分运输的人，包括接受转委托从事此项运输的其他人。上述定义也体现了构成"实际承运人"的要件即"接受承运人的委托"和"从事货物运输或者部分运输"。也就是说，"实际承运人"不直接面对托运人的委托，与托运人之间无运输合同关系，但却由其实际完成货物运输。正是由于上述区别与联系，"承运人"有时也被称为"合同承运人"或者"契约承运人"。

（二）承运人的主要权利、义务与责任

在提单关系下，承运人的权利主要包括主张运费、特定情况下留置货物、特定条件下享受免责或责任限制等。承运人的义务主要包括提供适航船舶、管理货物、应托运人的要求签发提单或者其他货运单证、不做不合理绕航。此外，在特定条件下，承运人有对货物的灭失、损害、延迟交付进行赔偿的责任。

（三）承运人与实际承运人的关系

如果订立运输合同的承运人同时也实际从事了货物运输，这种情况就构成了"承运人"与"实际承运人"在主体上的同一。

如果完成货物的实际过程中"承运人"与"实际承运人"为不同主体，理清二者之间的区别与相互联系就非常重要。而且，根据我国《海商法》，二者之间还存在一些特定的法律关系，需要更加重视。

（1）承运人将货物运输或者部分运输委托给实际承运人履行的，承运人仍然应当依照法律规定对全部运输负责。对实际承运人承担的运输，承运人应当对实际承运人的行为或者实际承运人的受雇人、代理人在受雇或者受委托范围内的行为负责。

（2）在海上运输合同中明确约定合同所包括的特定的部分运输，由承运人以外的指定的实际承运人履行的，合同可以同时约定，货物在指定的实际承运人掌管期间发生的灭失、损坏或者延迟交付，承运人不承担赔偿责任。

（3）法律中对承运人责任的规定，通常也适用于实际承运人。对承运人的受雇人、代理人提起诉讼的相关规定，通常也适用于对实际承运人的受雇人、代理人提起的诉讼。

（4）承运人与实际承运人都负有赔偿责任的，应当在此项责任范围内负连带责任。

（5）就货物的灭失或者损坏分别向承运人、实际承运人及其受雇人、代理人提出赔偿请求的，赔偿总额不能超过法律所规定的责任限额。

（6）承运人和实际承运人之间可以在法律允许的前提下相互追偿。

二、托运人

（一）托运人的基本概念

根据我国《海商法》，"托运人"（Shipper）是指：①本人或者委托他人以本人名义或者委托他人为本人与承运人订立海上货物运输合同的人；②本人或者委托他人以本人名义或者委托他人为本人将货物交给与海上货物运输合同有关的承运人的人。

就"订合同"而言，可能是托运人本人直接与承运人订立海上货物运输合同，可能是托运人委托他人以本人名义与承运人订立海上货物运输合同，也有可能是托运人委托他人为本人与承运人订立海上货物运输合同。

在第三种情况下，受托人可以不以委托人的名义与承运人订立合同，但委托人本人与受托人之间应当具有委托关系，受托人在与承运人订立运输合同时，也应该出具相关委托证明，以使承运人明确谁是真正的托运人。

就"交货物"而言，可能是托运人本人直接将货物交给承运人，可能是托运人委托他人以本人名义将货物交给承运人，也有可能是托运人委托他人为本人将货物交给承运人。在第三种情况下，受托人在实际交付货物时，应该出示相关委托文书，以使承运人明确谁是真正的托运人。

（二）托运人的主要权利、义务与责任

基于运输合同与相关国际公约与法律法规，托运人有权要求承运人将货物由装货港运抵卸货港。货物由承运人接收或者装船之后，托运人有权要求其签发提单或其他相关货运单证，如海运单。承运人所签发单证中对货物的记载与描述，应与货物接收或装船时的客观情况吻合。

在运输合同下，托运人的义务主要包括：

1. 妥善包装货物并正确申报货物资料

托运人托运货物，应当妥善包装，并向承运人保证货物装船时所提供的货物品名、标志、件数、重量、体积的正确性，由于包装不良或者上述资料不正确对承运人造成损失的，托运人应当负赔偿责任。

在涉及危险货物运输时，这一义务显得尤其重要。托运人托运危险货物，应当依照有关海上危险货物运输的规定，妥善包装，制作危险品标志和标签，并将其正式名称和性质以及应当采取的预防危害措施书面通知承运人。托运人未通知或者通知有误的，承运人可以在任何时间、任何地点根据情况需要，将货物卸下、销毁或者使之不能为害，而不负赔偿责任。托运人对承运人因运输此类货物所受到的损害，应当负赔偿责任。而承运人知道危险货物的性质并已同意装运的，仍然可以在该项货物对于船舶、人员或者其他货物构成实际危险时，将货物卸下、销毁或者使之不能为害，而不负赔偿责任。

2. 办理货物运输手续

托运人应当及时向港口、海关、检疫、检验和其他主管机关办理货物运输所需要的各项手续，并将已办理各项手续的单证送交承运人。因办理各项手续的有关单证送交不及时、不完备或者不正确，使承运人的利益受到损害的，托运人应当负赔偿责任。

3. 支付运费

托运人应当按照约定向承运人支付运费。当然，托运人与承运人可以约定运费由收货人支付，但是，此项约定应当在运输单证中载明。

三、收货人

（一）收货人的基本定义

根据我国《海商法》，"收货人"（Consignee）是指有权提取货物的人。在提单关系下，收货人主张提取货物的权利应该基于其正当地持有正本提单。

（二）收货人的基本权利与义务

我国《海商法》中并没有条款明确专门列明收货人的权利与义务，只是在第 42 条的定义中明确，收货人是指有权提取货物的人。

我国《海商法》中只是明确了收货人有主张提货的权利，但并未规定收货人有及时提货的义务。尽管《海商法》第 86 条规定，"在卸货港无人提取货物或者收货人延迟、拒绝提取货物的，船长可以将货物卸在仓库或者其他适当场所，由此产生的费用和风险由收货人承担"，然而，如果自始至终无人主张提货，考虑到提单所具有的可转让性，承运人很难明确特定的对象，要求其提取货物并承担相关费用。这一问题在实际业务中时常给承运人带来"目的港无人提货"的困扰。

四、通知方

提单上所记载的"通知方"（Notify Party）并非提单所证明的合同关系的当事方，相关国际公约与国内立法也均未定义何谓"通知方"。

提单正面之所以记载通知方，只是为了方便承运人在货物抵达卸货港之际，及时通知收货人提取货物。而且，承运人通常也会在其提单背面条款中明确，其并不会由于提单中记载了通知方的相关信息，而因此承担通知义务。

单元四　提单的主要内容

国际公约和各国的国内立法均对提单需要记载的内容做了规定，以保证提单的效力。根据我国《海商法》第 73 条的规定，提单内容包括下列各项：

（1）货物的品名、标志、包数或者件数、重量或者体积，以及运输危险货物时对危险性质的说明。

（2）承运人的名称和主营业所。

（3）船舶名称。

（4）托运人的名称。

（5）收货人的名称。

（6）装货港和在装货港接收货物的日期。

海运提单缮制

（7）卸货港。

（8）多式联运提单增列接收货物地点和交付货物地点。

（9）提单的签发日期、地点和份数。

（10）运费的支付。

（11）承运人或者其代表的签字。

提单缺少上述一项或几项并不影响提单的性质，但应符合《海商法》对提单的规定。

下面，对实践中提单正面记载的主要内容进行详细说明。

1. 船舶（Ocean Vessel）

若是已装船提单，须注明船名；若是收货待运提单，待货物实际装船完毕后，记载船名。该项记载的意义在于，一旦发生货损货差或其他合同纠纷，法院因收货人的申请采取诉前保全或诉讼保全措施时，有确定的客体。

2. 承运人（Carrier）

承运人是运输合同的一方当事人，在提单上记载其名称，以便收货人明白谁是合同中的承运人。一般提单上已印有船东的名称和公司地址，但是还有些提单上看不出谁是承运人，即使在提单签字栏目中也只能看到代理人的签名。在诉讼中，这样的提单将给法院的审理造成诸多不便，对收货人也不利。所以，提单记明承运人名称非常必要。

3. 托运人（Shipper）

托运人是运输合同的另一方当事人。提单作为一种物权凭证，如果是托运人指示提单，则提单必须由托运人背书后方可进行转让。

4. 收货人（Consignee）

收货人自取得提单之时起，便成了提单的关系人。有关收货人名称的记载方法因不同需要而有所不同。如记名提单直接载明收货人名称，指示提单只载明指示人名称，也可只记载"指示"字样，即由托运人进行指示。

5. 通知方（Notify Party）

几乎所有的提单上都有通知方名称这一项，但在记名提单上就没有必要再填写通知方名称了，因为记名提单上已经写明了具体收货人的名称。而在指示提单上，因为没有写明具体收货人的名称，船公司在卸货港的代理人无法与收货人联系，及时办理报关、提货等手续，托运人往往在通知方栏目中写明通知方的名称、地址或公司名称。通知方一般为预定的收货人或收货人委托的代理人。

法律并没有规定在提单中要记载通知方一项，这一项的记载只是为了业务上的方便。

在实践中，当使用记名提单时，货主要求在提单的通知方（Notify Party）一栏内记载"To the Order of the Consignee"也是可以的，因为法律没有规定，只要承运人和托运人约定好即可。

6. 装货港、卸货港和转运港（Port of Loading，Port of Discharge，Port of Transshipment）

装货港是承运人将货物装船起运的港口，卸货港是承运人将货物卸船并交与收货人的港口，转运港是货物转运的港口。装货港、卸货港和转运港必须准确填写。

从法律的角度来看，装货港、卸货港和转运港的记载有利于确定法院的管辖权。

7. 货物、标志、包装、件数、重量和体积等（Description of Goods，Marks&No.，Number of Package or Container，Gross Weight，Measurement, etc.）

以上记载事项一般都由托运人提供。这些有关货物的说明是提单内容中比较重要的部分。因为在大多数情况下，提单受让人不可能通过亲自检验的方法来判断货物的数量等情况，而只能根据提单中对货物的说明来支付货款。所以，为了维护提单的信用和效力，一方面托运人必须保证其所提供的货物与提单上的记载相吻合；另一方面承运人应将货物的实际状况与提单上的记载进行仔细核对。

8. 运费的支付（Payment of Freight）

运费是由货主对安全运送和交付货物向承运人支付的酬劳。因此，有关运费由谁支付，何时支付，都应在提单上注明。若货主拒绝支付运费和其他相关的费用，根据提单条款规定，承运人对货物享有留置权。

9. 提单的签发日期、地点和份数（Place and Date of Issue，Number of Original B(s)/L）

提单的签发日期应该是提单上所列货物实际装船完毕的日期，也应该与收货单上大副所签的日期是一致的。若违反这一原则，无论是提前或推迟，都将产生外贸合同中买卖双方、运输合同中承运人与货方的法律责任问题，不仅会导致贸易合同撤销的责任方的赔偿，而且可能会追究承运人签发倒签提单、顺签提单、预借提单的法律责任。

提单上记载的提单签发日期应是提单上所列货物实际装船完毕的日期。集装箱班轮运输中，为了给承运人签发提单提供方便，实践中大多以船舶开航之日（Sailing Date）作为提单签发日期。但是，应该注意的是，Sailing Date 并不一定是 On Board Date。

提单签发的地点原则上应是装货地点，一般是在装货港或货物集中地签发。

提单签发的份数，按航运惯例通常是正本提单一式两份或一式三份。每份正本提单具有同等效力，收货人凭其中一份提取货物后，其他各份自动失去效力。副本提单的份数可视托运人的需要而定。不过，副本提单不能作为物权凭证转让，只能供参考所用。正本提单应标注"Original"字样，标注"Copy"字样的则是副本提单。

10. 承运人或船长或由其授权的人签字或盖章

提单必须经过签署手续后才能生效。有权签署提单的有承运人或载货船船长，或由其授权的代理人。

在国际航运尤其是班轮货物运输中，大多由船公司的代理人签发提单，但代理人必须经由船公司授权方能行使提单签发权。经授权的代理人签署的提单与承运人签署的提单一样有效。根据一般法律规定，承运人须对其代理人的行为负责。

承运人（ABC）本人签发提单显示为"ABC AS CARRIER"。

代理人（XYZ）代签提单显示为"XYZ AS AGENT FOR ABC AS CARRIER"。

载货船船长（OPQ）签发提单显示为"CAPTAIN OPQ AS MASTER"。

提单如图 7-1 所示。

Shipper	B/L NO.
	PIL
	PACIFIC INTERNATION LINES (PTE) LTD
	(Incorporated in Singapore)
	COMBINED TRANSPORT BILL OF LADING
Consignee	Received in apparent good order and condition except as otherwise noted the total number of container or other packages or units enumerated below for transportation from the place of receipt to the place of delivery subject to the terms hereof. One of the signed Bills of Lading must be surrendered duly endorsed in exchange for the Goods or delivery order. On Presentation of this document (duly) Endorsed to the Carrier by or on behalf of the Holder, the rights and liabilities arising in accordance with the terms hereof shall (without prejudice to any rule of common law or statute rendering them binding on the Merchant) become binding in all respects between the Carrier and the Holder as though the contract evidenced hereby had been made between them.
Notify Party	
	SEE TERMS ON ORIGINAL B/L

Vessel and Voyage Number	Port of Loading	Port of Discharge
Place of Receipt	Place of Delivery	Number of Original Bs/L

PARTICULARS AS DECLARED BY SHIPPER–CARRIER NOT RESPONSIBLE				
Container Nos/Seal Nos. Marks and/Numbers	No. of Container / Packages / Description of Goods		Gross Weight (kilos)	Measurement (cu-metres)

FREIGHT & CHARGES	Number of Containers/Packages (in words)
	Shipped on Board Date:
	Place and Date of Issue:
	In witness where of this number of Original Bills of Lading stated above all of the tenor and date one of which being accomplished the others to stand void.
	for PACIFIC INTERNATIONAL LINES (PTE) LTD as Carrier

图 7-1　提单

单元五　海　运　单

一、海运单的概念

海运单（Sea Waybill，SWB）是证明海上货物运输合同和货物已经由承运人接管或者装船，以及承运人保证将货物交给收货人的一种不可转让的单证。

自 20 世纪 60 年代以来，随着全球集装箱运输的普及、现代信息技术的广泛应用以及经济与贸易的全球化，托运人对运输服务的要求发生了新的变化。海上货物运输中的"安全、经济、优质"与"方便、快捷、及时"变得同等重要。

由于港口作业程序的简化，货物等待装卸时间及装卸效率的提高，以及船速的提高等各方面因素，使提单在流转过程中的速度显得滞后，常常出现船到货到，却因收货人无法及时取得提单，而任由货物堆存的情况。在这期间，货主无法直接或间接利用该货物的价值，反而有可能使货物遭受诸如盗窃、雨淋、腐败变质、市价下跌等损失，并且要承担额外仓储费用。

由于提单是提取货物的唯一凭证，而其作为一纸单据，很容易被伪造或变造，实践中一式多份正本提单的做法也为单据欺诈的泛滥创造了条件。因此，传统的提单已不能完全适应现代海运的需要，海运单正是在这种形势下产生的。

海运单能够适应现代海上运输的要求，承运人可以向货主提供更简便快捷的服务，并使承运人与货方都享受到由此带来的利益，因而得到越来越广泛的应用。

运单最初使用在空运和陆运中。由于运输过程相对短暂，在运输过程中，收货人不太可能再次转让或出售货物，因此也就不需要转让运单了。货主在提货时无须向承运人出示单据，只要证明自己就是单据表面记载的收货人即可。运单和提单最大的不同点也在于此。

将此运单应用于海运中，就可以避免提单比货物迟到而引起的各种麻烦。还有一个重要的原因是，由于海运单没有内在的商业价值，没有赋予持有者提货的权利，因而不会像提单那样成为欺诈的工具。与提单相比，海运单只能作为海上货物运输合同的证明和承运人收到单证所载明货物的证据，海运单不能作为所载货物的物权凭证，也不能通过背书转让。

由于海运单的这种特点，收货人在卸货港提取货物时，不需要持有并出示海运单，进而使得海运单既能以书面文件的形式出现，也能以电子数据交换的形式出现，正好适应了现代海上运输高速度、高效率的特点，实现了单证的无纸化。

与提单相比，使用海运单能做到快速交付货物，节约海运成本，预防海事欺诈等。

在一定条件下，海运单具有迅捷、简便、安全的特点。对托运人而言，海运单不一定需要寄给收货人，整个单据程序的改进，使其可向客户（收货人）提供更简易、更迅速的服务。当货物尚未放行时，托运人可视需要将海运单交货改为提单交货，海运单可由发货人改签提单发给新的收货人。对承运人而言，其在交货环节的风险大大降低。海运单的交货条件不取决于海运单的呈递，也无须遵守单据手续，承运人只要将货物交给海运单上所列明的收货人或其授权的代理人即可。对收货人而言，海运单可避免传统因等待提单而招致的提货延误或麻烦。

二、海运单的功能

与提单不同，海运单不是一张转让流通的单据，不是货物的"物权凭证"。海运单主要具有以下两个功能：

（1）海运单是承运人收到货物，或者货物已经装船后，签发给托运人的一份货物收据。

（2）海运单是承运人与托运人之间订立海上货物运输合同的证明。

三、海运单与提单的区别

（一）在作为运输合同证明方面的区别

海运单通常采用简单形式，其正面或者背面如果没有适当的条款或者没有并入有关国际组织或者民间团体为海运单制定的规则，则它只能作为托运人与承运人之间订立货物运输合同的证明，收货人是不能依据海运单上记载的条款向承运人提出索赔的，承运人也不能依据海运单上记载的条款进行抗辩。

提单在这方面与海运单不同，当提单经过转让到了收货人手里时，收货人就享有提单赋予的权利，同时也要承担相应的责任。

（二）在作为货物收据证据效力方面的区别

提单运输涉及的贸易是单证贸易，为了保护合法受让提单的第三人，即通过购买提单来购买货物的第三人，就有必要强调提单作为货物收据所记载内容是最终证据。但是，海运单运输涉及的贸易不是单证贸易，海运单不涉及转让问题，海运单中记载的收货人也并不仅仅是依赖海运单对货物的描述来决定是否购买这批货物。所以，没有必要强调海运单作为货物收据所记载的内容是最终证据。

为了使海运单的使用得以推广，并在有关当事人之间比较合理地进行权利、义务的分配，就要求海运单在这一方面也与提单的规定一样。国际海事委员会在其《海运单统一规则》有关"货物说明"一条做了如下规定。

如承运人未做保留，海运单或类似的文件中有关货物数量或状态的任何记载：

（1）在承运人与托运人之间，应是收到如此记载的货物的初步证据。

（2）在承运人与收货人之间，应是收到如此记载的货物的绝对证据，并且，不得提出相反的证据，但以收货人始终善意行事为条件。

因此，如果海运单并入了国际海事委员会《海运单统一规则》，则海运单在收货人与承运人之间就是绝对证据。

（三）在作为权利凭证方面的区别

最重要的不同之处在于提单是"物权凭证"，而海运单不是。

对于提单持有人而言，拥有提单在法律上就表明拥有提单上所记载的货物，通过转让提单可以达到转让货物的目的。海运单在法律上不具有可转让性，即法律没有赋予海运单"物权凭证"的法律效力。有的海运单上还会有表示其不是"物权凭证"的字样，其英文为"The waybill should not be construed as Bill of Lading nor any other similar document of title."

由于海运单不是物权凭证，收货人在卸货港提取货物时并不需要持有和出具正本的海运单，只需要确认自己的收货人身份后就可以取得提货单提货。海运单的这种特征使其能够适应海上货物运输时间缩短后对单证的要求，发货人可以为其客户提供更方便快捷的服务，并使承运人和收货人都能从中获得方便。

在使用提单时，如果提单不能及时到达收货人手里，则会使收货人无法及时提货，或者会使承运人冒险接受保函交付货物。

提单具有"物权凭证"的性质，通过提单的转让，能够实现货物的买卖。而海运单却不具"物权凭证"的性质，所以，海运单无法替代提单。

提单（Bill of Lading）与海运单（Sea Waybill）的区别归纳如表 7-1 所示。

表 7-1　提单与海运单的区别

项　　目	提单（Bill of Lading）	海运单（Sea Waybill）
功能	海上运输合同的证明 货物的收据 物权凭证	海上运输合同的证明 货物的收据
能否买卖、抵押	可以	不可以
收货人栏	不记名、记名、指示	记名
能否转让	不记名提单：无须背书即可转让 指示提单：经过背书可以转让 记名提单：不能转让	不能转让
提货方式	凭正本提单提货	收货人只需证明身份即可提货
格式	繁式提单、简式提单	简式单证，背面不列详细货运条款，但载有一条可援用海运提单背面内容的条款
正本签发份数	无明确规定，习惯上签发一式三份	一般只签发一份正本

四、海运单的使用

海运单在使用时应注意以下几个方面：

（一）海运单的签发要求

在使用海运单而不使用提单时，海运单仍是根据双方一致同意的条件（如运费预付或到付、待运或已装船等）来签发的。

（二）海运单的签发份数

通常只签发一份正本海运单。但是，如经请求，也可签发两份或两份以上的正本海运单。如托运人要求更改收货人，承运人应要求托运人交回原来已经签发的海运单，然后再按托运人的要求签发更改了收货人的海运单。

（三）海运单的流转程序

（1）承运人签发海运单给托运人。

（2）承运人在船舶抵达卸货港前向海运单上记名的收货人发出到货通知书。到货通知书表明这批货物的运输是根据海运单进行的。

（3）收货人在目的地出示有效身份证件证明其确系海运单上记载的收货人，并将其签署完的到货通知书交给承运人的办事机构或当地代理人，同时出示海运单副本。

（4）承运人或其代理人签发提货单给收货人。

（5）一旦这批货物的运费和其他费用结清，同时办好通关等所有按规定应办理的手续，收货人即可进行提货。

海运单如图 7-2 所示。

SCHENKER *ocean,*

Non-Negotiable SEA WAYBILL

(1) Shipper/Exporter	(4) Waybill No.
	(5) Reference No.
(2) Consignee	(6)
(3) Notify Party	(7) For Delivery of Goods apply to
(8) Vessel/Voyage (see clause 16.1 of the Bill of Lading terms)	(11) Place of Receipt (Applicable only when document used as Combined Transport B/L)
(9) Port of Loading / (10) Port of Discharge	(12) Final Destination (Applicable only when document used as Combined Transport B/L)

Bellow particulars furnished by shippr - carrier not responsible - for merchant's use only and not part of the Bill of Lading Contract

(13) Kind of packages; description of goods; marks and numbers; Container No./Seal No.	(14) Gross Weight	(15) Measurement

Above particulars as declared by shipper. but without responsibility of or representation by the carrier (see clause 8)

(16) Carrier's Receipt (see clauses 1 and 8 of the SCHENKER ocean Bill of Lading terms)	The particulars given above as stated by the merchant and the weight, measure, quantity, marks, contents and value of the Goods considered unknown by the Carrier. RECEIVED by the Carrier from the shipper, as far as ascertained by reasonable means of checking in apparent good order and condition unless otherwise stated herein, the total number of quantity of Containers or other packages or units indicated in the box above entitled "Carrier's Receipt". This contract is subject to the terms and conditions, including the law & jurisdiction clause and limitation of liability & declared value clauses, of the current SCHENKER ocean Bill of Lading, which are applicable with logical amendments (mutatis mutandis). To the extent necessary to enable the Consignee to sue and be sued under this contract, the Shipper on entering into this contract does not so on his own behalf and as agent for and on behalf of the Consignee and warrants that he has authority to do so. The shipper shall be entitled to change the Consignee at any time before delivery of the goods provided he gives the Carrier reasonable notice in writing. Delivery will be made to the Consigned or his authorized agent on production of reasonable proof of identity (and in the case of an agent, reasonable proof of authority) without production of the Waybill. The Carrier shall be under no liability whatsoever for misdelivery unless caused by the Carrier's negligence.
(17) Freight and Charges / (18)Prepaid / (19)Collect	
	(20) Declared Cargo Value (see clause 7.3 of the SCHENKER ocean Bill of Lading terms)
	(21) Place and Date of issue of Waybill:
	(22) Issued as agents for SCHENKER ocean as Carrier by:

图 7-2 海运单

同 步 训 练

一、单选题

1. 必须经过背书才能转让的提单是（　　）。
   A. 记名提单　　　B. 不记名提单　　　C. 指示提单　　　D. 清洁提单
2. 有权签发提单的人不包括（　　）。
   A. 委托人　　　　　　　　　　　B. 船长
   C. 承运人　　　　　　　　　　　D. 经承运人授权的代理人
3. 货物装船完毕后，托运人要求承运人晚于该票货运实际装船完毕的日期作为提单签发日期的提单是（　　）。
   A. 顺签提单　　　B. 过期提单　　　C. 预借提单　　　D. 倒签提单
4. 海运提单收货人栏内显示"TO ORDER"表示该提单（　　）。
   A. 不可转让　　　　　　　　　　B. 经背书后可以转让
   C. 不经背书即可转让　　　　　　D. 可以由持有人提货
5. 海运单是（　　）。
   A. 货物收据和海运合同的证明　　B. 有价证券
   C. 物权凭证　　　　　　　　　　D. 流通证券

二、多选题

1. 按照提单收货人抬头分类，提单有（　　）。
   A. 清洁提单　　　B. 不清洁提单　　　C. 记名提单　　　D. 不记名提单
2. 按运输方式分，提单有（　　）。
   A. 直达提单　　　B. 转船提单　　　C. 联运提单　　　D. 舱面提单
3. 按提单有无包装不良批注，可分为（　　）。
   A. 清洁提单　　　B. 不清洁提单　　　C. 记名提单　　　D. 不记名提单
4. 海运单具有的作用是（　　）。
   A. 货物收据　　　B. 运输合同证明　　C. 物权凭证　　　D. 运输支付凭证

三、案例分析

1923 年，日本的"阿里斯加丸"号货轮原定于当年 8 月下旬抵达日本横滨，托运人已经预定了该轮舱位，并将货物如期送到码头仓库，承运人与托运人约定 8 月装船，但由于该轮临时延长至 9 月抵港，在该轮未抵达港口之前，船公司应托运人的请求，提前签发了日期在 8 月的已装船提单。

1923 年 9 月 1 日，日本发生了大地震，波及横滨市，造成码头仓库倒塌，货物损毁严重，使该批货物无法装船。该轮抵达美国港口后，收货人以"已装船提单"要求提货，但是承运人无法交货，于是收货人向当地法院起诉，要求承运人赔偿损失。

请问：

承运人是否应该赔偿损失？为什么？

Project 8

模块八
国际航空货物运输基础

学习目标

📖 知识目标

- ○ 了解航空货物运输的发展。
- ○ 了解国际航空货物运输组织。
- ○ 了解航空运输地理。
- ○ 熟悉国际航空货物运输形式。

∿ 能力目标

- ○ 掌握航空货物运输的特点。
- ○ 熟悉航空货物运输代码。
- ○ 了解特种货物收运的各项要求。
- ○ 掌握飞行时间的计算。

单元一　航空货物运输概述

飞机发明 100 多年来，已广泛应用于国际政治、经济、军事科技、社会生产和生活的各个方面，今天的民用航空已成为现代人们旅行生活和国家经济发展不可或缺的重要组成部分，也成为交通运输的重要经济部门。

经济和科学技术的发展促进了国际贸易和国际交往，跨国的快速运输需求不断增加。在航空技术领域，宽体飞机的研制成功和全货运飞机的出现为航空货物运输创造了条件。航空货物运输在经济发展中的地位越来越重要。

航空货物运输以其自身特有的优势，发展极为迅速。与其他的运输方式相比，航空货物运输有以下特点：

1. 运输速度快

航空货物运输所采用的运输工具是飞机，比其他的运输工具要快得多，飞机的飞行时速是每小时 600 ~ 800 公里，是火车的 6 ~ 8 倍，是轮船的 20 倍以上。航空货物运输的这个特点能够满足那些对运输速度要求高的货物运输需求，比如海鲜、蔬菜、水果等生鲜易腐货物，以及活动物和快件等等。

2. 空间跨度大

通常现有的宽体飞机一次可以飞行 7 000 公里左右，从中国到美国西海岸，通常只需要 13 个小时左右，是所有运输方式中单位时间内空间跨度最大的。

3. 地理条件限制小

飞机一般飞行在 15 000 米以上的高空，与其他运输方式相比，具有不受各种不利地理条件影响的优势。对于没有其他运输方式可以到达的地方，航空运输还可以采用空投或者直升机运输的方法，以确保货物安全、及时、准确地到达目的地。

4. 安全性强，运输质量高

一般航空运输的货物价值比较高，与其他运输方式相比，航空货物运输的地面操作流程比较严格，货物破损的情况大大减少。所以航空运输能够确保货物的安全运送，降低货物破损率。飞机航行有一定的班期，其准点率也比其他运输方式相对要高。

5. 可以节省生产企业的相关费用

由于航空运输的快捷性，一方面可以加快生产企业商品的流通速度，从而节省产品的仓储费用、保险费用和利息支出等；另一方面产品的流通速度加快，也加快了资金的周转速度，可以大大地增加资金的利用率。

6. 运输成本高，运价高

由于航空运输的技术要求高、运输成本高，使得航空运输的费用相比其他运输方式大大增加。比如从中国到美国西海岸，空运价格至少是海运价格的 10 倍以上。因此对于体积重量比较大、时间要求不太高、货物价值比较低的货物，通常考虑运输成本问题，会采用非航空运输的方式。

7. 对货物的限制多

航空飞行器的舱位有限，并且有载重和容积的限制。比如一架波音 747 民用客货机最大载货体积不超过 96 立方米，载重量不超过 100 吨。相对于火车运输的几千吨和船舶运输的几万吨，有着巨大的差别。因此，航空运输适合运输体积较小、重量较轻且价值较高的货物。

8. 易受天气影响

航空货物运输受到天气的影响非常大，比如遇到大雨、大风、大雾等恶劣天气，航班飞行就不能得到有效保证。对于鲜活易腐货物，如果因为天气影响而推迟运输，很可能造成货物腐烂或者变质。

单元二 国际航空货物运输组织

一、国际航空运输协会

国际航空运输协会（International Air Transport Association，IATA），是各国航空运输企业之间的联合组织，会员必须是有国际民用航空组织的成员国颁发的定期航班运输许可证的航空公司。

国际航空运输协会的标识如图 8-1 所示。

图 8-1 IATA 标识

国际航空运输协会的总部设在加拿大蒙特利尔，执行总部设在瑞士日内瓦，同时在日内瓦设有清算所，为各会员公司统一财务上的结算。该协会在全球有 7 个地区办事处，分别是比利时布鲁塞尔（负责欧洲地区事务）、智利圣地亚哥（负责南美地区事务）、约旦安曼（负责中东地区事务）、肯尼亚内罗毕（负责非洲地区事务）、中国北京（负责北亚地区事务）、新加坡（负责亚太地区事务）、美国华盛顿（负责北美地区事务）。

国际航空运输协会在全世界近 100 个国家和地区设有办事处，280 家会员航空公司遍及全世界 180 多个国家和地区。凡国际民航组织成员国的任一经营定期航班的空运企业，经其政府许可都可成为该协会的会员。经营国际航班的航空运输企业为正式会员，只经营国内航班的航空运输企业为准会员。

国际航空运输协会的宗旨是为了世界人民的利益，促进安全、正常而经济的航空运输，对于直接或间接从事国际航空运输工作的各空运企业提供合作的途径，与国际民航组织以及其他国际组织通力合作。

国际航空运输协会的目标是调解有关商业飞行上的一些法律问题，简化和加速国际航线的客货运输，促进国际航空运输的安全和世界范围内航空运输事业的发展。

国际航空运输协会的活动有：

（1）协商制定国际航空客货运价。

（2）统一国际航空运输规章制度。

（3）通过清算所，统一结算各会员间以及会员与非会员间联运业务账目。

（4）开展业务代理。

（5）进行技术合作。

（6）协助各会员公司改善机场布局和程序、标准，以提高机场运营效率等。

国际航空运输协会的会员分为正式会员和准会员两类。申请加入国际航空运输协会的航空公司如果想成为正式会员，必须符合两个条件：第一，批准其申请的政府是有资格成为国际民航组织成员的国家政府。第二，在两个或两个以上国家间从事航空服务。其他航空公司可以申请成为准会员。国际航空运输协会的执委会负责审议航空公司的申请并有权决定接纳该航空公司为哪一类的会员。

二、国际民用航空组织

国际民用航空组织（International Civil Aviation Organization，ICAO），简称国际民航组织，是各国政府之间组成的国际航空运输机构，是关于国际民用航空的全球论坛。国际民航组织通过会员国及利害攸关方的合作，制定政策、标准，开展合规性审计，进行研究和分析，提供援助和建设航空能力。国际民用航空组织的愿景是实现一个可持续的全球民用航空体系。

图 8-2　ICAO 标识

国际民用航空组织的标识如图 8-2 所示。

1944 年，为促进合作并"建立和保持世界各国之间和人民之间的友谊和了解"，由 54 个国家起草，制定了《国际民用航空公约》（又称为《芝加哥公约》）。这项重大协定确立了开展国际航空运输的核心原则，并促成了自那时起对其进行监督的专门机构国际民用航空组织（ICAO）的成立。

在当时及现在被更普遍称为《芝加哥公约》的这一重大协定，为全球和平开展空中航行的标准和程序奠定了基础。《芝加哥公约》还正式确定了将成立专门的国际民用航空组织（ICAO），以便组织并支持全球新兴航空运输网络需要开展的大量国际合作。

与目前一样，当时国际民航组织的核心使命就是帮助各国实现民用航空规章、标准、程序和组织方面的最高可能程度的统一。

1947 年 4 月 4 日，在《芝加哥公约》得到足数批准后，国际民用航空组织正式成立。国际民用航空组织第一届正式大会于同年 5 月在加拿大蒙特利尔举行。1947 年 5 月 13 日，国际民用航空组织正式成为联合国的一个专门机构，总部设在加拿大蒙特利尔。

我国于 1974 年正式加入国际民用航空组织，也是理事国之一。国际民用航空组织下设航行、航空运输、联合供应空中航行设施、财务和关于非法干扰国际民用航空及其设施委员会，另有常设的法律委员会协调工作。

国际民航组织的宗旨和目的在于发展国际航行的原则和技术，促进国际航空运输的规划和发展，以便实现下列各项目标：

（1）确保全世界国际民用航空安全地和有秩序地发展。

（2）鼓励为和平用途的航空器的设计和操作技术。

（3）鼓励发展国际民用航空应用的航路、机场和航行设施。

（4）满足世界人民对安全、正常、有效和经济的航空运输的需要。

（5）防止因不合理的竞争而造成经济上的浪费。

（6）保证缔约各国的权利充分受到尊重，每一缔约国均有经营国际空运企业的公平的机会。

（7）避免缔约各国之间的差别待遇。

（8）促进国际航行的飞行安全。

（9）普遍促进国际民用航空在各方面的发展。

以上九条共涉及国际航行和国际航空运输两个方面的问题。前者为技术问题，主要是安全；后者为经济和法律问题，主要是公平合理，尊重主权。两者的共同目的是保证国际民航安全、正常、有效和有序地发展。

三、国际航空电讯协会

国际航空电讯协会（Society International De Telecommunication Aeronautiques，SITA）是联合国民航组织认可的一个非营利组织，是航空运输业世界领先的电讯和信息技术解决方案的集成供应商。

国际航空电讯协会的标识如图 8-3 所示。

国际航空电讯协会在全球拥有 4700 名雇员，拥有 650 家航空公司会员，其网络覆盖全球 200 个国家和地区。

图 8-3　SITA 标识

国际航空电讯协会的主要职责是带动全球航空业使用信息技术的能力，并提高全球航空公司的竞争能力，不仅为航空公司提供网络通信服务，还可以为其提供共享系统，如机场系统、行李查询系统、货运系统、国际票价系统等等。

1949 年 12 月 23 日，荷兰、法国、英国、瑞士等 11 个欧洲国家的航空公司代表在比利时布鲁塞尔成立了国际航空电讯协会，将成员航空公司的通信设备相互连接并共同使用。随着成员不断增加和航空运输业务对通信需求的增长，国际航空电讯协会已成为一个国际化的航空电信机构。

国际航空电讯协会经营着世界上最大的专用电信网络，由 400 多条中高速相互连接 210 个通信中心组成。各航空公司的用户终端系统通过各种不同形式的集中器连接至国际航空电讯协会的网状干线网络。国际航空电讯协会的网络有四个主要的系统构成，分别是数据交换和接口系统、用户接口系统、网络控制系统和存贮转发报系统。

除全球通信网络外，国际航空电讯协会还建立并运行着两个数据处理中心：一个是设在美国亚特兰大的旅客信息处理中心，主要提供自动订座，离港控制、行李查询、旅客订座和旅行信息；另外一个是设在英国伦敦的数据处理中心，主要提供货运、飞行计划处理和行政事务处理业务。

国际航空电讯协会为适应航空运输的快速发展，其发展策略由原来的网络提供者转变为一个整体方案的提供者，即为航空业提供互联网与公司内部网络之间完整的整合性解决方案、委派服务、工作站整合、机场系统以及各种解决方案。

国际航空电讯协会货运系统已在中国国际航空公司、中国货运航空有限公司使用。系统开通后，与外地营业部、驻外办事处联网，货物运输工作人员可以及时地将航班信息、运单信息、入库信息、装载信息、货物到达信息及中转信息等数据输进网络，系统在航班关闭后自动拍发舱单报、运单报等货物运输电报。只要打开网络，就能全程追踪货物的情况，从而为货主查询联程货物和进口货物提供极大的方便。

中国民航于 1980 年 5 月加入国际航空电讯协会。中国民航通信网络与国际航空电讯协会相连通，实现了国内各个航空公司、机场航空运输部门与外国航空公司和国际航空电讯协会亚特兰大自动订座系统连通，实现大部分城市订座自动化。中国民航还部分使用了国际航空电讯协会伦敦飞行计划自动处理系统，在商定的航线采用自动处理的飞行计划。我国有三家航空公司（中国国际航空公司、中国东方航空公司、中国南方航空公司）加入了国际航空电讯协会，成为其会员。

单元三　航空货物运输代码

在航空运输中，一些名词的代码往往比全称更重要。在航空货运中，由于单证的大小限制、操作的方便程度等原因，使代码在货物运输整个流程中的作用非常显著，它具有简洁、节省空间、容易识别等优点。因此，了解航空货物运输中的代码是必要的。

一、国家代码

在航空运输中，国家代码用两个大写英文字母表示。常见国家的两字代码如表 8-1 所示。

表 8-1　常见国家的两字代码

国家英文全称	国家中文全称	国家两字代码
China	中国	CN
United Kingdom	英国	GB
India	印度	IN
Italy	意大利	IT
Israel	以色列	IL
New Zealand	新西兰	NZ
Singapore	新加坡	SG

（续）

国家英文全称	国家中文全称	国家两字代码
Spain	西班牙	ES
Türkiye	土耳其	TR
Thailand	泰国	TH
Switzerland	瑞士	CH
Sweden	瑞典	SE
Japan	日本	JP
Portugal	葡萄牙	PT
Norway	挪威	NO
Nigeria	尼日利亚	NG
South Africa	南非	ZA
Mexico	墨西哥	MX
Peru	秘鲁	PE
United States of America	美国	US
Malaysia	马来西亚	MY
Romania	罗马尼亚	RO
Canada	加拿大	CA
Netherlands	荷兰	NL
Korea	韩国	KR
France	法国	FR
Russia	俄罗斯	RU
Germany	德国	DE
Denmark	丹麦	DK
Poland	波兰	PL
Brazil	巴西	BR
Pakistan	巴基斯坦	PK
Australia	澳大利亚	AU
Egypt	埃及	EG
Argentina	阿根廷	AR

二、城市代码

在航空运输中，城市代码用三个大写英文字母表示。

国内部分城市的三字代码如表 8-2 所示。

表 8-2 国内部分城市三字代码

汉 语 拼 音	中 文 全 称	三 字 代 码
SanYa	三亚	SYX
ShenZhen	深圳	SZX
ChangSha	长沙	CSX
ChongQing	重庆	CKG
NanJing	南京	NKG
ZhengZhou	郑州	CGO
GuangZhou	广州	CAN
ChengDu	成都	CTU
ChangChun	长春	CGQ
YiChang	宜昌	YIH
WuHan	武汉	WUH
NingBo	宁波	NGB
YiWu	义乌	YIW
ZhuHai	珠海	ZUH
DaTong	大同	DAT
WuXi	无锡	WUX
HaiKou	海口	HAK
YanTai	烟台	YNT
DaLi	大理	DLU
DaLian	大连	DLC
XiAn	西安	XIY
LanZhou	兰州	LHW
JiNan	济南	TNA
HeFei	合肥	HFE
TaiYuan	太原	TYN
XiaMen	厦门	XMN
KunMing	昆明	KMG
LiJiang	丽江	LJG
YiBin	宜宾	YBP
QinHuangDao	秦皇岛	SHP
YinChuan	银川	INC
HangZhou	杭州	HGH
QingDao	青岛	TAO
WuLuMuQi	乌鲁木齐	URC

三、机场代码

机场通常也用三字代码表示，有一些机场的三字代码同机场所在城市的三字代码一样，也有一些机场的三字代码同城市的三字代码不一样。

常见机场三字代码如表 8-3 所示。

表 8-3　常见机场三字代码

机 场 名 称	三 字 代 码	所属城市 / 地区	所 属 国 家
北京首都国际机场	PEK	北京	中国
北京大兴国际机场	PKX	北京	中国
上海虹桥国际机场	SHA	上海	中国
上海浦东国际机场	PVG	上海	中国
深圳宝安国际机场	SZX	深圳	中国
广州白云国际机场	CAN	广州	中国
重庆江北国际机场	CKG	重庆	中国
香港国际机场	HKG	香港	中国
澳门国际机场	MFM	澳门	中国
东京成田国际机场	NRT	东京	日本
东京羽田国际机场	HND	东京	日本
大阪关西国际机场	KIX	大阪	日本
伦敦希思罗机场	LHR	伦敦	英国
首尔仁川国际机场	ICN	首尔	韩国
巴黎夏尔·戴高乐机场	CDG	巴黎	法国
纽约肯尼迪国际机场	JFK	纽约	美国
新加坡樟宜机场	SIN	新加坡	新加坡

四、航空公司代码

绝大多数国际航空公司都是国际航空运输协会（IATA）的成员，以便和其他航空公司共享连程中转的票价、机票发行等标准。

国际航空运输协会为全球各航空公司指定了两个字母表示的 IATA 航空公司代码。

世界主要航空公司代码如表 8-4 所示。

表8-4 世界主要航空公司代码

航空公司名称	两字代码	所属国家或地区
中国国际航空公司	CA	中国
中国东方航空公司	MU	中国
中国南方航空公司	CZ	中国
中国西北航空公司	WH	中国
中国西南航空公司	SZ	中国
中国海南航空公司	HU	中国
日本航空公司	JL	日本
美国航空公司	AA	美国
泛美航空公司	PA	美国
环球航空公司	TW	美国
比利时航空公司	AJ	比利时
澳洲航空公司	QF	澳大利亚
加拿大航空公司	AC	加拿大
法国航空公司	AF	法国
印度航空公司	AI	印度
新西兰航空公司	TE	新西兰
英国航空公司	BA	英国
大韩航空公司	KE	韩国
马来西亚航空公司	MH	马来西亚
南非航空公司	SA	南非
新加坡航空公司	SQ	新加坡

五、货物航空运输代码

货物航空运输代码包括货物航空运输电报识别代码、电报内容栏目代码、货物运输信息代码、货物运价和费用代码、航班舱位控制代码、装载代码、服务代码等等。

常见的货物航空运输代码如表8-5所示。

表 8-5　常见货物航空运输代码

代 码	英 文 含 义	中 文 含 义	代 码 种 类
ASC	Advice of Schedule Change	航班变更通知报	电报识别代码
FBL	Freight Booked List	货物订舱清单报	电报识别代码
FCA	Charges Correction Acknowledgement	费用更改确认报	电报识别代码
FCC	Charges Correction Request	费用更改申请报	电报识别代码
FFA	AWB Space Allocation Answer	舱位预订回复报	电报识别代码
FFC	AWB Space Allocation Change	舱位预订变更报	电报识别代码
RCC	Request Charter for Cargo	货物包机申请报	电报识别代码
ABI	AWB Amount Detail Information	货运单的金额明细	电报内容栏目代码
ACD	AWB Consignment Details	货运单的货物明细	电报内容栏目代码
AID	Arrival Information Details	到达信息明细	电报内容栏目代码
AMD	Amendment Identification	变更	电报内容栏目代码
CND	Customs Notification Details	海关通知明细	电报内容栏目代码
CNE	Consignee Name and Address	收货人姓名和地址	电报内容栏目代码
COL	Collect Charge Summary	到付运费摘要	电报内容栏目代码
CUR	Currency Details	货币明细	电报内容栏目代码
CVD	Charge Declarations	货物运费声明	电报内容栏目代码
HDL	Handling Details	操作明细	电报内容栏目代码
ISU	AWB Issue Details	货运单的填制明细	电报内容栏目代码
MBI	Master Waybill Identification	主运单标识	电报内容栏目代码
OTH	Other Charges	其他费用	电报内容栏目代码
PPD	Prepaid Charge Summary	预付款摘要	电报内容栏目代码
RTD	Rate Description	运价描述	电报内容栏目代码
SHP	Shipper Name and Address	托运人姓名和地址	电报内容栏目代码
SSR	Special Service Request	特殊服务申请	电报内容栏目代码
AVI	Live Animal	活动物	货物代码
COL	Cool Goods	冷藏物品	货物代码
FRO	Frozen Goods	冷冻物品	货物代码
GOG	Hanging Garments	挂衣	货物代码
PEF	Flowers	鲜花	货物代码
PEP	Fruits Vegetables	水果和蔬菜	货物代码
PER	Perishable Cargo	易腐货物	货物代码

（续）

代码	英文含义	中文含义	代码种类
PIL	Pharmaceuticals	药品	货物代码
URG	Urgent	紧急货物	货物代码
VAL	Valuable Cargo	贵重物品	货物代码
AA	Actual Arrival	实际到达时间	货物状态代码
AD	Actual Departure	实际出发时间	货物状态代码
DOC	Documents Received by Handling Party	操作部门已经收到运输文件	货物状态代码
SA	Scheduled Arrival	班期表达到时间	货物状态代码
SD	Scheduled Departure	班期表出发时间	货物状态代码
DFLD	Definitely Loaded	确已装机	货物不正常运输信息代码
DMG	Damage	破损	货物不正常运输信息代码
SSPD	Short-shipped	漏装货物	货物不正常运输信息代码
AW	Air Waybill Fee	货运单费	货物运价和费用代码
CC	All Charges Collect	全部货物运费到付	货物运价和费用代码
FF	Loading / Unloading	装卸费	货物运价和费用代码
IN	Insurance	保险费	货物运价和费用代码
OC	Total Other Charges Due Carrier	承运人收取的其他费用总额	货物运价和费用代码
PP	All Charges Prepaid Cash	全部货物运费使用现金预付	货物运价和费用代码
RA	Dangerous Goods Fee	危险品处理费	货物运价和费用代码
SL	Special Surcharge	特别附加费	货物运价和费用代码
UD	Demurrage	逾期费	货物运价和费用代码
UE	Leasing	租赁费	货物运价和费用代码
WT	Total Weight Charge	航空运费总额	货物运价和费用代码
HK	Holding Confirmed	已经定妥	航班舱位控制代码
KK	Confirming	同意或确认	航班舱位控制代码
XX	Cancel Any Previous Space Allocation	取消订舱	航班舱位控制代码
BBF	Pure Freighter Flight Carrying Loose Load Cargo	装载散货的飞机	装载代码
PPF	Pure Freighter Flight Carrying Palletized Cargo	装载集装板货物的货机	装载代码
D	Door-to-Door Service	门到门服务	服务代码
J	Priority Service	优先运输服务	服务代码
T	Charter	包机运输	服务代码
X	Express Shipments	快件服务	服务代码

单元四　航空运输地理

航空运输自诞生之日起，就决定了这种交通运输方式的国际性。对于航空国际货运代理来说，了解航空运输地理的知识是必要的。

一、航空区划

随着国际贸易日趋频繁，国际航空运输也愈加繁忙，为了保证国际航行的安全，各国运输企业在技术规范、航行程序、操作规则上必须统一，同时为了便于航空公司间的合作和业务联系，国际航空运输协会（IATA）将世界划分为三个航空运输业务区。

国际航空运输协会三大分区图如图 8-4 所示。

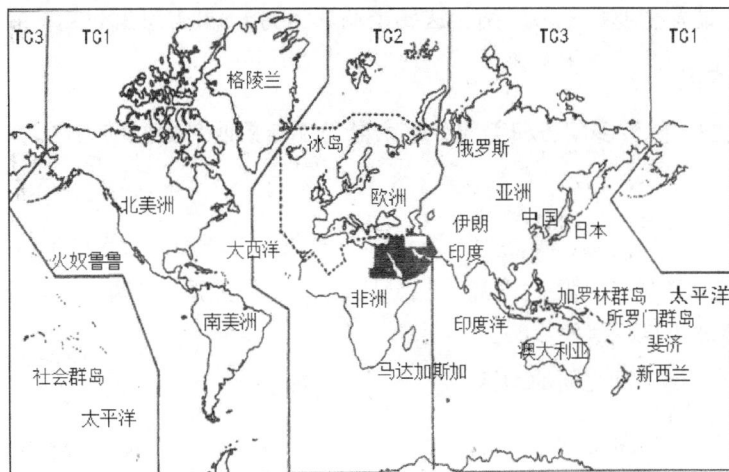

图 8-4　TC1、TC2 和 TC3 区域划分示意图

国际航空运输协会（IATA）将全球分为 ARETC1、ARETC2、ARETC3 三个大区，简称为 TC1 区、TC2 区、TC3 区（TC 是 Traffic Conference Areas 的缩写）。三个大区的区域范围、特征以及各区术语解释如下。

（一）TC1 区

TC1 区东临 TC2 区、西接 TC3 区，北起格陵兰岛，南至南极洲，主要包括北美洲、拉丁美洲以及附近岛屿和海洋。

TC1 区与 TC2 区的分界线：北起 0°经线，向南约至 74°N 处折向西南，穿过格陵兰岛与冰岛之间的丹麦海峡，在 60°N 处沿 40°W 经线至 20°N 处，再折向东南，到赤道处再沿 20°W 经线向南止于南极洲。

TC1 区有两个相连的大陆：南、北美大陆及附近岛屿，格陵兰岛、百慕大群岛、西印度群岛和加勒比岛屿以及夏威夷群岛（含中途岛和巴尔拉环礁）。按自然地理划分，以巴拿马运河为界，分为南美洲、北美洲。按政治经济地理划分，则以美、墨边境为界，分为北美洲及拉丁美洲。美洲大陆东临大西洋、西濒太平洋。太平洋天堑阻碍了美洲和其他大洲之间的陆路交通，它与其他各洲之间的交通联系只有通过海洋运输和航空运输来实现。

TC1 区主要分为四个次区：

1. 加勒比次区

（1）美国（除波多黎各和美属维尔京群岛之外）与巴哈马群岛、百慕大群岛、加勒比群岛、圭亚那、苏里南、法属圭亚那之间的地区。

（2）加拿大/墨西哥与巴哈马群岛、百慕大群岛、加勒比群岛（含波多黎各和美属维尔京群岛）、圭亚那、苏里南、法属圭亚那之间的地区。

（3）由巴哈马群岛、百慕大群岛、加勒比群岛（含波多黎各和美属维尔京群岛）构成的区域。

由上述为一端与圭亚那、苏里南、法属圭亚那为另一端围成的区域。

2. 墨西哥次区

加拿大/美国（除波多黎各和美属维尔京群岛）与墨西哥之间的地区。

3. 远程次区

（1）以加拿大、墨西哥、美国为一端与中美洲和南美洲为另一端的地区。

（2）以巴哈马群岛、百慕大群岛、加勒比群岛、圭亚那、苏里南、法属圭亚那为一端与中美洲和南美洲为另一端的地区。

（3）中美洲和南美洲之间的地区。

（4）中美洲区域内。

4. 南美次区

南美次区由以下区域构成：阿根廷、玻利维亚、巴西、智利、哥伦比亚、厄瓜多尔、法属圭亚那、圭亚那、巴拿马、巴拉圭、秘鲁、苏里南、乌拉圭、委内瑞拉。

对"加勒比"和"远程"区域的定义如下：

加勒比群岛：安圭拉岛、安提瓜和巴布达、阿鲁巴、巴巴多斯、博奈尔、英属维尔京群岛、开曼群岛、古巴、库拉索、多米尼加联邦、多米尼加共和国、格林纳达（卡里亚库岛、马斯蒂克岛、帕姆岛）、瓜德罗普、海地、牙买加、马提尼克、蒙塞拉特、圣基茨（尼维斯、安圭拉）、圣卢西亚、圣马丁、圣文森特和格林纳丁斯群岛、特立尼达和多巴哥、特克斯和凯科斯群岛。

中美洲：伯利兹、哥斯达黎加、萨尔瓦多、危地马拉、洪都拉斯、尼加拉瓜。

南美洲：同南美次区。

北美洲主要是美国和加拿大。这两个国家受英国殖民的影响极大，是现代世界资本主义的主要中心之一，向世界市场提供了大量的工农业产品。北美洲也是世界上有巨大潜力的地区，自然资源十分丰富，但人口密度不高，直到今天，仍然是世界上最大的人口净移入区。北美洲是现代航空运输的发达地区，多年来，在人员、机群、业务量、营运收入等方面名列世界前茅。

拉丁美洲毗连北美，不论在古代、近代与现代，两者都有密切的联系，拉丁美洲自 15 世纪末被欧洲殖民者发现后，这一地区的绝大部分沦为西班牙、葡萄牙的殖民地，因此拉丁美洲各国的社会制度、生产方式、宗教信仰、风俗习惯都受到西班牙、葡萄牙的深刻影响。

（二）TC2 区

TC2 区东临 TC3 区，西接 TC1 区，北起北冰洋诸岛，南至南极洲，包括欧洲、非洲、中东及附近岛屿。

TC2 区与 TC3 区分界线：北起 80°E 经线，在 75°N 处向南弯折，沿乌拉尔山南下，绕经里海西岸、南岸、伊朗北界、东界，再沿 60°E 经线向南止于南极洲。

TC2 区主要分为三个次区：

1. 欧洲次区

阿尔巴尼亚、阿尔及利亚、安道尔、亚美尼亚、奥地利、阿塞拜疆、亚速尔群岛、比利时、白俄罗斯、保加利亚、加那利群岛、克罗地亚、捷克共和国、丹麦、爱沙尼亚、芬兰、法国、格鲁吉亚、德国、直布罗陀、匈牙利、冰岛、爱尔兰、意大利、拉脱维亚、列支敦士登、立陶宛、卢森堡、马其顿、马德拉岛、马耳他、摩尔多瓦、摩纳哥、摩洛哥、荷兰、挪威、波兰、葡萄牙、罗马尼亚、俄罗斯联邦（乌拉山以西）、圣马力诺、斯洛伐克共和国、斯洛文尼亚、西班牙、瑞典、瑞士、突尼斯、土耳其、乌克兰、英国。

2. 中东次区

巴林、塞浦路斯、埃及、伊朗（伊斯兰共和国）、伊拉克、以色列、约旦、科威特、黎巴嫩、阿曼、沙特阿拉伯、苏丹、叙利亚（阿拉伯共和国）、阿拉伯联合酋长国（由阿布扎比、阿治曼、迪拜、富查伊拉、哈伊马南、沙迦和乌姆盖万各酋长国组成）、也门。

3. 非洲次区

由中非、东非、印度洋岛屿、利比亚、南非、北非组成。

中非：马拉维、赞比亚、津巴布韦。

东非：布隆迪、吉布提、厄立特里亚、埃塞俄比亚、肯尼亚、卢旺达、索马里、坦桑尼亚、乌干达。

印度洋岛屿：科摩罗、马达加斯加、毛里求斯、马约特岛、留尼汪岛、塞古尔群岛。

南非：博茨瓦纳、莱索托、莫桑比克、南非、纳米比亚、斯威士兰、乌姆塔塔。

西非：安哥拉、贝宁、布基纳法索、喀麦隆、佛得角、中非共和国、乍得、刚果人民共和国、科特迪瓦、赤道几内亚、加蓬、冈比亚、加纳、几内亚、几内亚比绍、利比里亚、马里、毛里塔尼亚、尼日尔、尼日利亚、圣多美和普林西比、塞内加尔、塞拉利昂、多哥、扎伊尔。

欧洲是世界资本主义的发源地，也是近代科学文化与技术发展最早的地区。欧洲在银行、保险业务以及旅游业等方面，都长期保持绝对优势，科学技术居世界前列。欧洲一直是航空运输的发达地区，自 20 世纪 50 年代以来，定期航班完成的运输周转量仅次于北美。

中东地区处于亚、欧、非三大洲的连接地带，南、西、北三面分别临阿拉伯海、红海、地中海、黑海和里海，故常称为"三洲五海之地"。按照经济特点，中东各国明显分为两类，即石油输出国和非石油输出国，它们在经济水平发展速度以及部门结构上都存在着很大的差异，中东地区虽然面积狭小，但航线分布密集，空运业务量较大。

非洲与欧洲有着密切的经济与文化联系，虽然非洲土地辽阔，自然资源十分丰富，有着发展生产的良好条件，但长期的殖民统治却使它成为世界上经济水平最低的一个洲。生产水平低下，发展速度缓慢，工业基础薄弱，经济结构畸形，生产力分布极不平衡。从航空运输方面来说，非洲也是世界上发展水平最低的地区。

（三）TC3 区

TC3 区东临 TC1 区，西接 TC2 区，北起北冰洋，南至南极洲，包括亚洲（除中东包括的亚洲部分国家）、大洋洲及太平洋岛屿的广大地区。

TC3 区与 TC1 区分界线：北起 170°W 经线，向南穿过白令海峡后，向西南折至（50°N，165°E），再折经（70°N，180°W）、（7°N，140°W）、（20°S，120°W）等处，最后沿 120°W 经线向南止于南极洲。

TC3 共分为四个次区：

1. 南亚次大陆次区

阿富汗、孟加拉国、不丹、印度（包括安达曼群岛）、马尔代夫、尼泊尔、斯里兰卡。

2. 东南亚次区

文莱达鲁萨兰国、柬埔寨、中华人民共和国、关岛、印度尼西亚、哈萨克斯坦、吉尔吉斯斯坦、老挝（人民民主共和国）、马来西亚、马绍尔群岛、密克罗尼西亚（含除帕劳群岛之外的加罗林群岛）、蒙古、缅甸、北马里亚纳群岛（含除关岛之外的马里亚纳群岛）、帕劳、菲律宾、俄罗斯联邦（乌拉尔东部地区）、新加坡、塔吉克斯坦、泰国、土库曼斯坦、乌兹别克斯坦、越南。

3. 太平洋次区

美属萨摩亚、澳大利亚、库克群岛、斐济群岛、法属波利尼西亚、基里巴斯、瑙鲁、新喀里多尼亚、新西兰（含洛亚蒂群岛）、纽埃、巴布亚新几内亚、萨摩亚、所罗门群岛、汤加、图瓦卢、瓦努阿图、瓦利斯和富图纳群岛。

4. 日本 / 朝鲜次区

由日本和朝鲜组成。

亚洲开发历史悠久，黄河流域、印度河流域、幼发拉底和底格里斯两河流域，都是人类文明的发祥地。从 20 世纪 60 年代开始，亚洲的经济发展就格外引人注目，进入 70 年代后，亚洲的经济得到持续发展，特别是亚太地区的崛起和发展，对世界经济格局产生重大影响。根据国际民航组织（ICAO）的预测，就客运量和货运量的增长而言，预计至少到 2035 年，亚太地区将一直是国际民航组织航空运输增长最快的地区。

大洋洲是世界上最小的一个洲，地处亚洲、北美洲、拉丁美洲和南极洲之间，东西沟通太平洋和印度洋，又是联系各大洲的海空航线和海底电缆通过之地，因此，在世界交通和战略上具有极其重要的地位，同时，它又有着丰富的热带经济作物、森林和矿产资源。因此，从 16 世纪起，这里就成为西方殖民主义者掠夺和侵占的对象，大洋洲的人民为了争取独立，曾先后进行了长期不懈的斗争，各个国家先后独立。

二、时差计算

地球自转造成了经度不同的地区时刻不同，当飞机飞行跨越经度时，就会产生时刻上的不统一。

学习时差的换算，对于做好航班安排、更好地进行航空运输尤为重要。

（一）理论时区和区时

由于地球从西向东的自转，形成太阳每天东升西落的现象。因此在地球上，东边的地区要比西边的地区先看到日出。也就是说，东边地区的时刻比西边地区的时刻来得早一些。

人们把当地所看到的当天太阳位置最高时定为"中午"，以此为标准计算的时间叫"地方时"。以地方时来计算时间，在国际交往、交通与通信方面都很不方便。为了克服时间上的混乱，1884 年在华盛顿召开了国际经度会议（又称国际子午线会议）上，规定将全球划分为 24 个时区（东、西各 12 个时区）。

时区的划分是以经过英国伦敦格林尼治天文台旧址的本初子午线（即零度经线）为标准线，从西经 7.5 度到东经 7.5 度（经度间隔为 15 度）划为中时区（又称零时区）。在这个时区内，以零度经线的地方时为时间标准，这就是格林尼治时间（Greenwich Mean Time，GMT），又称世界时。

然后，从中时区的边界分别向东、向西每隔经度 15 度划为 1 个时区，东西各划出 12 个时区，东 12 区和西 12 区都只有 7.5 度，把这 2 个时区合为 1 个时区。

这样全球共划分成 24 个时区。各时区都以本区中央经线的地方时为本区共同的标准时间。各相邻时区的标准时间正好相差 1 小时，即位于东面的时区比其西邻的时区早 1 小时。

例如，当东 8 区的北京为 12 时，东 9 区的日本即为 13 时，而西 5 区的美国东部则为昨天的 23 时。

中国北京在东经 116 度，属于东 8 区。这个区的中央经线是东经 120 度（经山海关东侧）。因此"北京时间"就是东经 120 度的"地方时"。

世界各地标准时间的换算公式为

$$所求地点时间 = 已知地点时间 \pm 时区差 \times 1 \text{ 小时}$$

具体计算方法如下：

算式中"+""−"号的用法：已知东面时间，求西面时间用"−"号（不够减时可将已知地点时间加上 24 小时，再减时区差，这样求出的时间，其日期应为已知地点时间的日期减去 1 天）；已知西面时间求东面时间，用"+"号（若超过 24 小时，要减去 24 小时，其日期应为已知地点时间的日期加 1 天）。

"时区差"的计算方法：两地同处于东时区或西时区（包括中时区）时，时区差等于两地时区序号之差（大数减小数）。两地分处于东、西时区时，时区差等于两地时区序号之和。

已知经度，求其所在时区的方法：将已知经度除以 15，如能整除，商数即为所求时区数（已知经度为东经，则属东时区，已知经度为西经则属西时区）；如有余数，大于 7.5 就加一区，小于 7.5 就不要加。如已知经度小于 7.5 度则属于零时区（即中时区）。

例题：处于东 8 区的上海现在是 7 月 15 日 12 时，请问东 9 区的东京、东 2 区的开罗、西 5 区的纽约各是什么时间？

解：东 9 区的东京的时间 =7 月 15 日 12 时 +（9−8）×1 小时 =7 月 15 日 13 时；

东 2 区的开罗的时间 =7 月 15 日 12 时 −（8−2）×1 小时 =7 月 15 日 6 时；

西 5 区的纽约的时间 =7 月 15 日 12 时 −（8+5）×1 小时 =7 月 14 日 23 时。

标准时刻度的确立，是时间计量上的一大飞跃。它给现代社会生产、科学研究和国际大范围频繁交往带来了很大的方便。不过，这只是一种理论上的标准时刻度。

这种理论区时制的时区，既不考虑海陆分布状况，也不考虑国家政区界线，完全是根据经线划分的。

实际上，时区的划分并不完全遵照理论区时制度的规定，各国所使用的标准时制度，同理论上的标准时制度是有区别的。

（二）法定时区和法定时

法定时区是各国根据本国具体情况自行规定的适用于本国的标准时区。法定时区的界线，一般不是依据经线，而是依据各国的行政区界或自然区界来进行划分。

根据法定时区确定的标准时，称为"法定时"。法定时是目前世界各国实际使用的标准时。

如果按照国际标准的时区划法，我国由西到东可划分为东 5 区、东 6 区、东 7 区、东 8 区和东 9 区 5 个区，最东和最西的地方时相差 4 个多小时，标准时差 4 小时，而我国则采用首都北京所在的东 8 区的标准时间作为全国统一的时间，即"北京时间"。

此外，各国还按照自己的需要来确定本国的时间。

例如法国和西班牙位于中时区，却采用东 1 区的标准时间。

某些国家法律规定将各地的标准时间在夏季提前一小时或半小时，这种时间称为夏令时。过了夏季再恢复到原来的标准时间。例如叙利亚、黎巴嫩、埃及、古巴、洪都拉斯、巴西、加拿大、美国等在夏季都提前 1 小时，多米尼加提前半小时。

有些国家不采用以时区为单位的标准时间，常以该国的适中地点所在经线的"地方时"为该国的统一时间标准。这样，该国的统一时间与"格林尼治时间"的差数就不是整时，而是有时、分、秒之差。

世界时区的划分如图 8-5 所示。

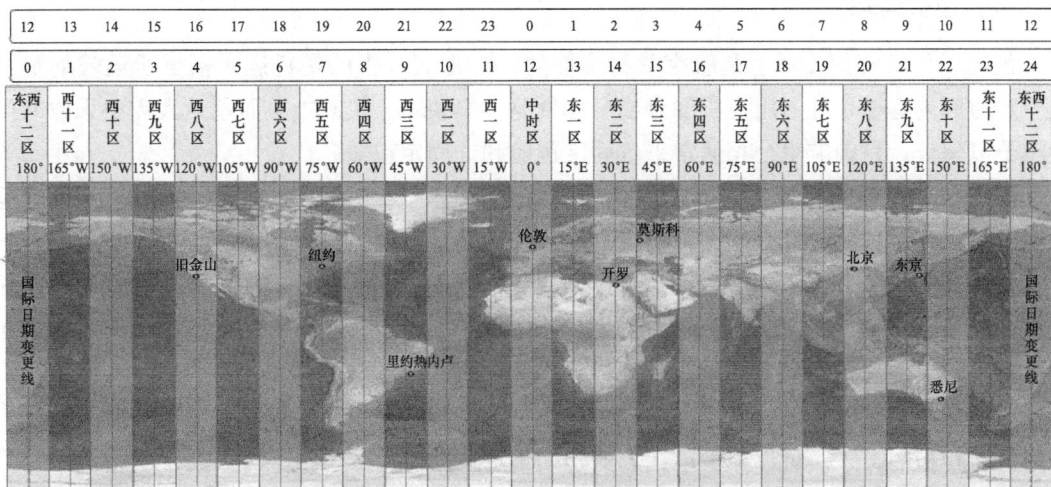

图 8-5　世界时区的划分

（三）飞行时间的计算

飞行时间的计算步骤如下：

（1）找出始发站和目的站的标准时间。

（2）将起飞和到达的当地时间换算成世界时（GMT）。

（3）用到达时间减去起飞时间，得出飞行时间。

例题： 某旅客乘飞机从中国北京前往美国华盛顿。该旅客 1 月 28 日乘国航班机从北京启程，北京时间是 9:46。到达华盛顿时，当地时间为 1 月 28 日 15:30。

请计算该旅客的飞行时间。

解：（1）找出始发站和目的站的标准时间。

$$PEK=GMT+0800（Standard\ Time）$$

$$WAS=GMT-0500（Standard\ Time）$$

（2）将起飞和到达的当地时间换算成世界时（GMT）。

因为北京提前 GMT 8 小时，把北京当地时间减去 8 小时换算成 GMT。

$$PEK\ 9:46-0800（GMT）=GMT\ 1:46$$

因为华盛顿落后 GMT 5 小时，把华盛顿当地时间加上 5 小时换算成 GMT。

$$WAS\ 15:30+0500（GMT）=GMT\ 20:30$$

（3）用到达时间减去起飞时间，得出飞行时间。

$$飞行时间 =20:30-1:46=18:44（18 小时 44 分钟）$$

单元五 国际航空货物运输形式

一、包舱包板运输

包舱、包集装箱（板）是航空货物运输的一种形式，指的是托运人根据所运输的货物在一定时间内需要单独占用飞机部分或全部货舱、集装箱、集装板，而承运人需要采取专门措施予以保证。目前航空公司通常采取固定包舱和非固定包舱。

固定包舱，指的是托运人在承运人的航线上通过包板（舱）的方式运输时，无论其是否向承运人交付货物，都必须支付协议上规定的运费。

非固定包舱，指的是托运人在承运人的航线上通过包板（舱）的方式运输时，如果托运人在航班起飞前72小时没有确定舱位，则承运人可以自由销售舱位，但承运人对托运人的包板（舱）的总量有一定控制。

包舱包板运输能够减少承运人的运营风险。对于某些开发难度较大或者新开辟的航线，采用包舱包板的方式，可以减少承运人的初期市场风险。

包舱包板运输还能够充分调动承包人的积极性和主观能动性，最大限度地挖掘市场潜力。

包舱包板运输也有利于一些新开辟的航线、冷门航线的市场开发。

（一）包舱运输

1. 包舱运输合同

包舱人可以在一定时期内或一次性包用承运人在某条航线或某个航班上的全部或部分货舱。包舱运输必须签订包舱运输合同。包舱运输合同至少一式五份，一份交包舱人，一份随货运单财务联报财务部门审核（连续包舱的可以用复印件），一份收运部门留存，一份随货运单存根联留存（连续包舱的可以用复印件），一份随货运单运往目的站（连续包舱的可以用复印件）。

签订包舱运输合同应注意以下事项：

（1）除天气或其他不可抗力原因外，合同双方应当履行包舱运输合同规定的各自承担的责任和义务。

（2）包舱人应保证托运的货物没有夹带危险品或政府禁止运输或限制运输物品。

（3）由于不可抗力原因，导致包舱运输合同不能履行，承运人不承担责任。

（4）无论何种原因，一方不能如期履行合同时，应及时通知对方。

（5）包舱运输合同中的未尽事宜，按照承运人的业务规定办理。

2. 包舱运输凭证

每次运输时应当填制一份或几份货运单，货运单与包舱合同作为包舱的运输凭证。货运单收货人栏内只能填写一个收货人名称。包舱运输的货物件数应如实填写在货运单上。在货运单"储运注意事项"栏内注明"包舱运输"以及合同号码。

3. 包舱运输注意事项

（1）包舱人应按约定时间将货物送到指定机场，自行办理检验检疫等手续后办理托运手续。

（2）包舱货物的实际重量和体积不得超过包舱运输合同中规定的最大可用吨位和体积，否则，承运人有权拒绝运输，由此造成的损失由包舱人承担。

（3）航班在起飞前或到达后，由于包舱人或其受雇人的原因（如货物迟到、装机困难、货物不符合安全要求、卸货不及时等）而造成飞机延误，包舱人应承担责任。由此对承运人造成的损失，包舱人应承担赔偿责任。包舱人在飞机起飞前取消、变更包舱计划，造成承运人损失的，应承担赔偿责任。

（二）包板运输

1. 包板运输合同

包板人可以在一定时期内或一次性包用承运人在某条航线或某个航班上的全部或部分集装器（集装板或集装箱）。包板运输必须签订包板运输合同。包板运输合同至少一式五份，一份交包板人，一份随货运单财务联报财务部门审核（连续包板的可以用复印件），一份收运部门留存，一份随货运单存根联留存（连续包板的可以用复印件），一份随货运单运往目的站（连续包板的可以用复印件）。

签订包板运输合同的注意事项同包舱运输。

2. 包板运输凭证

每次运输时应当填制一份或几份货运单，货运单与包板合同作为包板的运输凭证。货运单收货人栏内只能填写一个收货人名称。包板运输的货物件数应如实填写在货运单上。

如果承包人在目的站有固定代理人为其办理货物分拨手续，可将包用的集装器数量作为货物件数填写在货运单上，在货运单货物品名栏内注明各集装器识别代码，在货运单"储运注意事项"栏内注明"包集装器运输"以及合同号码。

包集装器合同中应明确规定集装设备的使用限制以及承包人所担负的责任。

3. 包板运输注意事项

（1）包板人对自己组装的，在目的站有指定的收货人或其代理人拆卸的包集装器货物的件数、包装情况负责。除承运人原因外，承运人对货物在运输过程中发生的货物短少、损坏等不承担责任。

（2）包板运输的货物只能装在托运人所包用的集装板（箱）上，如果发生所包集装器不够用的情况，余下货物应按正常手续办理散货运输。

（3）每件货物必须粘贴或拴挂货物识别标签，识别标签上的货运单号码必须与货运单一致。以一个集装器作为一个运输单元的货物，其条件符合包板人自己组装的，在目的站有指定的收货人或其代理人拆卸的包集装器货物，可以只在集装器上拴挂或粘贴一个识别标签。包集装器运输的货物的件数、重量必须准确。

（4）包板人应按约定时间将货物送到指定机场，自行办理检验检疫等手续后办理托运手续。

（5）包板运输一般只限于直达航班。如果一票货物需包用两个或两个以上集装器进行运输，且根据合同有最低计费标准时，该票货物的最低计费重量为包用的每一个集装器的最低计费重量之和。

二、航空货物集中托运

由于航空运价随着货物计费重量的增加而逐级递减，货物重量越重，代理人或集运商（Consolidator）就可以从航空公司获取更加优惠的运价。因此，集中发运大批量货物的运营模式成为众多代理人追求的目标。集中托运商将多个托运人的货物集中起来，作为一票货物交付给承运人，用较低的运价运输货物。货物到达目的地，由分拨代理商统一办理海关手续之后，再分别将货物交付给不同的收货人。航空货运市场目前还是一个对价格敏感程度非常高的市场，较低的价格意味着代理人占据了很强的竞争优势，会吸引更多的托运人发货，运送货物的总量会进一步增大，就能从航空公司拿到更加优惠的运价，这是一个非常好的良性循环，代理人会因此越做越大。对于航空货运代理人来说，规模越大越容易生存和发展。

（一）航空货物集中托运的定义

航空货物集中托运，简称航空货物集运，可以采用班机或包机运输方式，是指航空货运代理公司将若干批单独发运的货物集中成一整批货物，向航空公司办理托运，填写一份总运单送至同一目的地，然后由其委托当地的代理人负责分发给各个实际收货人的运输方式。

航空集中托运可以降低运费，是航空货运代理的主要业务之一。

航空集中托运已在世界范围内普遍开展，形成了较为完善、有效的服务系统，为促进国际贸易发展和国际科技文化交流起到了良好的作用。航空集中托运已经成为我国进出口货物的主要运输方式之一。

（二）航空货物集中托运的特点

1. 节省运费

航空货运公司的集中托运运价一般都低于"航空协会"运价。发货人可以得到低于航空公司的运价，从而节省运费。

2. 提供方便

将货物集中托运，可以使货物到达航空公司航班所能到达地点以外的地方，延伸了航空公司的服务，方便了货主。

3. 提早结汇

发货人将货物交与航空货运代理后，即可取得货物分运单，可以持分运单到银行尽早办理结汇。

（三）航空货物集中托运的限制

（1）集中托运只适合办理普通货物，对于等级运价的货物，如贵重物品、危险物品、活体动物、尸体、骨灰、外交信袋、文物等不适宜办理集中托运。

（2）目的地相同或临近的可以办理集中托运，如某一国家或地区，其他则不适宜办理。

（四）航空货物集中托运的过程

航空货物集中托运的过程如图 8-6 所示。

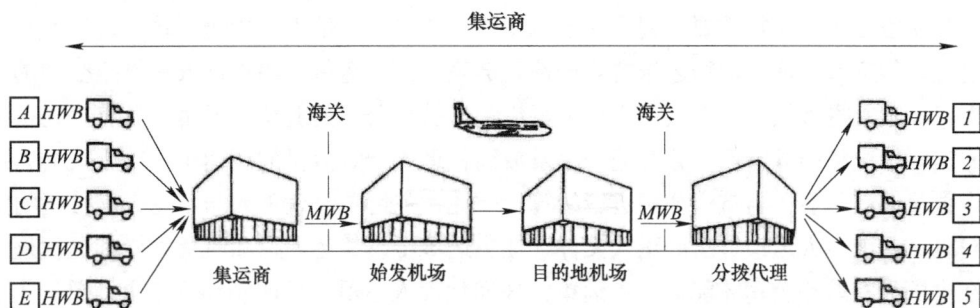

图 8-6　航空货物集中托运过程示意图

（1）发货人将各自的货物交给航空货运代理企业，航空货运代理企业对每一票货物分别制订航空运输分运单，即出具货运代理的运单（House Air Waybill，HWB）。

（2）将所有货物区分方向，按照其目的地相同的同一国家、同一城市来集中，制订出航空公司的总运单（Master Air Waybill，MWB）。总运单的发货人为货运代理企业（一般称为集运商，Consolidator），收货人为货运代理企业在目的地的代理（一般称为分拨代理商，Break Bulk Agent）。

（3）制订出该总运单项下的货运清单（Manifest），即此总运单有几个分运单，号码各是什么，其中件数、重量各多少等等。

（4）集运商将该总运单和货运清单项下一整票货物交给航空公司。一个总运单可以根据货物的具体情况附分运单。例如，一个 MWB 内有十个 HWB，说明此总运单内有十票货，发给十个不同的收货人。

（5）货物到达目的站机场后，分拨代理商作为总运单的收货人负责接货、分拨，按照不同的分运单制订各自的报关单据，并代为报关，为实际收货人办理有关接货送货事宜。

（6）实际收货人在分运单上签收以后，分拨代理商以此向集运商反馈到货信息。

（五）航空货物集中托运的文件

航空货物集中托运的文件主要有两种，分别是分运单（HWB）和主运单（MWB）。除此之外，还有集中托运货物舱单。

1. 分运单（House Air Waybill，HWB）

代理人在进行集中托运货物时，首先从各个托运人处收取货物，在收取货物时，需要给托运人一个凭证，这个凭证就是分运单。它表明托运人把货物交给了代理人，代理人收到了托运人的货物，所以分运单就是代理人与发货人交接货物的凭证。代理人可以自己颁布分运单，不受航空公司的限制，但通常的格式还是按照航空公司的主运单来制作。在分运单中，托运人栏和收货人栏都是真正的托运人和收货人。

2. 主运单（Master Air Waybill，MWB)

代理人在收取货物之后，进行集中托运，需要把来自不同托运人的货物集中到一起，交给航空公司，代理人和航空公司之间就需要一个凭证，这个凭证就是主运单。主运单对于代理人和航空公司都非常重要，因为它承载了货物的最主要信息。货物运输的过程就是信息流的过程，信息流保证了货物运送的安全性和准确性。主运单表明代理人是航空公司的销售代理人，表示取得授权的代理人在市场上可以销售航空公司的舱位。通常，航空公司根据代理人的实际情况和结算周期，分时间间隔发放给代理人一定数量的货运单，通常代理人销售完一定数量的运单后，与航空公司进行结算。因此，主运单是代理人与承运人交接货物的凭证，同时又是承运人运输货物的正式文件。在主运单中，托运人栏和收货人栏都是代理人。

在中国只有航空公司才能颁布主运单，任何代理人不得自己印制和颁布主运单。

3. 集中托运货物舱单（Manifest）

一票集中托运货物的所有分运单都要装在结实的信封内附在主运单后，并在货运单"Nature and Quantity"栏内注明"Consolidation as per attached manifest"。这又涉及另外一个文件，即集中托运货物舱单。

由于在主运单中，货物的品名是通过品名栏中注明的"集中托运货物的相关信息附在随带的舱单中"，并没有列出具体的货物品名，因此需要查询集中托运货物舱单，才能了解在这种主运单中有哪些分运单和货物。通过集中托运货物舱单，我们可以查询各个分运单号，以及各个分运单中货物的运送目的地、件数、重量、体积等项目。

另外，对于集中托运货物，要在每一件货物上贴上识别标签，在识别标签上要特别注明主运单号和分运单号，以便在运输过程中对货物进行核对和清点。

三、班机运输

（一）班机运输的定义

班机是指在固定航线上定期航行的航班，即固定始发站、目的站和途经站的飞机。

班机运输是在固定航线上的固定起落站，按照预定时间定期航行的运输方式。

一般航空公司都使用客货混合型飞机，一方面搭载旅客，一方面运送少量货物。一些较大的航空公司在某些航线开辟定期的货运航班，使用全货机运输货物。

（二）班机运输的特点

1. 迅速准确

由于班机具有固定航线、固定始发站和目的站、固定航期以及固定停靠站的特点。因此，国际货物运输使用班机方式，能够准确、迅速地运到世界上各通航地点。

2. 方便货主

收货人、发货人可以确切掌握货物的起运和到达时间。对于市场急需商品、鲜活易腐货物以及贵重货物，使用班机运输的方式对货主非常有利和方便。

3. 舱位有限

班机运输一般是客货混载，所以舱位有限，不能满足大批量货物的及时出运，往往需要分期分批进行运输。遇有大批量货物需要运输时，应该考虑其他运输方式。

四、包机运输

包机运输方式可以分为整架包机运输和部分包机运输两种形式。

（一）整架包机运输

整架包机又称整包机，是指航空公司或包机代理公司，按照与租机人事先约定的条件和费率，将整架飞机租给租机人，从一个或几个航空站装运货物到指定目的地的运输方式。

整架包机的租期，要在货物装运前一个月向航空公司谈妥，以便航空公司安排飞行运载和向起降机场及有关部门申请入境及办理有关手续。

整架包机的费用，一次一议，随国际市场供求情况变化。中国民航的包机运费，是按每一飞行公里固定费率核收费用，并对"空放"按照每一飞行公里收取运价80%的空放费。因此，大批量货物使用包机时，要争取来回程都有货载，如果只使用单程进行载货，运费会比较高。

（二）部分包机运输

部分包机是指由几家航空货运代理或者发货人联合包租一架飞机，或者由包机公司把一架飞机的舱位分别租给几家航空货运代理公司装载货物。

（三）部分包机与班机的比较

（1）部分包机的时间比班机运输时间长。尽管部分包机有固定的时间表，但往往因其他原因而不能按时起飞。

（2）部分包机的运费比班机运费低。

（3）各国政府为了保护本国航空公司的利益，常常对从事包机运输业务的外国航空公司实行各种限制。例如，降落地点受到限制，如果要降落在指定地点以外的其他地点，必须要向当地政府的有关单位申请，经同意后才能降落。因此包机运输的活动范围有限。

（四）包机运输的优点

（1）解决班机舱位不足的问题，满足了大批量货物进出口运输的需要。

（2）货物全部由包机运出，节省时间和多次发货的手续。

（3）可以由承租飞机的双方议定航程的起止点和中途停靠的空港，因此更具有灵活性，弥补没有直达航班的不足，并且不需要中转。

（4）减少货损、货差。

（5）在空运的旺季缓解航班紧张的状况。

（6）解决海鲜、活体动物等的运输问题。

（7）包机的运费比班机低，且随着国际市场供需情况的变化而变化。

单元六 特种货物收运

特种货物包括鲜活易腐货物、活体动物、危险物品、超大超重货物、贵重货物、尸体、骨灰、作为货物运送的行李等。这类货物的运输量呈现明显的增长趋势，由于运输这类货物的利润空间比普通货物要大，因此越来越受到航空公司、代理公司的重视。同时，由于运输特种货物操作难度较大，容易出现问题，因此，运输特种货物除按照一般运输规定外，还应该严格遵守每一类特种货物的特殊规定。

一、鲜活易腐货物

（一）鲜活易腐货物的定义

鲜活易腐货物是指在一般运输条件下易于死亡或变质腐烂的货物，如：虾、蟹类，肉类，花卉类，水果类，蔬菜类，沙蚕、活赤贝、鲜鱼类，植物、树苗类，蚕种类，蛋种类，乳制品类，冰冻食品类，药品类，血清、疫苗、人体白蛋白、胎盘球蛋白等。

此种货物，一般要求在运输和保管中采取特别的措施，如冷藏、保温等，以保持其鲜活或不变质。

（二）鲜活易腐货物的收运条件

1. 文件要求

鲜活易腐货物应具有必要的检验合格证明和卫生检疫证明，还应符合有关到达站国家关于此种货物进出口和过境规定。托运人交运鲜活易腐货物时，应该书面提出在运输中需要注意的事项以及允许的最长运输时间。

2. 包装要求

（1）必须有适合此种货物特性的包装。要注意不致因在运输途中包装破损或有液体溢出而污损飞机或其他装载物。

（2）凡怕压货物，外包装应坚固抗压。需通风的货物，包装上应有通气孔。需冷藏冰冻的货物，容器应严密，保证冰水不致流出。

（3）带土的树种或植物苗等不得用麻袋、草包、草绳包装，应用塑料袋包装，以免土粒、草屑等杂物堵塞飞机空气调节系统。

（4）为了便于搬运，鲜活易腐货物每件重量以不超过 25 千克为宜。

3. 标签要求

除了识别标签外，货物的外包装上还应该拴挂"鲜活易腐"标签和向上标签。

（三）鲜活易腐货物运输的文件

1. 货运单

（1）货运单品名栏"Nature and Quantity"应注明"Perishable"字样。

（2）注明已订妥的各航段航班号/日期。

2. 其他文件

在"Handling Information"栏内注明其他文件的名称和注意事项，并将装有各种卫生检疫证明的信封钉在货运单后面，随货运单一同寄出。

（四）鲜活易腐货物的存储

为减少鲜活易腐货物在仓库存放的时间，托运人或收货人可以直接到机场办理交运或提取手续。

（五）鲜活易腐货物的运输

（1）承运前必须查阅空运货物运价表（The Air Cargo Tariff，TACT）规则手册中的第七部分，关于各个国家对鲜活易腐物品进出口、转口的运输规定。比如，机场能否提供冷库、清关的时间范围等，确定无误后方可承运。

（2）鲜活易腐货物应优先发运，尽可能利用直达航班。

（3）收运鲜活易腐品的数量必须取决于机型以及飞机所能提供的调温设备。

（4）需提前订妥航班。

（5）鲜活易腐货物运达后，应由航空公司或其地面代理立即通知收货人前来机场提取。

（6）承运前还应查阅 TACT 规则手册中的第八部分有关承运人对鲜活易腐品的承运规定。

（7）如果在周末和节假日无法办理清关手续，应尽量安排货物在工作日到达中转站或目的站。

（六）对几类鲜活易腐品在处理中的要求

1. 鲜花

鲜花对温度的变化很敏感，所收运的数量应取决于机型的要求，通常可以采用集装箱运输，托运人应在飞机起飞前的最后限定时间内到机场交货，装机时应注意天气的变化。

2. 蔬菜

由于一些蔬菜含有较高的水分，如果不保持充分通风，会导致氧化变质。因此，每件包装必须保证通风。摆放时应远离活动物及有毒物品，以防止污染。如果用集装箱装运，不可与其他货物混装。大多数蔬菜会散发出乙醇气体，会对鲜花和植物造成影响，因此蔬菜不可与鲜花、植物放在同一舱内。

3. 新鲜/冷冻的鱼、肉

必须密封包装，不致渗漏液体。必须小心存放以免造成污染。机舱和集装器内必须保持洁净，如果之前运输过活动物，必须先进行消毒处理，操作人员也应经过卫生检查。

4．干冰

干冰常被作为货物的冷却剂。因此，应在货物包装、货运单以及舱单上注明。

干冰是固态的二氧化碳，因此用干冰冷却的货物包装上应有使二氧化碳气体散出的漏孔，并根据国际航空运输协会（IATA）有关对限制物品的规定，在货物外包装上做好标记或贴上有关标贴。

（七）运输不正常的处理

（1）如遇班机延误、衔接脱班，因延长运输时间而对货物的质量产生影响时，航空公司应该及时通知收货人或托运人，征求处理意见，并尽可能按照对方的意见进行处理。在此期间，对鲜活易腐货物要按要求妥善保管。同时，尽可能安排最早的航班运出。

（2）在运输过程中货物发生腐烂变质或在目的站由于收货人未能及时提取货物使货物腐烂变质时，航空公司将视具体情况将货物毁弃或移交当地海关和检疫部门处理，由此发生的额外费用将通过货运单填制人向托运人收取。发现此类货物腐烂变质时，航空公司将填写运输事故记录并通知托运人或收货人。

二、活体动物

（一）活体动物的定义

由于航空运输的快捷性和安全性，活体动物的运输在整个国际航空运输中占有非常重要的地位。

活体动物不同于其他货物，对环境的变化非常敏感。由于活体动物的种类繁多，各具特性，工作中容易出现各种各样的麻烦。因此，工作人员一方面应该多了解各种动物的特性，另一方面应该严格按照运输规则来组织运输。

国际航空运输协会（IATA）每年出版一期《活体动物规则》（Live Animals Regulations，LAR），包括了有关活体动物运输的各项内容，如包装种类、操作和仓储标准等，目的是保证活体动物安全到达目的地。

（二）一般规定

（1）收运活体动物应以《活体动物规则》为依据，严格遵守各项规定。

（2）装卸活体动物时必须谨慎，以确保动物和人的健康与安全。

（3）装卸活体动物时应避免污染其他货物。

（三）收运条件

1．基本条件

（1）交运的动物必须健康状况良好，无传染病，并具有卫生检疫证明。

（2）托运人必须办妥海关手续，根据有关国家的规定，办妥进出口和过境许可证，以及目的地国家所要求的一切文件。

（3）妊娠期的哺乳动物，一般不予收运，除非兽医证明动物在运输过程中无分娩的可能，方可收运。但必须对此类动物采取防护措施。

（4）对于成年动物与尚在哺乳期的幼畜同时交运的情况，只有成年动物与幼畜可以分开时，方可收运。

（5）有特殊不良气味的动物，不予收运。

2. 包装要求

（1）动物容器的尺寸，应适合不同机型的舱门大小和货舱容积。容器的大小应适应动物的特性，并应为动物留有适当的活动余地，大型动物容器需适合用机械进行装卸的要求。

（2）容器应坚固，防止动物破坏、逃逸和接触外界。容器上应有便于搬运的装置。动物的出入口处，应设有安全设施，以防发生事故。

（3）容器必须防止动物粪便漏溢，污损飞机，必要时加放托盘和吸湿物（禁止用稻草做吸湿物）。

（4）容器必须有足够的通气孔以防止动物窒息。对不能离水的动物，包装应注意防止水的漏溢以及避免造成动物因缺氧而在途中死亡。

（5）必要时容器内应备有饲养设备和饲料。

3. 文件要求

（1）活体动物运输托运证明书。托运人每交运一批动物，应填制活体动物运输托运证明书，一式两份，活体动物运输托运证明书应由托运人签字，一份交承运人留存，一份和其他证件一起附在货运单上寄往目的站。

填写完活体动物运输托运证明书，托运人声明动物健康状况良好，并根据《活体动物规则》中的规定和有关承运人、国家的要求对货物进行适当的包装，使其符合空运条件。

（2）货运单。货运单的品名栏内必须写明与《活体动物规则》中一致的动物俗名和动物的数量。

货运单上应注明已订妥的各航段航班号/日期。

所有文件的名称和其他操作要求都应写在"Handling Information"栏中。

（3）其他文件。其他文件包括动物卫生检疫证明、有关国家的进出口许可证等。

4. 标签和标记

容器上应清楚地注明收货人的姓名和详细地址（与货运单上相同），容器上还应注明动物的习性和特性，有关特殊饲养的方法及应注意的事项。

容器上应贴有下列标贴：

（1）"动物"标贴（LIVE ANIMALS）。

（2）"不可倒置"标贴（THIS SIDE UP）。

（3）对危害人的有毒动物应贴"有毒"标贴（POISONOUS）。

5. 仓储要求

（1）根据动物的习性，野生动物（包括哺乳动物和爬行动物）喜欢黑暗或光线暗淡的环境，一般放置在安静阴凉处，家畜或鸟类一般置于敞亮处。

（2）不可在高温、寒冷、降雨等恶劣天气时露天存放活体动物。

（3）装载活体动物的容器要求与其他货物有一定的隔离距离以便通风。

（4）互为天敌的动物、来自不同地区的动物、发情期的动物不能一起存放。

（5）动物不能与食品、放射性物质、毒性物质、传染物质、灵柩、干冰等放在一起。

（6）实验用动物应与其他动物分开存放，避免交叉感染。

（7）除非托运人有特别要求，承运人不负责给动物喂食、喂水。

（8）经常存放动物的区域应定期清扫，清扫时应将动物移开。

6. 运输要求

（1）必须在订妥全程舱位之后方可收运。

（2）动物运输不办理运费到付。

（3）动物运输应尽量利用直达航班，如果无直达航班，应尽量选择中转次数少的航班。

（4）应注意动物运达目的站的日期，尽量避开周末和节假日，以免动物运达后延误交付，造成动物死亡。

（5）只有部分机型的下货舱可以通风和控制温度。因此，动物装载在下货舱内运输时，应考虑不同的飞机所提供的运输条件。

（6）动物在运输过程中，由于自然原因而发生的病、伤或死亡，承运人不负责任，除非证明由于承运人造成的责任。

（7）由于托运人的过失或违反承运人的运输规定，致使动物在运输过程中造成对承运人或第三者的伤害或损失时，托运人应负全部责任。

（8）动物在运输途中或到达目的地后死亡（除承运人的责任事故外）所产生的一切处理费用，应由托运人或收货人承担。

三、危险物品

（一）危险物品的定义

危险物品（Dangerous Goods）是指在航空运输中，可能危害人身健康、安全或对财产、环境造成损害的物品或物质。

（二）危险物品的分类

航空运输危险物品应按照《危险物品手册》（Dangerous Goods Regulations，DGR）进行。根据所具有的不同危险性，危险物品分为九大类。其中有些类别又可分为若干项。具体分类如下：

第一类 爆炸物

第 1.1 项 具有巨量爆炸危害的物质和物品

如：火药

第 1.2 项 具有射出危害，但无巨量爆炸危害的物质和物品

如：导弹

第1.3项　具有起火危害，以及轻微的爆破危害，或者轻微的射出危害，或者两者皆俱，但无巨量爆炸危害的物质和物品

如：燃烧弹

第1.4项　不致引起重大危害的物质和物品

如：爆竹

第1.5项　具有巨量爆炸危害，但很不敏感的物质

如：爆破用炸药

第1.6项　无巨量爆炸危害，且极不敏感的物品

第二类　压缩的、液化的或受压溶解的气体

第2.1项　易燃气体

如：乙炔

第2.2项　非易燃、无毒性气体

如：压缩空气

第2.3项　毒性气体

如：溴甲烷

第三类　易燃液体

第Ⅰ包装群：低闪点液体

如：乙醚

第Ⅱ包装群：中闪点液体

如：甲苯

第Ⅲ包装群：高闪点液体

如：煤油

第四类　易燃固体，起火物质，与水反应物质

第4.1项　易燃固体

如：安全火柴

第4.2项　起火物质

如：活性炭

第4.3项　遇水释出易燃气体之物质

如：镁粉

第五类　氧化物质及有机过氧化物质

第5.1项　氧化物质

如：硝酸钠

第5.2项　有机过氧化物

第六类　毒性物质及感染性物质

第6.1项　毒性物质

如：砷

第6.2项　感染性物质

如：医疗废弃物

第七类　放射性物料

如：铀

第八类　腐蚀性物质

如：硫酸、硝酸、醋酸

第九类　其他危险货品

其他危险物质或物品

如：石棉、干冰、环境有害物质、救生器材、电池驱动的设备或车辆

（三）危险物品的包装类别

危险物品按照其危险程度划分为三个包装类别。

1. Ⅰ类包装

货物具有大的危险性，包装强度要求高。

2. Ⅱ类包装

货物具有中等危险性，包装强度要求较高。

3. Ⅲ类包装

货物具有小的危险性，包装强度要求一般。

（四）《危险物品手册》（Dangerous Goods Regulations，DGR）

《危险物品手册》是根据《芝加哥公约》附件 18 和国际民用航空组织 ICAO 技术指南的内容而编制的，国际航协组织了一些危险物品运输专家每年对其内容进行修改，所有的承运人和代理人都统一使用最新出版的《危险物品手册》。

《危险物品手册》以运输专用名称的顺序公布了各类危险物品的包装、标签、数量等方面的要求。

（五）危险物品的文件

1. 危险品申报单

（1）托运人必须填写一式两份的危险品申报单，签字后一份交始发站留存，另一份随货物运至目的站。

（2）申报单必须由托运人填写、签字并对申报的所有内容负责。

（3）任何代理人都不可替代托运人签字。

2. 货运单

在货运单中的"Handling Information"栏注明"Dangerous Goods as Per Attached Shipper's Declaration"。

（六）危险物品的运输

1. 预先检查原则

（1）危险物品的包装件在组装集装器或装机之前，必须进行认真检查，包装件在完全符合要求的情况下，才可继续进行作业。

检查的内容包括：外包装无漏洞、无破损，包装件无气味，无任何漏泄及损坏的迹象。

（2）包装件上的危险性标签和操作标签正确无误、粘贴牢固，包装件的文字标记书写正确，字迹清楚。

2. 方向性原则

装有液体危险物品的包装件均按要求贴有向上标签（需要时还应标注"THIS SIDE UP"），在搬运、装卸、装集装板或集装箱以及装机的全过程中，必须按该标签的指向使包装件始终保持直立向上。

3. 轻拿轻放原则

在搬运或装卸危险物品包装件时，无论是采用人工操作还是机械操作，都必须轻拿轻放，切忌磕、碰、摔、撞。

4. 固定货物、防止滑动原则

危险物品包装件装入飞机货舱后，装载人员应设法固定，防止危险物品在飞机飞行中倾倒或翻滚，造成损坏。

四、超大超重货物

（一）超大超重货物的定义

超大货物一般是指需要一个以上的集装板方能装下的货物，这类货物的运输需要特殊的装卸设备以及处理程序。

超重货物一般是指每件超过 150 千克的货物，但最大允许货物的重量主要还取决于飞机的机型（地板承受力）、机场设施以及飞机在地面停站的时间。

（二）收运条件

1. 订舱要求

如果一票货物包括一件或几件超大超重货物，订舱时应说明货物的重量和尺寸，并在货运单内单独列明，承运人可提前制订装载计划并准备必要的固定设施。

2. 包装要求

托运人所提供的包装应便于承运人操作，如托盘、吊环等，必要时应注明中心位置。

（三）运输

（1）确保货物内部不含有危险性的物品（像电池、燃油）。如果有此类物品，应按 TACT 规则手册有关危险品规定来处理。

（2）托运人应提供装卸超大、超重货物的设施。

（3）重货尽量装在集装器的中间位置。

（4）如果装载的货物未超过集装箱的三分之二的容积，属于重货，需要固定。

五、贵重货物

（一）贵重货物的定义

凡交运的一批货物中，含有下列物品中的一种或多种的，称为贵重货物。

（1）其声明价值毛重每公斤超过或等于1000美元的任何物品。

（2）黄金（包括提炼或未提炼过的金锭）、混合金、金币以及各种形状的黄金制品，如金粒、片、粉、绵、线、条、管、环和黄金铸造物。

（3）白金（铂）类稀有贵重金属（钯、铱、锇、钌、锇）和各种形状的铝合金制品，如铅粒、绵、棒、锭、片、条、网、管、带等。

但上述金属以及合金的放射性同位素则不属于贵重货物，而属于危险品，应按危险品运输的有关规定办理。

（4）合法的银行钞票、有价证券、股票、旅行支票及邮票。

（5）钻石（包括工业钻石）、红宝石、蓝宝石、绿宝石、蛋白石、珍珠（包括养殖珍珠），以及镶有上述钻石、宝石、珍珠等的饰物。

（6）金、银、铂制作的饰物和表。

（7）金、铂制品（不包括镀金、镀铂制品）。

（二）收运条件

在收运贵重货物时要特别注意下列要求。

1．包装要求

贵重货物应用硬质木箱或铁箱包装，不得使用纸质包装，必要时外包装上应用"井"字铁条加固，并使用铅封或火漆封志。

2．标签与标记

（1）贵重货物只能使用挂签。

（2）除识别标签和操作标签外，贵重货物不需要任何其他标签和额外粘贴物。

（3）货物的外包装上不可有任何对内装物做出提示的标记。

3．价值要求

（1）托运人交运贵重货物自愿办理声明价值。

（2）每票货运单货物的声明价值不得超过10万美元。

（3）每票货运单货物的声明价值超过10万美元时，应该请托运人分批托运，即分几份货运单托运，同时说明由此产生的运费差额或其他费用由托运人负担。

（4）每次班机上所装载的贵重货物，价值不得超过100万美元。

4. 文件要求

（1）货运单。

①详细的托运人、通知人和收货人的名称、地址、联系电话。

②除在"Nature and Quantity of Goods"栏内填写真实的货物名称、准确净重、内装数量外，还应注明"Valuable Cargo"字样。

③注明已订妥的各航段航班号 / 日期。

④贵重货物不可与其他货物作为一票货物运输。

（2）其他文件。

①其他文件的名称和操作要求在"Handling Information"栏内注明。

②参阅空运货物运价表（TACT）有关国家规定。

5. 订舱要求

（1）优先使用直达航班。

（2）收运贵重货物前，必须订妥全程舱位，并符合有关承运人的运输条件。

（3）如需变更续程承运人，必须得到有关承运人的许可。

（4）贵重货物如需特别安全措施，应在电文中特别注明。如有关航站需采取特别安全措施，如安排警卫，由此产生的费用，应由托运人负担，如托运人拒付，航空公司则不予收运。

（5）托运人应预先将货物的航班安排情况通知收货人。

6. 仓储要求

（1）贵重货物应存放在贵重货物仓库内，并随时记录出、入库情况。货物交接时必须有书面凭证并双方签字。

（2）保证始发站、中转站和目的站机场都设有贵重货物仓库。

（3）总重量在 45 千克以下，单件体积不超过 45 厘米 ×30 厘米 ×20 厘米的贵重货物，应放在机长指定的位置，有保险箱的尽量放在保险箱内，超过上述体积和重量的应放在有金属门的集装箱内或飞机散舱内。

7. 运输要求

（1）运输贵重货物，应该尽量缩短货物在始发站、中转站和目的站机场的时间，避开周末或节假日交运。

（2）贵重货物在装机或者装集装箱的过程中，至少应有三人在场，其中一人必须是承运人的代表。

（3）装在集装箱内的贵重货物，装机站负责监护装机至飞机舱门关闭，航班离港后，装机站应立即用电话或电报通知卸机站，并做详细记录。卸机站接到通知后，应安排专人监督卸机直至货物入库。

（4）中转站接收中转的贵重货物，应进行复核。发现包装破损或封志有异，应停止运输，并征求始发站的处理意见。

（5）贵重货物不得使用地面运输。

（6）如果发现贵重货物有破损、丢失或短少等迹象，应该立即停止运输，填写货物不正常运输记录并通知有关部门。

（7）收货人提取货物前，应仔细检查货物包装，如有异议时，应该当场向承运人提出，必要时重新称重，并详细填写运输事故记录。

六、尸体

1. 包装要求

（1）尸体应经过防腐处理，然后装入厚塑料袋中密封，放在金属箱内。

（2）金属箱内应铺放木屑和木炭等吸湿物，连接处焊牢，以防气味或液体渗溢。

（3）金属箱外应套装木棺，木棺的两侧应装有便于装卸的把手。

2. 文件要求

（1）证明文件。托运人必须提供卫生或其他有关部门出示的死亡证明书、入殓证明书。

①死亡证明书。死亡证明书应包括下列内容：死者姓名、年龄、性别、国籍；死亡日期；死亡原因，特别注明属于非传染病而死亡。

②入殓证明书。入殓证明书应说明尸体的包装符合金属箱内应铺放木屑和木炭等吸湿物，连接处焊牢，以防气味或液体渗溢的要求；棺内除尸体及衬垫外，无其他物品；证明书上的死者姓名等项，应与死亡证明书上所列内容相符。

各证明书一式两份，一份留始发站存查，另一份附在货运单后，随货物带往目的地。

（2）货运单。在货运单"路线和目的站"栏内要填写指定的运输路线和各航段指定的承运人。

①在"航班／日期"栏内应填写已订妥舱位的航班及日期。

②在"货运单所附文件"栏内，应注明附有死亡证明书及入殓证明书各一份。

（3）在货物的外包装上应加贴"急货"及"不可倒置"标贴。

3. 运输要求

（1）灵柩必须最迟在飞机起飞前 2 小时由托运人送往机场。

（2）灵柩尽量装在集装板上。

（3）灵柩必须远离动物和食品。

（4）灵柩必须在旅客登机前装机，在旅客下机后卸机。

（5）散装时，灵柩不能与动物装在同一货舱内。

（6）灵柩只可以水平放置，不可以直立或侧放。

（7）灵柩装机前或卸机后，灵柩应停放在僻静地点，如果条件允许，应加盖罩布，与其他货物分开存放。

（8）分别装有灵柩和动物的集装器，装机时中间至少应有一个集装器间隔。

（9）凡经中国中转的尸体，续运前应停放在当地办理丧葬部门的停尸室内。如中转时间不长，也可停放在机场适当地点，但应妥善处置，加盖罩布，与一般货物分开。

（10）到达站在收到关于尸体运输的通知后，将及时通知收货人在飞机到达前在机场等候提取。

另外，由于传染病而死亡的尸体，必须火化后作为骨灰方可收运。

七、骨灰

1. 包装要求

骨灰需装在封妥的罐内或盒内，外面用木箱套装。

2. 文件要求

（1）证明文件。托运人必须提供卫生或其他有关部门出示的死亡证明书、火化证明书。各证明书一式两份，一份留始发站存查，另一份附在货运单后，随货物带往目的站。

（2）货运单。

①在货运单上加注"急"或加盖"急"的字样标记。

②在"货运单所附文件"栏内应注明附有死亡证明书及火化证明书各一份。

3. 运输要求

（1）骨灰可装在下货舱，亦可由旅客随身携带。

（2）应事先通知机组人员。

八、作为货物运送的行李

1. 作为货物运送的行李的定义

作为货物运送的行李，又称为无人押运行李，仅限于旅客本人的衣服和与旅行有关的私人物品，包括手提打字机、小型乐器、小型体育用品，但不包括机器或机器零件、货币、证券、珠宝、表、餐具、镀金属器皿、皮毛、影片或胶卷、照相机、票证、文件、酒类、香水、家具、商品或销售样品。

2. 收运基本条件

（1）作为货物运送的行李，只能在旅客客票中所列各地点的机场之间运输，并且行李交付的时间不得晚于旅客乘机旅行当天。

（2）旅客须如实申报行李内容、提供有关的文件、自行办理海关手续，并支付所需费用。

（3）该货物运输的具体时间由承运人决定。

（4）行李折扣运价不得和任何普通货物运价或指定商品运价相加使用，以致相加后的运价低于适用的规定或组合运价。

（5）如果不满足上述条件，则其他任何航程均只能采用普通货物运价或指定商品运价。

3. 文件要求

收运此种货物，需要将旅客的客票号码、所乘班机的航班号、乘机日期等填入货运单，在"货物品名及数量"栏内应填明"无人押运行李"。

在客票上应填写货运单号码、货物的件数和重量。

4. 运输要求

在运输过程中，为了便于识别旅客交运的行李和作为货物运送的行李，在作为货物运送的行李上应加挂货物标贴。

同 步 训 练

一、单选题

1. （　　　）是指在航空运输中，可能危害人身健康、安全或对财产、环境造成损害的物品或物质。

    A. 生鲜物品　　　　B. 危险物品　　　　C. 易腐物品　　　　D. 贵重物品

2. 国际航空运输协会的简称是（　　　）。

    A. IATA　　　　　B. CIFA　　　　　C. FIATA　　　　　D. IMO

3. 危险物品分为（　　　）类。

    A. 五　　　　　　B. 六　　　　　　C. 八　　　　　　D. 九

二、多选题

1. 以下属于贵重货物的有（　　　　）。

    A. 黄金　　　　　B. 有价证券　　　　C. 镀金首饰　　　　D. 养殖珍珠

2. 国际航空运输协会的活动有（　　　　）。

    A. 协商制定国际航空客货运价　　　　B. 统一国际航空运输规章制度

    C. 开展业务代理　　　　　　　　　　D. 进行技术合作

3. 作为货物运送的行李，又称为无人押运行李，仅限于旅客本人的衣服和与旅行有关的私人物品，包括（　　　　）。

    A. 小型乐器　　　　　　　　　　　　B. 小型体育用品

    C. 餐具　　　　　　　　　　　　　　D. 家具

三、计算题

某旅客乘飞机从中国北京前往美国华盛顿。该旅客 6 月 1 日乘南航班机从北京启程，北京时间是 10:33。到达华盛顿时，当地时间为 6 月 1 日 16:46。

请计算该旅客的飞行时间。

模块九
国际航空货运代理实务

Project 9

学习目标

📖 知识目标

- ○ 了解航空货运代理的发展
- ○ 了解航空货运代理公司的职能
- ○ 了解国际航空货物运价体系

〜 能力目标

- ○ 熟悉航空货物出口运输代理业务流程
- ○ 熟悉航空货物进口运输代理业务流程
- ○ 掌握国际航空运费的计算

单元一　航空货运代理

随着航空货物运输业务的发展，航空货运代理业应运而生。采用航空货运形式进出口货物，需要办理一定的手续，例如：出口货物在始发地交航空公司承运前需办理订舱、储存、制单、报关、交运等，进口货物在抵达目的地后需办理接货、监管、储存、制单、报关、送货及转运等。航空公司一般不负责上述业务，所以收货人、发货人必须通过航空货运代理公司办理航空货运业务，或自行向航空公司办理航空货运业务。

航空公司的主要业务为飞行保障，受人力、物力等诸多因素的影响，难以直接面对众多的客户以及处理航运前和航运后繁杂的服务项目。这就需要航空货运代理公司代为负责出口揽货、组织货源、出具运单、收取运费、进口疏港、报关、报检、送货、中转等业务，使航空公司能够集中精力，专注于自身的业务。

航空货运代理公司的工作是整个航空运输中不可缺少的一环，其服务功能为货主及航空公司双方都带来方便和好处。随着我国对外贸易的大幅度增长，航空货运代理行业得以迅速发展。

航空货运代理公司作为货主和航空公司之间的桥梁和纽带，一般具有两种职能：一是为货主提供服务的职能，代替货主向航空公司办理托运或提取货物；二是航空公司的代理职能，部分货运代理还代替航空公司接受货物，出具航空公司的总运单和自己的分运单。

航空货运代理公司大多对航空运输环节和相关的规章制度十分熟悉，并与各航空公司、机场、海关、商检、卫检、动植检以及其他相关部门有着广泛而密切的联系。具有代办航空货运的各种设施和必备条件。同时各航空货运代理公司在世界各地或有分支机构，或有代理网络，能够及时进行联络，掌握货物运输的全过程。因此，委托航空货运代理公司办理进出口货物比委托航空公司更为便利。

单元二　航空货物出口运输代理业务流程

航空货物出口运输代理业务流程是指托运人委托托运货物，代理人从接受货物运输委托到货物出境的各个环节所需办理的手续及准备单证的全过程。

航空货物出口运输代理业务流程包含市场销售、委托运输、审核单证、预配舱位、预订舱位、接受单证、填制货运单、接收货物、加标记和标签、配舱、订舱、出口报关、编制出仓单、提板箱、装板箱、签单、交接发运、航班跟踪、信息服务、费用结算共20个环节，如图9-1所示。

市场销售	→	委托运输	→	审核单证	→	预配舱位	→	预订舱位
配舱	←	加标记和标签	←	接收货物	←	填制货运单	←	接受单证
订舱	→	出口报关	→	编制出仓单	→	提板箱	→	装板箱
费用结算	←	信息服务	←	航班跟踪	←	交接发运	←	签单

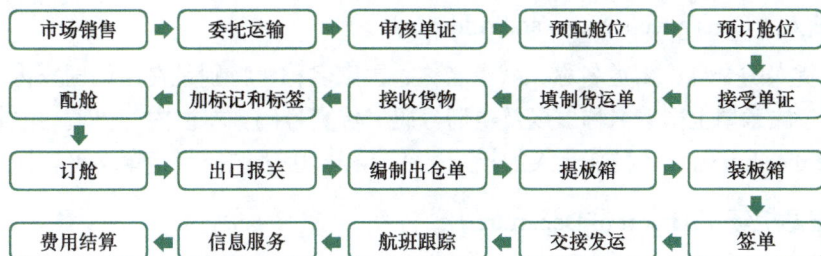

图 9-1　航空货物出口运输代理业务流程图

一、市场销售

作为航空货物运输销售代理，销售的产品是航空公司的舱位，只有飞机舱位配载了货物，航空货物运输才真正具有了实质性的内容，因此，承揽货物这项工作的成效直接影响航空货运代理公司的发展，是航空货运代理的一项至关重要的工作。

从营销战略角度来分析，货运代理公司要对整个区域经济的发展有充分的了解，了解哪些行业的产品适合使用空运。从发展趋势进行潜在市场分析，了解城市经济的未来发展规划，该区域会增加哪些高科技企业，这些企业有哪些适合航空运输的产品，货量有多大。从每位营销业务员的角度来看，市场竞争越来越激烈，适用于市场不断变化的新型公司管理模式快速涌现，要求货运代理公司对市场的反应非常敏感，产品能够很快满足市场的变化需求，因而对其营销业务员的素质要求也越来越高。营销业务员不仅要对本公司的业务流程非常熟悉，知识面宽广，而且要能够在变化的市场面前迅速地把握住时机。

在具体操作时，需及时向出口单位介绍本公司的业务范围、服务项目、各项收费标准，特别是向出口单位介绍优惠运价，介绍本公司的服务优势等。

二、委托运输

航空货运代理公司与出口公司（发货人）就出口货物运输事宜达成意向后，可以向发货人提供所代理的有关航空公司的"国际货物托运书"。对于长期出口或出口货量大的公司，航空货运代理公司一般都与之签订长期的代理协议。

托运书是托运人用于委托承运人或其代理人填开航空货运单的一种单证。货运单一般应由托运人填写，也可由承运人或其代理人代为填写。实际上，目前货运单均由承运人或其代理人代为填制。为此，托运书作为填开货运单的依据，应由托运人自己填写，而且托运人必须在上面签字或盖章。托运书上列有填制货运单所需各项内容，并印有授权承运人或其代理人代其在货运单上签字的文字说明。

托运书包括下列内容栏：

1. 托运人（Shipper's Name and Address）

填写托运人的全称、街道名称、城市名称、国家名称以及便于联系的电话号码、传真号码。

2. 收货人（Consignee's Name and Address）

填写收货人的全称、街道名称、城市名称、国家名称（特别是在不同国家内有相同城市名称时，更应注意填上国家名称）以及电话号码、传真号码，本栏内不得填写"to order"或"to order of the shipper"（按托运人的指示）等字样，因为航空货运单不可转让。

3. 始发站机场（Airport of Departure）

填写始发站机场的全称，可填写城市名称。

4. 目的地机场（Airport of Destination）

填写目的地机场（机场名称不明确时，可填写城市名称），如果某一城市名称用于一个以上国家时，应加上国家名称。

5. 要求的路线 / 申请订舱（Requested Routing / Requested Booking）

本栏用于航空公司安排运输路线时使用，但如果托运人有特别要求时，也可填入本栏。

6. 供运输用的声明价值（Declared Value for Carriage）

填写供运输用的声明价值金额，该价值即为承运人赔偿责任的限额。承运人按有关规定向托运人收取声明价值费。但如果所交运的货物毛重每公斤不超过 20 美元（或等值货币），无须填写声明价值金额，可在本栏内填入"NVD"（No Value Declared，未声明价值）。如本栏空着未填写时，承运人或其代理人可视为货物未声明价值。

7. 供海关用的声明价值（Declared Value for Customs）

国际货物通常要受到目的站海关的检查，海关根据此栏所填数额进行征税。

8. 保险金额（Insurance Amount Requested）

中国民航各空运企业暂未开展国际航空运输代保险业务，本栏可空着不填。

9. 处理事项（Handling Information）

填写附加的处理要求。例如，另请通知（Also Notify），除填收货人之外，如果托运人还希望在货物到达的同时通知他人，请另填写通知人的全名和地址；外包装上的标记；操作要求，如易碎、向上等。

10. 运单所附文件（Documentation to Accompany Air Waybill）

填写随附在货运单上运往目的地的文件，应填上所附文件的名称。

11. 件数和包装方式（Number and Kind of Packages）

填写该批货物的总件数，并注明货物的包装方法。例如包裹（Package）、纸板盒（Carton）、盒（Case）、板条箱（Crate）、袋（Bag）、卷（Roll）等。

12. 实际毛重（Actual Gross Weight）

本栏内的重量应由承运人或其代理人在称重后填入。如果托运人已经填上重量，承运人或其代理人必须进行复核。

13. 运价类别（Rate Class）

填写所适用的运价类别。

14. 计费重量（Chargeable Weight）

本栏内的计费重量应由承运人或其代理人在测量过货物的尺寸（以厘米为单位）后，由承运人或其代理人计算出计费重量后填入（以公斤/千克为单位），如果托运人已经填上，承运人或其代理人必须进行复核。

15. 费率（Rate / Charge）

本栏可以空着不填写。

16. 货物的品名及数量（Nature and Quantity of Goods）

填写货物的品名和数量，包括体积和尺寸。

若一票货物包括多种物品时，托运人应分别申报货物的品名，填写品名不能使用"样品""部件"等比较笼统的名称。货物中的每一项都要分开填写，并尽量填写详细，本栏所填写的内容应与出口报关发票、进出口许可证上列明的货物相符。

17. 托运人签字（Shipper's Signature）

托运人必须在本栏内签字。

18. 日期（Date）

填写托运人或其代理人交货的日期。

三、审核单证

审核的单证主要包括下列 10 种单证。

1. 发票、装箱单

发票上一定要加盖公司公章（业务科室或者部门章无效），标名价格术语和货物价格。

2. 托运书

一定要注明目的港名称或目的港所在城市名称，明确运费预付或运费到付、货物毛重、收货人、发货人、电话号码、传真号码、托运人签字。

3. 报关单

注明经营单位注册号、贸易性质、收汇方式，并要求在申报单位处加盖公章。

4. 外汇核销单

在出口单位备注栏内，一定要加盖公司公章。

5. 许可证

合同号、出口口岸、贸易国别、有效期，一定要符合要求，并与其他单据相符。

6. 商检证

商检证、商检放行单、盖有商检放行章的报关单均可。商检证上应有海关放行联。

7. 进料 / 来料加工核销本

注意核销本上的合同号是否与发票相符。

8. 索赔 / 返修协议

索赔 / 返修协议要求提供正本，要求合同双方盖章，也可以签字。

9. 到付保函

凡到付运费的货物，发货人都应提供到付保函。

10. 关封

对以上单证进行审核，在内容完整、准确的情况下预配舱位。

四、预配舱位

代理人汇总所接受的委托和客户的预报，并输入系统，计算出各航线的件数、重量、体积，按照客户的要求和货物的轻重情况，根据各航空公司不同机型对不同板箱的重量和高度要求，制订预配舱方案，并对每票货配上运单号。

五、预订舱位

代理人根据所制订的预配舱方案，按照航班、日期打印出总运单号、件数、重量、体积，向航空公司预订舱位。

这一环节称为预订舱位，是因为此时货物可能还没有进入仓库，预报和实际的件数、重量、体积等都会有所差别，这些留待配舱时再进行调整。

六、接受单证

接受托运人或其代理人送交的已经审核确认的托运书及报关单证和收货凭证。将计算机系统中的收货记录与收货凭证进行核对。制作操作交接单，填上所收到的各种报关单证份数，给每份交接单配一份总运单或分运单。将制作好的交接单、配好的总运单或分运单、报关单证移交制单。如此时货未到或未全到，可以按照托运书上的数据填入交接单并注明，货物到齐后再进行修改。

七、填制货运单

填制航空货运单，包括总运单和分运单。

填制航空货运单是空运出口业务中最重要的环节，货运单填写的准确与否直接关系到货物能否及时、准确地运达目的地。航空货运单也是发货人收结汇的主要有效凭证。因此，航空货运单的填写必须详细、准确，严格符合单货一致、单单一致的要求。航空货运单因为打字错误或者其他原因需要修改时，应该在更改处加盖本公司的修改章。

填制航空货运单的主要依据是发货人提供的国际货物托运书。航空货运单一般用英文填写。托运书上的各项内容都应该体现在航空货运单上，如发货人和收货人的全称、详细地址、电话号码、传真号码、账号；出口货物的名称、件数、重量、体积、包装方式；承运人和代理人的名称和城市名称；始发地机场和目的地机场；等等。

对于已经预先订舱的货物和运费到付的货物，运单上还要注明已经订妥的航班号、航班日期。对于运输过程中需要特殊对待的货物（如需冷藏、保持干燥），应在货运单"Handling Information"一栏中注明。

对于按照体积重量计算运费的货物，在货运单上货物品名一栏中需注明体积、尺寸。托运人提供的货物合同号、信用证号等，如有必要应在货运单上进行注明。货物的实际重量，以航空公司的重量为准。重量单位一般以公斤／千克进行表示。

运价类别一般用"M、N、Q、C、R、S"来表示。

"M"表示最低重量。

"N"表示 45 千克以下普通货物运价。

"Q"表示 45 千克以上普通货物运价。

"C"表示指定商品运价。

"R"表示等级货物附减运价。

"S"表示等级货物附加运价。

所托运的货物，如果是直接发给境外收货人的单票托运货物，填开航空公司的运单即可。如果货物属于以境外代理人为收货人的集中托运货物，必须先为每票货物填开航空货运代理公司的分运单，然后再填开航空公司的总运单，以便境外代理对总运单下的各票货物进行分拨。

相对应的各分运单件数之和应与总运单的件数相符合。总运单下有多份分运单时，需制作航空货物清单。

最后制作空运出口业务日报表供制作标签用。

八、接收货物

航空货运代理公司把即将发运的货物从发货人手中接过来并运送到自己的仓库。

接收货物一般与接单同时进行。对于通过空运或铁路从内地运往出境地的出口货物，货运代理按照发货人提供的运单号、航班号及接货地点、接货日期，代其提取货物。如果货物已在始发地办理了出口海关手续，发货人应同时提供始发地海关的关封。

接收货物时应对货物进行过磅和丈量，并根据发票、装箱单或送货单清点货物，核对货物的数量、品名、合同号或唛头等是否与货运单上所列一致。

检查货物的外包装是否符合运输的要求：

（一）基本要求

（1）托运人提供的货物包装要求坚固、完好、轻便，应能保证在正常的运输情况下，货物可完好地运达目的站。同时，也不损坏其他的货物和设备。具体如下：

① 包装不破裂。

② 内装物不漏失。

③ 填塞牢固，内装物相互不摩擦、不碰撞。

④ 没有异味散发。

⑤ 不因气压、气温变化而引起货物变质。

⑥ 不伤害机上人员和操作人员。

⑦ 不污损飞机、设备和飞机上其他装载物。

⑧ 便于装卸。

（2）为了不堵塞密封舱飞机的空调系统，不得使用带有碎屑、草末等得材料做包装，如草袋、草绳、粗麻包等。包装的内衬物，如谷糠、锯末、纸屑等不得外漏。

（3）包装内部不能有凸出的棱角，也不能有钉、钩、刺等。包装外部需清洁、干燥、无异味、无油腻。

（4）托运人应在每件货物的包装上详细写明收货人、通知人、托运人的姓名和地址。如包装表面不能书写时，可写在纸板、木牌或布条上，再拴挂在货物上，填写字迹必须清楚、明晰。

（5）不得使用腐朽、虫蛀、锈蚀的材料对货物进行包装。为了安全，必要时可用塑料、铁箍进行加固。

（6）如果包装件有轻微破损，填写货运单时应在"Handling Information"栏标注详细情况。

（二）对包装材料的具体要求

通用包装有木箱、结实的纸箱（塑料打包带加固）、皮箱、金属或塑料桶等。特殊货物包装要求如下：

1. 液体类货物

（1）不论瓶装、罐装或桶装，容器内至少要有 5% ～ 10% 的空隙，封盖严密，容器不得渗漏。

（2）用陶瓷、玻璃容器盛装的液体货物，每一容器的容量不得超过 500 毫升，并需外加木箱包装，箱内装有内衬物和吸湿材料，内衬物要填牢，以防内装容器碰撞破碎。

（3）用陶瓷、玻璃容器盛装的液体货物，外包装上应加贴"易碎物品"标贴。

2. 易碎物品

（1）每件重量不超过 25 公斤 / 千克。

（2）用木箱包装。

（3）用内衬物填塞牢实。

（4）包装上应粘贴"易碎物品"标贴。

3. 精密仪器和电子管

（1）多层次包装，内衬物要有一定的弹性，但不得使货物移动位置和互相碰撞摩擦。

（2）悬吊式包装，用弹簧悬吊在木箱内，适用于电子管运输。

（3）加大包装底盘，不使货物倾倒。

（4）包装上应加贴"易碎物品"和"不可倒置"标贴。

4. 裸装货物

不怕碰压的货物，如轮胎等，可以不用包装。但不易点数或容易碰坏飞机的货物仍须妥善包装。

5. 木制包装

（1）木制包装或垫板表面应清洁、光滑、不携带任何种类植物害虫。

（2）有些国家要求在"Handling Information"栏中注明"The solid wood materials are totally free from bank and apparently free from live plant pests"，并随附熏蒸证明。

6. 混运货物

一票货物中包含有不同的物品称为混运货物。这些物品可以装在一起，也可以分别包装，但不得包含贵重货物、动物、尸体、骨灰、外交信袋、作为货物运送的行李。

九、加标记和标签

（一）标记

标记是指在货物外包装上由托运人书写的有关事项和记号。

（1）托运人和收货人的姓名、地址、联系电话、传真号码。

（2）合同号等。

（3）操作（运输）注意事项。

（二）标签

标签是对所承运货物的标识。

1. 按作用分类，可分为识别标签、特种货物标签、操作标签

（1）识别标签：说明货物的货运单号码、件数、重量、始发站、目的站、中转站的一种运输标志。分为挂签、贴签两种。

识别标签的使用要求如下：

①在使用标签之前，清除所有与运输无关的标记与标签。

②体积较大的货物需对贴两张标签。

③袋装、捆装、不规则包装除使用两个挂签外，还应在包装上写明货运单号码和目的站。

（2）特种货物标签：说明特种货物性质的各类识别标志。分为活动物标签、危险品标签和鲜活易腐物品标签。

（3）操作标签：说明货物储运注意事项的各类标志。

2. 按类别分类，可分为航空公司标签、分标签

（1）航空公司标签：航空公司对其所承运货物的标识。各航空公司的标签虽然在格式、颜色上有所不同，但内容基本相同。

标签上三位阿拉伯数字代表所承运航空公司的代号，后八位数字是总运单号码。

（2）分标签：代理公司对其已出具分运单货物的标识。凡出具分运单的货物都要制作分标签，填制分运单号码和货物到达城市或机场的三字代码。

一件货物贴一张航空公司标签，如有分运单的货物，每件再贴一张分标签。

十、配舱

配舱时，需运出的货物都已入库。这时，需要核对货物的实际件数、重量、体积与托运书上预报数量的差别。对预订舱位、板箱进行有效利用、合理搭配，按照各航班机型、板箱型号、高度、数量进行配载。

同时，对于晚到货物、未到货物以及未能顺利通关放行的货物做出调整处理，为制作配舱单做准备。实际上，这一过程一直延续到单、货交接给航空公司后才结束。

十一、订舱

订舱，就是将所接收空运货物向航空公司正式提出申请并订妥舱位。

货物订舱需根据发货人的要求和货物标识的特点而定。一般来说，大宗货物、紧急物资、鲜活易腐物品、危险品、贵重物品等，必须预订舱位；非紧急的零散货物，可以不预订舱位。

订舱的具体做法和基本步骤是接到发货人的发货预报后，向航空公司吨控部门领取并填写订舱单，同时提供相应的信息，具体信息如下：

（1）货物的名称。

（2）体积（必要时提供单件尺寸）。

（3）重量。

（4）件数。

（5）目的地。

（6）要求出运的时间。

（7）其他运输要求（温度、装卸要求、货物到达目的地的时限等）。

航空公司根据实际情况安排航班和舱位。航空公司舱位销售的原则如下：

（1）保证有固定舱位配额的货物。

（2）保证邮件、快件的舱位。

（3）优先预定运价较高的货物舱位。

（4）保留一定的零散货物舱位。

（5）未订舱的货物按交运时间的先后顺序安排舱位。

货运代理公司订舱时，可以依照发货人的要求，选择最佳的航线和最佳的承运人，同时为发货人争取最低、最合理的运价。订舱后，航空公司签发舱位确认书（舱单），同时给予装货集装器领取凭证，以表示舱位订妥。

预订的舱位有时会由于货物原因、单证原因、海关原因使得最终舱位不够或者空舱，要尽量减少此类情况的发生，并且在这类情况发生后要及时做出调整并采取补救措施。

十二、出口报关

出口报关，是指发货人或其代理人在货物发运前，向出境地海关办理货物出口手续的过程。

出口报关的基本程序如下。

（1）将发货人提供的出口货物报关单的各项内容输入计算机系统，即系统预录入。

（2）在系统预录入的报关单上加盖报关单位的报关专用章。

（3）将报关单与有关的发票、装箱单和货运单综合在一起，并根据需要随附有关的证明文件。

（4）以上报关单证齐全后，由持有报关证的报关员正式向海关进行申报。

（5）海关审核无误后，海关官员在用于发运的运单正本上加盖放行章，同时在出口收汇核销单和出口报关单上加盖放行章，在发货人用于产品退税的单证上加盖验讫章，并贴上防伪标志。

（6）完成出口报关手续。

出运修理件、更换件时，需要留取海关报关单，以备以后进口报关用。

出口货物根据动卫检部门的规定和货物种类，填制相应的动、卫签单。非动植物及其制品类，要求填制卫检申报单，加盖卫检放行章；动植物类货物除卫检申报单外，还需填制动植检报验单并加盖放行章。

化工类产品须到指定地点检验证明是否适合空运。

不同的出口货物亦有各种规定和限制。

十三、编制出仓单

配舱方案制订后即可着手编制出仓单。

出仓单上应载明日期、承运航班的日期、装载板箱形式及数量、货物进仓顺序编号、总运单号、件数、重量、体积、目的地三字代码和备注。

出仓单交给出口仓库，用于出库计划，出库时点数并向装板箱交接。

出仓单交给装板箱环节，是向出口仓库提货的依据。也是制作国际货物交接清单的依据，该清单用于向航空公司交接货物，同时还可用于外拼箱。

出仓单交给报关环节。当报关有问题时，可有针对性地进行反馈，以采取相应措施。

十四、提板箱

根据订舱计划向航空公司申领板、箱并办理相应的手续。提板箱时，应领取相应的塑料薄膜和网。对所使用的板、箱要登记、销号。

除特殊情况外，航空货运均是以"集装箱""集装板"形式装运。

航空货运代理公司将体积不超过 2 立方米的货物作为小货交与航空公司拼装；大于 2 立方米的大宗货或集中托运拼装货，一般均由货运代理自己装板装箱。

订妥舱位后，航空公司吨控部门将根据货量出具发放"航空集装箱、板"凭证，货运代理公司凭此向航空公司箱板管理部门领取与订舱货量相应的集装板、集装箱。

十五、装板箱

大宗货物、集中托运货物可以在货运代理公司自己的仓库、场地、货棚进行装板、装箱，亦可在航空公司指定的场地装板、装箱。装板、装箱时要注意以下几点：

（1）不要用错集装箱、集装板，不要用错板型、箱型。

每个航空公司为了加强本航空公司的板、箱管理，都不允许本公司的板、箱为其他航空公司的航班所用。不同公司的航空集装箱、航空集装板型号、尺寸有所不同，如果用错，会出现装不上飞机的情况。

（2）不要超装箱、板尺寸。

一定型号的箱、板用于一定型号的飞机，板、箱外有具体尺寸规定，一旦超装箱、板尺寸，就无法装上飞机。因此装箱、板时，要注意货物的尺寸，既不超装，又在要规定的范围内用足箱、板的可用体积。

（3）要垫衬，封盖好塑料纸，防潮、防雨淋。

（4）集装箱、板内货物尽可能配装整齐，结构稳定，并接紧网索，防止运输途中倒塌。

（5）对于大宗货物、集中托运货物，尽可能将整票货物装在一个或几个板、箱内运输。装妥整个板、箱后，剩余的货物尽可能拼装在同一箱、板上，防止散乱、遗失。

十六、签单

货运单在盖好海关放行章后还需到航空公司签单。主要是审核运价使用是否正确以及货物的性质是否适合空运，例如危险品等是否已办理了相应的证明和手续。航空公司的地面代理规定，只有签单确认后才允许将单、货交给航空公司。

十七、交接发运

交接发运是指向航空公司交单交货，由航空公司安排航空运输。

交单即将随机单据和应由承运人留存的单据交给航空公司。随机单据包括第二联航空运单正本、发票、装箱单、产地证明、品质鉴定书等。

交货即将与单据相符的货物交给航空公司。交货之前必须粘贴或拴挂货物标签，清点和核对货物，填制货物交接清单。大宗货、集中托运货，以整板、整箱称重交接。零散小货按票称重，计件交接。航空公司审单验货后，在交接签单上验收，将货物存入出口仓库，单据交吨控部门，以备配舱。

十八、航班跟踪

单、货交接给航空公司后，航空公司会由于种种原因，例如航班取消、延误、溢载、故障、改机型、错运、倒垛或装板不符合规定等，未能按预定时间运出，所以货运代理公司从单、货交给航空公司后就需对航班、货物进行跟踪。

需要联程中转的货物，在货物出运后，一般要求航空公司提供二程、三程航班中转信息。有些货物事先已预订了二程、三程，也需要确认中转情况。有时需要直接发传真或电话与航空公司的海外办事处联系货物中转情况。货运代理公司应及时将上述信息反馈给客户，以便及时处理可能出现的不正常情况。

十九、信息服务

航空货运代理公司应在多个方面为客户做好信息服务。

1. 提供订舱信息

应将是否订妥舱位及时告诉货主或委托人以便及时备单、备货。

2. 提供审单及报关信息

应在审阅货主或委托人送来的各项单证后，及时向发货人通告。如有遗漏失误，及时补充或修正。在报关过程中，遇有任何报关、清关的问题，也应及时通知货主，共同商议解决。

3. 提供仓库收货信息

应告知货主出口货物的到达时间、货物数量、体积、缺件、货损情况等。

4. 提供交运称重信息

运费计算标准以航空公司称重、所量体积为准，如在交运航空公司称重过磅过程中，发现称重、体积与货主声明的重量、体积不符，且超过一定比例时，必须通告货主，进行确认。

5. 提供一程及二程航班信息

应将航班号、日期及跟踪了解到的二程航班信息及时通告货主。

6. 提供集中托运信息

对于集中托运货物，还应将发运信息预报给收货人所在地的境外代理，以便对方及时接货、查询、进行分拨处理。

7. 提供单证信息

货运代理在发运出口货物后，应将发货人留存的单据，包括盖有放行章和验讫章的出口货物报关单、出口收汇核销单、第三联航空运单正本，以及用于出口产品退税的单据，交付或者寄送发货人。

二十、费用结算

费用结算主要涉及与发货人、承运人和境外代理人三方面的结算。

1. 与发货人结算费用

在运费预付的情况下，收取航空运费、地面运输费以及各种服务费和手续费。

2. 与承运人结算费用

向承运人支付航空运费及代理费，同时收取代理佣金。

3. 与境外代理人结算费用

与境外代理人结算费用主要涉及到付运费和利润分成。

到付运费实际上是发货方的航空货运代理为收货人垫付的，因此收货方的航空货运代理公司在将货物移交给收货人时，应收回到付运费并将有关款项退还发货方的货运代理。同时发货方的货运代理应将代理佣金的一部分分给其收货地的货运代理。由于航空货运代理公司之间存在长期的互为代理协议，因此与境外代理结算一般不采取一票一结的办法，而采取应收应付相互抵销、在一定期限内以清单冲账的方法。

单元三　航空货物进口运输代理业务流程

航空货物进口运输代理业务流程是指代理公司对于货物从入境到提取或转运整个流程的各个环节所需办理的手续及准备相关单证的全过程，具体环节如图 9-2 所示。

图 9-2　航空货物进口运输代理业务流程图

一、代理预报

在境外发货之前，由境外的代理公司将运单、航班、件数、重量、品名、实际收货人及其他地址、联系电话等内容通过传真或电子邮件发给目的地的代理公司，这一过程被称为预报。

到货预报的目的是使代理公司做好接货前的所有准备工作。

代理预报的注意事项如下：

（1）注意中转航班。中转点航班的延误会使实际到达时间和预报时间出现差异。

（2）注意分批货物。从境外一次性运来的货物在境内中转时，由于境内载运量的限制，往往采用分批的方式运输。

二、交接单货

航空货物入境时，与货物相关的单据（运单、发票、装箱单等）也随机到达，运输工具及货物处于海关监管之下。货物卸下后，将货物存入航空公司或机场的监管仓库，进行进口货物舱单录入，将舱单上的总运单号、收货人、始发站、目的站、件数、重量、货物品名、航班号等信息通过计算机传输给海关留存，供报关用。

同时，根据运单上的收货人及地址寄发取单、提货通知。如果运单上收货人或通知人为某航空货运代理公司，则把运输单据及与之相关的货物交给该航空货运代理公司。

航空公司的地面代理向货运代理公司交接的有国际货物交接清单、总运单、随机文件、货物。

交接时要做到：

（1）单、单核对，即交接清单与总运单核对。

（2）单、货核对，即交接清单与货物核对。

另外，还需注意分批货物，做好空运进口分批货物登记表。

航空货运代理公司在与航空公司办理交接手续时，应根据运单及交接清单核对实际货物，若存在有单无货或有货无单的情况，应在交接清单上注明，以便航空公司组织查询并通知入境地海关。

如果发现货物短缺、破损或者其他异常情况，应向航空公司索要商务事故记录，在记录中写明相关情况，作为实际收货人办理索赔事宜的依据。

货运代理公司请航空公司开具商务事故证明的情况通常有下列几种：

（1）包装货物受损。具体包括：

① 纸箱开裂、破损、内中货物散落。

② 木箱开裂、破损，有明显受撞击迹象。

③ 纸箱、木箱未见开裂、破损，但其中液体漏出。

（2）裸装货物受损。具体包括：

① 无包装货物明显受损，如金属管、塑料管压扁、断裂、折弯。

② 机器部件失落，仪表表面破裂等。

（3）木箱或精密仪器上防震、防倒置标志泛红。

（4）货物件数短缺。

部分货损一般不属于运输责任，因为在实际操作中，部分货损是指整批货物或整件货物中极少或极小一部分受损，是航空运输中较易发生的损失，故航空公司不一定愿意开具证明，即使开具了证明，货主也难以向航空公司索赔，但可据以向保险公司提出索赔。对于货损责任难以确定的货物，可暂时将货物留存机场，请货主一并到场进行处理。

三、理货与仓储

货运代理公司自航空公司接货后，即短途驳运进自己的监管仓库，组织理货和仓储。

（一）理货

（1）逐一核对每票件数，再次检查货物破损情况，遇有异常，确属接货时未发现的问题，可以向航空公司提出交涉。

（2）按大货/小货、重货/轻货、单票货/混载货、危险品/贵重品、冷冻品/冷藏品，分别堆存和进仓。堆存时要注意货物箭头朝向、总运单标志朝向、分运单标志朝向、重不压轻、大不压小。

（3）登记每票货储存区号，并输入计算机系统。

（二）仓储

由于航空进口货物的贵重性、特殊性，其仓储要求较高，仓储时须注意以下几点：

1. 防止雨淋、防受潮

货物不能置于露天，不能无垫托置于地上。

2. 防止重压

纸箱、木箱均有叠高限制，纸箱受压变形，会危及箱中货物安全。

3. 防止温升变质

生物制剂、化学试剂、针剂药品等部分特殊物品，有储存温度要求，要防止阳光暴晒。一般情况下，冷冻品置放于冷冻库（低温库），冷藏品置放于冷藏库。

4. 防止危险品危及人员及其他货品安全

空运进口仓库应设立独立的危险品仓库。易燃品、易爆品、有毒品、腐蚀品、放射品均应分库安全置放。以上货品一旦出现异常，均须及时通知消防安全部门进行处理。放射品出现异常时，还应请卫生检疫部门重新检测包装及发射剂量外泄情况，以保证人员及其他物品的安全。

5. 防止贵重品被盗

为防止贵重品被盗，贵重品应设专库，由双人制约保管，防止出现被盗事故。

四、理单

1. 集中托运，总运单项下拆单

（1）将集中托运进口的每票总运单项下的分运单分理出来，审核与到货情况是否一致，并制成清单输入计算机系统。

（2）将集中托运总运单项下的发运清单输入计算机系统，以便实施按分运单分别报关、报验、提货。

2. 分类理单、编号

（1）总运单是直单、单票混载，这两种情况一般无清单。

（2）多票混载有分运清单，分运单件数之和应等于总运单上的件数。

（3）货物的种类有指定货物、非指定货物、单票、混载、总运单到付、分运单到付、银行货、危险品、冷冻冷藏货物等，随机文件中有分运单、发票、装箱单、危险品证明等。

（4）按照已标有仓位号的交接清单编号并输入系统，内容有总运单号、分运单号、发票号、合同号、航班、日期、货名、货物分类、贸易性质、实到件数、已到件数、实到重量、计费重量、仓位号、收货单位、代理人、本地货、外地货、预付、到付、币种、运费、金额等。

（5）运单分类，一般有以下分类方法：

① 按照航班号理单。便于区分进口方向。

② 按照进口代理理单。便于掌握、反馈信息，做好对代理的对口服务。

③ 按照货主理单。对于重要的、经常有大批货物的货主，将其运单分类出来，便于联系客户，制单报关和送货转运。

④ 按照口岸、内地或区域理单，便于联系内地货运代理，便于集中转运。

⑤ 按照运费到付、预付理单，便于收费。

⑥ 按照寄发运单、自取运单客户理单。

分类理单的同时，要将各票货物的总运单、分运单编上航空货运代理公司自己设定的编号，以便内部操作及客户查询。

3. 编配各类单证

货运代理的理单人员将总运单、分运单与随机单证、境外代理先期寄达的单证（发票、装箱单、合同副本、装卸指示、运送指示等）、境内货主或经营到货单位预先交达的各类单证一起进行逐单审核、编配。其后，凡单证齐全、符合报关条件的即转入制单、报关程序。否则，即与货主联系，催齐单证，使之符合报关条件。

五、到货通知

货物到达目的港后，货运代理应从航空运输的时效出发，为减少货主仓储费，避免缴纳海关滞报金，尽早、尽快、尽妥地通知货主到货情况，提醒货主配齐有关单证，尽快报关。

尽早：到货后，第一个工作日内就要及时通知货主。

尽快：尽可能通过电话、网络预通知客户，单证需要传递的，尽可能使用特快专递，以缩短传递时间。

尽妥：一星期内须保证以电函、信函形式第三次通知货主，并应将货主尚未提货情况，告知发货人代理。

2个月时，再以电函、信函形式第四次通知货主。

3个月时，货物须上交海关处理，此时再以信函形式第五次通知货主，告知货主货物将被处理，提醒货主采取补救办法，配齐有关单证，尽快报关。

到货通知应向货主提供到达货物的以下内容：

（1）运单号、分运单号、货运代理公司编号。

（2）件数、重量、体积、品名、发货公司、发货地。

（3）运单、发票上已编注的合同号、随机已有单证数量及尚缺的报关单证。

（4）运费到付数额，货运代理公司地面服务收费标准。

（5）货运代理公司及仓库的地址（地理位置图）、电话、传真、联系人。

（6）提示货主海关的相关规定。海关规定货物自运输工具进境之日起的 14 天内需进行报关，超过 14 天报关的，由海关征收滞报金。超过 3 个月未报关的货物，上交海关处理。

六、制单与报关

（一）制单、报关、运输的形式

除部分进口货物存放于民航监管仓库外，大部分进口货物存放于各货运代理公司自有的监管仓库。由于货主的需求不一，货物进口后的制单、报关、运输一般有以下几种形式：

（1）货运代理公司代办制单、报关、运输。

（2）货主自行办理制单、报关、运输。

（3）货运代理公司代办制单、报关后，货主自办运输。

（4）货主自行办理制单、报关后，委托货运代理公司运输。

（5）货主自办制单、委托货运代理公司报关和办理运输。

（二）进口制单

制单是指按照海关要求，依据运单、发票、装箱单及证明货物合法进口的有关批准文件，制作"进口货物报关单"，货运代理公司制单时的一般程序如下。

（1）长期协作的货主单位，有进口批文、证明手册等存放于货运代理处的，货物到达，发出到货通知后，即可制单、报关，通知货主运输或代办运输。

（2）部分进口货，因货主单位缺少有关批文、证明的，可于理单、审单后，列明内容，向货主单位催寄有关批文、证明，亦可将运单及随机寄来单证、提货单以快递形式寄货主单位，由其备齐有关批文和证明后再决定制单、报关事宜。

（3）无须批文和证明的，可即行制单、报关，通知货主提货或代办运输。

（4）部分货主要求异地清关时，在符合海关规定的情况下，制作转关运输申报单办理转关手续，报关单上需由报关人填报的项目有：进口口岸、收货单位、经营单位、合同号、批准机关及文号、外汇来源、进口日期、提单或运单号、运杂费、件数、毛重、海关统计商品编号、货品规格及货号、数量、成交价格、价格条件、货币名称、申报单位、申报日期等，转关运输申报单，内容少于报关单，亦需按要求详细填列。

（三）进口报关

进口报关是进口运输中的关键环节。报关程序大致可分为初审、审单、征税、验放四个主要环节。

1. 初审

（1）初审是海关在总体上对报关单证做粗略的审查。

（2）审核报关单所填报的内容与原始单证是否相符，商品的归类编号是否正确，报关单的预录入是否有误等。

（3）初审只对报关单证做形式上的审核，不做实质性的审查。

2. 审单

（1）审单是报关的核心环节，从形式上和内容上对报关单证进行全面的详细审核。

（2）审核内容包括报关单证是否齐全准确，所报内容是否属实，有关的进口批文和证明是否有效，报关单所填报的货物名称、规格、型号、用途及金额与批准文件所批的是否一致，确定关税的征收与减免等。

（3）如果报关单证不符合海关法的有关规定，海关不接受申报。

（4）允许通关时，留存一套报关单据（报关单、运单、发票）作为海关备案。

3. 征税

（1）征税是报关的一个重要内容。

（2）根据报关单证所填报的货物名称、用途、规格、型号及构成材料等确定商品的归类编号及相应的税号和税率。

（3）如果商品的归类或税率难以确定，海关可先查看实物或实物图片及有关资料后再确定征税。

（4）如果申报的价格过低或未注明价格，海关可以估价征税。

4. 验放

（1）货物放行的前提是单证提供齐全，税款和有关费用已经全部结清，报关未超过规定期限，实际货物与报关单证所列一致。

（2）放行的标志是正本上或货运代理经海关认可的分运单上加盖放行章。

（3）放行货物的同时，将报关单据（报关单、运单、发票）及核销完的批文和证明全部留存海关。如果报关时已经超过了海关法规定的报关期限，则必须向海关缴纳滞报金。

（4）验放关员可要求货主开箱，查验货物。此时查货与征税时查货，其目的有所不同，征税关员查看实物主要是为了确定税率，验放关员查验实物则是为了确定货物的物理性质、化学性质以及货物的数量、规格、内容是否与报关单证所列完全一致，有无伪报、瞒报、走私等问题。

（5）除海关总署特准免验的货物外，所有货物都在海关查验范围之内。

5. 货运代理公司对开验工作的实施

海关对进出口货物实施开箱检验是一项经常性的工作，占货票数的一定比例。为此货运代理公司必须配备一定的人员和工具协助海关，对货物实施开箱检验工作。

客户自行报关的货物，一般由货主到货运代理的监管仓库借出货物，由代理公司派人陪同货主一并协助海关开验。开验后，代理公司须将已开验货物封存，运回监管仓库储存。

客户委托代理公司报关（含运输）的货物，代理公司须通知货主单位，由其派人前来或书面委托代办开验。开验后，代理公司须将已开验货物封装，运回监管仓库储存。

海关对大件货物、开箱后影响运输的货物实施开验时，货运代理公司及货主应如实将情况向海关说明，可申请海关派员到监管仓库开验，或直接到货主单位实施开验。

七、收费

货运代理公司仓库在发放货物之前，一般先将费用收妥。

收费内容包括以下几项：

（1）到付运费及垫付佣金。

（2）单证、报关费。

（3）仓储费（含冷藏、冷冻、危险品、贵重品特殊仓储费）。

（4）装卸、铲车费。

（5）航空公司到港仓储费。

（6）海关预录入，动植检、卫检报验等代收代付费用。

（7）关税及垫付佣金。

除了每次结清提货的货主外，经常性的货主可与货运代理公司签订财务付费协议，实施先提货，后付款，按月结账的付费方法。

八、发货

办完报关、报验等进口手续后，货主须凭盖有海关放行章、动植物报验章、卫生检疫报验章（进口药品须有药品检验合格章）的进口提货单到所属监管仓库付费提货。

仓库发货时，须检验提货单据上各类报关、报验章是否齐全，并登记提货人的单位、姓名、身份证号以确保发货安全。

保管员发货时，须再次检查货物外包装情况，遇有破损、短缺，应告知货主。

对于分批到达货，收回原提货单，出具分批到达提货单，待后续货物到达后，即通知货主再次提取。

航空公司责任的破损、短缺，应由航空公司签发商务记录；货运代理公司责任的破损、短缺，应由代理公司签发商务记录。

遇有货运代理公司责任的破损事项，应尽可能同货主、商检单位立即在仓库做商品检验，确定货损程度，要避免后面运输中加剧货损的发展。

发货时，应协助货主装车，尤其遇有货物超大超重、件数较多的情况，应指导货主（或提货人）合理安全装车，以提高运输效率，保障运输安全。

九、送货与转运

出于多种因素（便利、节省费用、运力所限），许多货主或境外发货人要求将进口到达货由货运代理报关、垫税，提货后运输到直接收货人手中。货运代理公司在代理客户制单、报关、垫税、提货、运输的一揽子服务中，由于工作熟练，衔接紧密，服务到位，因而受到货主的欢迎。

1. 送货上门业务

送货上门业务主要指进口清关后，货物直接运送至货主单位，运输工具一般为汽车。

2. 转运业务

转运业务主要指将进口清关后货物转运至内地的货运代理公司，运输方式主要为飞机、汽车、火车、水运、邮政。

办理转运业务，需由内地货运代理公司协助收回相关费用，同时口岸货运代理公司亦应支付一定比例的代理佣金给内地代理公司。

3. 进口货物转关及监管运输

进口货物转关，是指货物入境后不在进境地海关办理进口报关手续，而运往另一设关地点办理进口海关手续，在办理进口报关手续前，货物一直处于海关监管之下。因此，转关运输也称为监管运输。

单元四　航空运价与运费

货物的航空运费是指将一票货物自始发地机场运输到目的地机场所应收取的航空运输费用。货物的航空运费主要由两个因素组成，即货物适用的运价与货物的计费重量。

除此之外，还有其他费用，指的是在整个运输组织过程中，在运输始发站、中转站、目的站发生的与航空运输有关的其他费用。

一、航空货物运费计算的基本知识

由于航空运输货物的种类繁多，货物运输的起点和终点所在航空区域不同，每种货物所适用的运价有所不同。同时，由于飞机业务载运能力受飞机最大起飞全重和货舱本身体积的限制，因此，货物的计费重量需要同时考虑其体积重量和实际重量两个因素。又因为航空货物运价"递远递减"的原则，产生了一系列重量等级运价，而重量等级运价的起码重量也影响着货物运费的计算。由此可见，航空货物运费的计算受到多种因素的影响。

（一）航空货物运费与运价

1. 航空运价

运价，又称费率，是指承运人对所运输的每一重量单位货物（千克 kg 或磅 lb）所收取的自始发地机场至目的地机场的航空费用。

2. 航空运费

货物的航空运费，是指航空公司将一票货物从始发地机场运至目的地机场所应收取的航空运输费用。该费用根据每票货物所适用的运价和货物的计费重量计算得出。

每票货物是指使用同一份航空货运单的货物。

航空运费是指始发地机场至目的地机场之间的运输货物的航空费用，不包括其他费用。

3. 其他费用

其他费用是指由承运人、代理人或者其他部门收取的与航空货物运输有关的费用。

在组织一票货物自始发地至目的地运输的全过程中，除了航空运输外，还包括地面运输、仓储、制单、国际货物清关等环节，提供这些服务的部门所收取的费用为其他费用。

（二）计费重量

计费重量（Chargeable Weight）是指用以计算货物航空运费的重量。货物的计费重量是货物的实际毛重或者货物的体积重量或者较高重量分界点的重量。

1. 实际毛重

货物的实际毛重（Actual Gross Weight）是包括货物包装在内的货物重量。一般情况下，对于高密度货物（High Density Cargo），应考虑其货物实际毛重可能会成为计费重量。

2. 体积重量

按照国际航协规则，将货物的体积按一定的比例折合成的重量，称为体积重量（Volume Weight）。

由于货舱空间体积的限制，一般对于低密度的货（Low Density Cargo），即轻泡货物，考虑其体积重量可能会成为计费重量。

体积重量的计算规则：不论货物的形状是否为规则的长方体或正方体，计算货物体积时，均应以最长、最宽、最高的三边的长度（厘米 cm）进行计算。长、宽、高的小数部分按四舍五入进行取整，体积重量的折算，换算标准为每 6 000 立方厘米折合 1 千克。

3. 计费重量的得出

一般采用货物的实际毛重与货物的体积重量两者比较取高者。但是，当货物按较高重量分界点的较低运价计算的航空运费较按实际毛重或体积重量计算出的航空运费更低时，则以此较高重量分界点的货物起始重量作为货物的计费重量。

国际航协规定，国际货物的计费重量以 0.5 千克为最小单位。重量尾数不足 0.5 千克的，按照 0.5 千克进行计算；0.5 千克以上不足 1 千克的，按照 1 千克进行计算。

例如：

108.02 千克→ 108.50 千克

108.50 千克→ 109.00 千克

当使用同一份运单，收运两件或两件以上可以采用同样种类运价计算运费的货物时，其计费重量的规定为，计费重量为货物总的实际毛重与总的体积重量两者较高者。同样，较高重量分界点重量也可能成为货物的计费重量。

（三）最低运费

最低运费（Minimum Charge）是指一票货物自始发地机场至目的地机场航空运费的最低

限额。

货物按其适用的航空运价与其计费重量计算所得的航空运费，应与货物最低运费相比，取高者。

二、国际航空货物运价体系

目前，国际货物运价按照制订的途径划分，主要分为协议运价和国际航协运价。

（一）协议运价

协议运价是指航空公司与托运人签订协议，托运人保证每年向航空公司交运一定数量的货物，航空公司向托运人提供一定数量的运价折扣。

目前航空公司使用的运价大多是协议运价，在协议运价中又根据不同的协议方式进行细分。

1. 长期协议

长期协议是指航空公司与托运人或者代理人签订的是一年期限的协议。

2. 短期协议

短期协议是指航空公司与托运人或者代理人签订的是半年或半年以下期限的协议。

3. 包板（舱）

包板（舱）是指托运人在一定航线上包用承运人的全部或者部分舱位或集装器来运送货物。

（1）死包板（舱）。死包板（舱）是指托运人在承运人的航线上通过包板（舱）的方式进行运输时，托运人无论向承运人是否交付货物，都必须支付协议上规定的运费。

（2）软包板（舱）。软包板（舱）是指托运人在承运人的航线上通过包板（舱）的方式进行运输时，托运人在航班起飞前 72 小时如果没有确定舱位，承运人则可以自由销售舱位，但承运人对代理人的包板（舱）的总量有一个控制。

4. 销售量返还

销售量返还是指销售量返还指的是如果代理人在规定期限内完成了一定的货量，航空公司可以按照一定的比例返还运费。

5. 销售额返还

销售额返还是指如果代理人在规定期限内完成了一定的销售额，航空公司可以按照一定的比例返还运费。

6. 自由销售

自由销售也称议价货物或者一票一价，指的是除订过协议的货物之外，都是一票货物一个定价。

（二）国际航协运价

国际航协运价是指国际航空运输协会（IATA）在空运货物运价表（The Air Cargo Tariff，TACT）上公布的运价。

按照国际航空运输协会货物运价公布的形式划分，国际货物运价可以分为公布直达运价和非公布直达运价。具体如表 9-1 所示。

表 9-1　国际航空运输协会货物运价体系

国际航协运价	公布直达运价 （Published Through Rates）	普通货物运价（General Cargo Rate，GCR）
		指定商品运价（Special Commodity Rate，SCR）
		等级货物运价（Commodity Classification Rate，CCR）
		集装箱货物运价（Unit Load Device Rate）
	非公布直达运价 （Un-published Through Rates）	比例运价（Construction Rate）
		分段相加运价（Combination of Rates and Charges）

国际航协运价是国际航空运输协会通过运价手册向全世界公布，主要目的是协调各国的货物运价。从实际操作来看，各个国家或地区从竞争角度考虑，很少有航空公司完全遵照国际航协运价，大多进行了一定的折扣。不过这不能说明这种运价没有实际价值。首先，它把世界上各个城市之间的运价通过手册公布出来，每个航空公司都能找到一种参照运价，所以，每个航空公司在制定本公司的运价时，都是参照国际航协的标准运价。其次，国际航协对特种货物运价进行了分类，航空公司在运输这种货物时，一般都采用国际航协标准运价。最后，国际航协运价在全世界制定了一种标准运价，使国际航空货物的运输价格有了统一的基准。

三、我国国内航空货物运价体系

我国民航系统从 1998 年 9 月 1 日起，对原先的国内航线运价体系做出调整和修改，国内航线货物运价按照新的运价结构执行。

（一）最低运费（代号 M）

每票国内航空货物最低运费为 30 元。

（二）普通货物运价（代号 N）

普通货物运价包括基础运价和重量分界点运价。

1. 基础运价

基础运价为 45 千克以下的普通货物运价，费率按照民航总局规定的统一费率执行。

2. 重量分界点运价

45 千克以上的普通货物运价由民航总局统一规定，按照标准运价的 80% 执行。此外，航空公司可以根据运营航线的特点，建立其他重量分界点运价，共飞航线由运营航空公司协商协定，报民航总局批准执行。

（三）等级货物运价（代号 S）

急件、生物制品、植物和植物制品、活动物、骨灰、灵柩、鲜活易腐物品、贵重物品、机械、弹药、押运货物等特种货物的国际航空运费按照普通货物标准运价的 150% 计收。

（四）指定商品运价（代号 C）

对于一些批量大、季节性强、单位价值小的货物，航空公司可以建立指定商品运价，运价优惠幅度不限，报民航总局批准执行。

四、普通货物运价

（一）普通货物运价概述

普通货物运价（General Cargo Rate，GCR），又称为一般货物运价，是指除了等级货物运价和指定商品运价以外的适合于普通货物运输的运价。

普通货物运价根据货物重量不同，分为若干个重量等级分界点运价。

例如，"N"表示标准普通货物运价（Normal General Cargo Rate），指的是 45 千克以下的普通货物运价。同时，普通货物运价还公布有"Q45""Q100""Q300"等不同重量等级分界点的运价。这里，"Q45"表示 45 千克以上（包括 45 千克）的普通货物的运价，依此类推。对于 45 千克以上的不同重量分界点的普通货物运价均用"Q"表示。

用货物的计费重量和其适用的普通货物运价计算而得出的航空运费不得低于运价资料上公布的航空运费的最低收费标准（M）。

这里，代号"N""Q""M"主要用于填制航空货运单运费计算栏中的"RATE CLASS"一栏。

（二）运费计算步骤及术语解释

（1）Volume：体积（cm^3）。

（2）Volume Weight：体积重量。体积重量（kg）= 体积（cm^3）÷6000cm^3/kg

（3）Gross Weight：毛重（kg）。

（4）Chargeable Weight：计费重量（kg）。

（5）Applicable Rate：适用运价。

（6）Weight Charge：航空运费。

（三）计算举例

例1

Routing：BEIJING，CHINA（BJS）to TOKYO，JAPAN（TYO）

Commodity：Sample

Gross Weight：25.20kg

Dimensions：82cm × 48cm × 32cm

计算该票货物的航空运费。

公布直达运价如下：

BEIJING	CN		BJS
Y.RENMINBI	CNY		kgs
TOKYO	JP	M	230.00
		N	37.51
		45	28.13

解：

（1）体积（Volume）：82cm × 48cm × 32cm = 125 952cm^3

（2）体积重量（Volume Weight）：125 952cm^3 ÷ 6 000cm^3/kg = 20.99kg ≈ 21.00kg

（3）毛重（Gross Weight）：25.20kg

（4）计费重量（Chargeable Weight）：25.50kg

（5）适用运价（Applicable Rate）：GCR N 37.51 CNY/kg

（6）航空运费（Weight Charge）：25.50kg × 37.51CNY/kg = CNY 956.51

航空运费（Weight Charge）为CNY956.51。

航空货运单运费计算栏填制如下：

No.of Pieces RCP	Gross Weight	Kg Lb	Rate Class		Chargeable Weight	Rate/ Charges	Total	Nature and Quantity of Goods （Incl. DIMs or Volume）
				Commodity Item. No				
1	25.2	K	N		25.2	37.51	956.51	Sample 82cm × 48cm × 32cm

例2

Routing：BEIJING，CHINA（BJS）to AMSTERDAM，HOLLAND（AMS）

Commodity：Parts

Gross Weight：38.60kg

Dimensions：101cm × 58cm × 32cm

计算该票货物的航空运费。

公布直达运价如下：

BEIJING	CN		BJS
Y.RENMINBI	CNY		kgs
AMSTERDAM	NL	M	320.00
		N	50.22
		45	41.53
		300	37.52

解：

1. 按照实际毛重和体积重量计算

（1）体积（Volume）：101cm × 58cm × 32cm = 187 456cm^3

（2）体积重量（Volume Weight）：187 456cm^3 ÷ 6 000cm^3/kg = 31.24kg ≈ 31.50kg

（3）毛重（Gross Weight）：38.60kg

（4）计费重量（Chargeable Weight）：39.00kgs

（5）适用运价（Applicable Rate）：GCR N 50.22 CNY/kg

（6）航空运费（Weight Charge）：39.00kg × 50.22CNY/kg = CNY 1 958.58

2. 采用较高重量分界点的较低运价计算

（1）计费重量（Chargeable Weight）：45.00kg

（2）适用运价（Applicable Rate）：GCR Q45　41.53 CNY/kg

（3）航空运费（Weight Charge）：45.0 × 41.53 = CNY 1 868.85

1与2比较，取运费较低者，航空运费（Weight Charge）= CNY 1 868.85

航空货运单运费计算栏填制如下：

No.of Pieces RCP	Gross Weight	Kg Lb		Rate Class		Chargeable Weight	Rate/ Charges	Total	Nature and Quantity of Goods （Incl. DIMs or Volume）
				Commodity Item. No					
1	38.60	K	Q			45.00	41.53	1868.85	Parts 101cm×58cm×32cm

例3

Routing：SHANGHAI, CHINA（BJS）to PARIS, FRANCE（PAR）

Commodity：TOY

Gross Weight：5.60kg

Dimensions：40cm × 28cm × 22cm

计算该票货物的航空运费。

公布直达运价如下：

SHANGHAI	CN		SHA
Y.RENMINBI	CNY		kgs
PARIS	FR	M	320.00
		N	50.37
		45	41.43
		300	37.90
		500	33.42
		1 000	30.71

解：

（1）体积（Volume）：40cm × 28cm × 22cm = 24 640cm³

（2）体积重量（Volume Weight）：24 640cm³ ÷ 6 000cm³/kg = 4.11kg ≈ 4.50kg

（3）毛重（Gross Weight）：5.60kg

（4）计费重量（Chargeable Weight）：6.00kg

（5）适用运价（Applicable Rate）：GCR N 50.37 CNY/kg

（6）航空运费（Weight Charge）：6.00kg × 50.37CNY/kg = CNY 302.22

因为最低运费（Minimum Charge）为 CNY 320.00，因此，此票货物的航空运费应为 CNY 320.00。

航空货运单运费计算栏填制如下：

No.of Pieces RCP	Gross Weight	Kg Lb	Rate Class	Commodity Item. No	Chargeable Weight	Rate/ Charges	Total	Nature and Quantity of Goods (Incl. DIMs or Volume)
1	5.60	K	M		6.00	320.00	320.00	TOY 40cm × 28cm × 22cm

五、指定商品运价

（一）指定商品运价概述

指定商品运价（Specific Commodity Rate，SCR），指的是适用于自规定的始发地至规定的目的地运输特定品名货物的运价。

通常情况下，指定商品运价低于相应的普通货物运价。就其性质而言，指定商品运价是一种优惠性质的运价。指定商品运价在使用时，对于货物的始发地目的地、运价使用期限、货物运价的最低重量起点等均有特定的条件。

（二）指定商品运价的分组和编号

在 TACT 运价手册中，根据货物的性质、属性以及特点等对货物进行分类，共分为十个大组，每个大组又分为十个小组。同时，对其分组形式用四位阿拉伯数字进行编号，该编号为指定商品货物的品名编号。

指定商品货物的分组及品名编号如下：

0001 ～ 0999 可食用的动植物产品

1000 ～ 1999 活动物及非食用的动植物产品

2000 ～ 2999 纺织品、纤维及其制品

3000 ～ 3999 金属及其制品，不包括机器、汽车和电器设备

4000 ～ 4999 机器、汽车和电器设备

5000 ～ 5999 非金属材料及其制品

6000 ～ 6999 化工材料及其相关产品

7000 ～ 7999 纸张、芦苇、橡胶和木材制品

8000 ～ 8999 科学仪器、专业仪器、精密仪器、器械及配件

（三）从中国始发的常用指定商品代码

从整个国际航协来看，指定商品代码非常多，这里我们主要了解从中国北京始发的货物的指定商品代码，记住常用的指定商品代码。

0007 水果，蔬菜

0008 新鲜的水果，蔬菜

0300 鱼（可食用的），海鲜，海产品

1093 沙蚕

2199 纱、线、纤维、纺织原料，纺织品，服装

7481 橡胶轮胎、橡胶管

（四）指定商品运价的使用规则

在使用指定商品运价时，只要所运输的货物满足下列三个条件，运输始发地至运输目的地之间就可以直接使用指定商品运价。

（1）运输始发地至目的地之间有公布的指定商品运价。

（2）托运人所交运的货物，其品名与有关指定商品运价的货物品名相吻合。

（3）货物的计费重量满足指定商品运价使用时的最低重量要求。

使用指定商品运价计算航空运费的货物，其航空货运单的"Rate Class"一栏，用字母"C"表示。

（五）运费计算

1. 计算步骤

（1）查询运价表，如有指定商品代号，则考虑使用指定商品运价。

（2）查找 TACT 运价手册的品名表，找出与运输货物品名相对应的指定商品代号。

（3）如果货物的计费重量超过指定商品运价的最低重量，则优先使用指定商品运价。

（4）如果货物的计费重量没有达到指定商品运价的最低重量，则需要比较计算。

2. 计算举例

例4

Routing：BEIJING，CHINA（BJS）to OSAKA，JAPAN（OSA）

Commodity：FRESH APPLES

Gross Weight：EACH 65.20kg，TOTAL 5 PIECES

Dimensions：102cm × 44cm × 25cm × 5

计算该票货物的航空运费。

公布直达运价如下：

BEIJING	CN		BJS
Y.RENMINBI	CNY		kgs
OSAKA	JP	M	230.00
		N	37.51
		45	28.13
	0008	300	18.80
	0300	500	20.61
	1093	100	18.43

解：

查找TACT运价手册的品名表，品名编号"0008"所对应的货物名称为"新鲜的水果，蔬菜"，承运的货物是新鲜的苹果（Fresh Apples），属于指定商品代码"0008"的货物，货主交运的货物重量符合"0008"指定商品运价使用时的最低重量要求。

航空运费计算过程如下：

（1）体积（Volume）：$102cm \times 44cm \times 25cm \times 5 = 56\,100cm^3$

（2）体积重量（Volume Weight）：$56\,100cm^3 \div 6\,000cm^3/kg = 93.50kg$

（3）毛重（Gross Weight）：$65.20kg \times 5 = 326.00kg$

（4）计费重量（Chargeable Weight）：326.00kg

（5）适用运价（Applicable Rate）：SCR 0008 / Q300　18.80 CNY/kg

（6）航空运费（Weight Charge）：$326.00kg \times 18.80CNY/kg = CNY\ 6\,128.80$

航空运费（Weight Charge）为 CNY 6 128.80。

航空货运单运费计算栏填制如下：

No.of Pieces RCP	Gross Weight	Kg Lb	Rate Class	Commodity Item. No	Chargeable Weight	Rate/ Charges	Total	Nature and Quantity of Goods (Incl. DIMs or Volume)
5	326.00	K	C	0008	326.00	18.80	6 128.80	FRESH APPLES 102cm × 44cm × 25cm×5

例5

Routing：BEIJING，CHINA（BJS）to NAGOYA，JAPAN（NGO）

Commodity：FRESH PEACHES

Gross Weight：EACH 47.80kg，TOTAL 6 PIECES

Dimensions：128cm × 42cm × 36cm × 6

计算该票货物的航空运费。

公布直达运价如下：

BEIJING	CN		BJS
Y.RENMINBI	CNY		kgs
NAGOYA	JP	M	230.00
		N	37.51
		45	28.13
	0008	300	18.80
	0300	500	20.61
	1093	100	18.43

解：

查找 TACT 运价手册的品名表，品名编号"0008"所对应的货物名称为"新鲜的水果，蔬菜"，承运的货物是新鲜的桃子（Fresh Peaches），属于指定商品代码"0008"的货物。"0008"指定商品运价的货物最低重量为300千克，货主交运的货物重量不满足"0008"指定商品运价使用时的最低重量要求。

先按照普通货物运价使用规则进行计算，再按照指定商品运价使用规则进行计算。

1. 按照普通货物运价使用规则计算

（1）体积（Volume）：$128cm \times 42cm \times 36cm \times 6 = 1\,161\,216cm^3$

（2）体积重量（Volume Weight）：$1\,161\,216cm^3 \div 6\,000cm^3/kg = 193.54kg$

（3）毛重（Gross Weight）：$47.80kg \times 6 = 286.80kg$

（4）计费重量（Chargeable Weight）：287.00kg

（5）适用运价（Applicable Rate）：GCR Q45　28.13 CNY/kg

（6）航空运费（Weight Charge）：287.00kg × 28.13CNY/kg = CNY 8 073.31

2. 按照指定商品运价使用规则计算

（1）体积（Volume）：128cm × 42cm × 36cm × 6 = 1 161 216cm³

（2）体积重量（Volume Weight）：1 161 216cm³ ÷ 6 000cm³/kg = 193.54kg

（3）毛重（Gross Weight）：47.80kg × 6 = 286.80kg

（4）计费重量（Chargeable Weight）：300.00kg

（5）适用运价（Applicable Rate）：SCR0008 / Q300　18.80 CNY/kg

（6）航空运费（Weight Charge）：300.00kg × 18.80CNY/kg = CNY 5 640.00

对比 1 与 2，取运费较低者。航空运费（Weight Charge）为 CNY 5 640.00。

航空货运单运费计算栏填制如下：

No.of Pieces RCP	Gross Weight	Kg Lb	Rate Class		Chargeable Weight	Rate/ Charges	Total	Nature and Quantity of Goods（Incl. DIMs or Volume）
				Commodity Item. No				
6	286.80	K	C	0008	300.00	18.80	5 640.00	FRESH PEACHES 128cm × 42cm × 36cm×6

例6

Routing：BEIJING, CHINA（BJS）to NAGOYA, JAPAN（NGO）

Commodity：FRESH PEACHES

Gross Weight：EACH 47.80kg, TOTAL 4 PIECES

Dimensions：128cm × 42cm × 36cm × 4

计算该票货物的航空运费。

公布直达运价如下：

BEIJING	CN		BJS
Y.RENMINBI	CNY		kgs
NAGOYA	JP	M	230.00
		N	37.51
		45	28.13
	0008	300	18.80
	0300	500	20.61
	1093	100	18.43

解：

查找 TACT 运价手册的品名表，品名编号"0008"所对应的货物名称为"新鲜的水果，蔬菜"，承运的货物是新鲜的桃子（Fresh Peaches），属于指定商品代码"0008"的货物。"0008"指定商品运价的货物最低重量为 300 千克，货主交运的货物重量不满足"0008"指定商品运价使用时的最低重量要求。

先按照普通货物运价使用规则进行计算，再按照指定商品运价使用规则进行计算。

1. 按照普通货物运价使用规则计算

（1）体积（Volume）：128cm × 42cm × 36cm × 4 = 774 144cm^3

（2）体积重量（Volume Weight）：774 144cm^3 ÷ 6 000cm^3/kg = 129.02kg

（3）毛重（Gross Weight）：47.80kg × 4 = 191.20kg

（4）计费重量（Chargeable Weight）：191.50kg

（5）适用运价（Applicable Rate）：GCR Q45　28.13 CNY/kg

（6）航空运费（Weight Charge）：191.50kg × 28.13CNY/kg = CNY 5 386.90

2. 按照指定商品运价使用规则计算

（1）体积（Volume）：128cm × 42cm × 36cm × 4 = 774 144cm^3

（2）体积重量（Volume Weight）：774 144cm^3 ÷ 6 000cm^3/kg = 129.02kg

（3）毛重（Gross Weight）：47.80kg × 4 = 191.20kg

（4）计费重量（Chargeable Weight）：300.00kg

（5）适用运价（Applicable Rate）：SCR0008 / Q300　18.80 CNY/kg

（6）航空运费（Weight Charge）：300.00kg × 18.80CNY/kg = CNY 5 640.00

对比 1 与 2，取运费较低者。航空运费（Weight Charge）为 CNY 5 386.90。

航空货运单运费计算栏填制如下：

No.of Pieces RCP	Gross Weight	Kg Lb	Rate Class	Commodity Item. No	Chargeable Weight	Rate/ Charges	Total	Nature and Quantity of Goods（Incl. DIMs or Volume）
4	191.20	K	Q		191.50	28.13	5 386.90	FRESH PEACHES 128cm × 42cm × 36cm × 4

六、等级货物运价

（一）等级货物运价概述

等级货物运价（Class Cargo Rate，Commodity Classification Rate，CCR）指的是在规定的业务区内或业务区之间运输特别指定的等级货物的运价。

国际航空运输协会 IATA 规定，等级货物包括下列各种货物：

——活动物

——贵重货物

——书报杂志类货物

——作为货物运输的行李

——尸体、骨灰

——汽车

（二）等级货物运价使用规则

等级货物运价是在普通货物运价基础上附加或附减一定百分比的形式构成，附加或附减规则公布在 TACT 规则手册中，运价的使用须结合 TACT 运价手册一同使用。

通常，附加或不附加也不附减的等级货物用代号"S"（Class Rate Surcharge）表示。附减的等级货物用代号"R"（Class Rate Reduction）表示。

（三）活动物运价（Live Animals）

活动物运价表如表 9-2 所示。

表 9-2 活动物运价表

	IATA AREA (see Rule 1.2.2 Definitions of Areas)					
	Within 1	Within 2	Within 3	Between 1 & 2	Between 2 & 3	Between 3 & 1
All Live Animals Except: Baby Poultry less than 72 hours old	175% of Normal GCR	175% of Normal GCR	150% of Normal GCR Except: 1 below	175% of Normal GCR	150% of Normal GCR Except: 1 below	150% of Normal GCR Except: 1 below
Baby Poultry less than 72 hours old	Normal GCR	Normal GCR	Normal GCR Except: 1 below	Normal GCR	Normal GCR Except: 1 below	Normal GCR Except: 1 below

（1）当表中出现"the Normal GCR"时，表示使用运价表中的 45 千克以下普通货物运价，即 N 运价。此时，运价的使用与货物的计费重量无关。

（2）当表中出现"the Normal GCR 的百分比"（如 150% of the Normal GCR）时，表示在运价表中 N 运价的基础上乘以这个百分比（如 150%N）。此时，运价的使用与货物的计费重量无关。

（3）当始发地和目的地的等级运价百分比不同时，以始发地的百分比为准。

（4）活体动物的最低运费标准为 200% M。

（5）动物的容器以及食物等应包含在活体动物的计费重量中。

例7

Routing：Stuttgart，Germany（SRT）to Barcelona，Spain（BCN）

Commodity：Live Dog（狗）

Gross Weight：40kgs（Dog and Kennel）

Dimension：90cm × 50cm × 68cm × 1

Payment：Prepaid（全部预付）

计算该票货物的航空运费。

公布直达运价如下：

STUTTGART	DE		STR
EURO	EUR		kgs
BARCELONA	ES	M	76.69
		N	5.47
		100	4.45
		300	3.86
		500	3.73

解：

IATA 第 2 区之内运输一般活体动物，运价为 175%N。

（1）体积（Volume）：90cm × 50cm × 68cm × 1 = 306 000cm³

（2）体积重量（Volume Weight）：306 000cm³ ÷ 6 000cm³/kg = 51.00kg

（3）毛重（Gross Weight）：40.00kg

（4）计费重量（Chargeable Weight）：51.00kg

（5）适用运价（Applicable Rate）：175% N = 175% × 5.47 = 9.57 EUR/kg

（6）航空运费（Weight Charge）：51.00kg × 9.57EUR/kg = EUR 488.07

航空运费（Weight Charge）为 EUR 488.07。

航空货运单运费计算栏填制如下：

No.of Pieces RCP	Gross Weight	Kg Lb	Rate Class	Commodity Item. No	Chargeable Weight	Rate/ Charges	Total	Nature and Quantity of Goods（Incl. DIMs or Volume）
1	40.00	K	S	N 175	51.00	9.57	488.07	LIVE DOG 90cm × 50cm × 68cm ×1 LIVE ANIMALS

注：① 运价类别栏：填入活体动物运价代号"S"。

② 品名代号栏：填入活体动物规则"N175"，表示使用了 175% 的 N 运价。

③ 运价 / 运费栏：填写按照活体动物规则计算出的运价"9.57"。

④ 货物品名和数量栏：要求有"活体 LIVE ANIMALS"字样。

⑤ 货币（Currency）栏：填写运价表中的当地货币代码"EUR"。

⑥ 付款方式栏：均在 PP 上打"×"，表示全部预付。

例8

Routing：Brussels，Belgium（BRU）to Sharjah，United Arab Emirates（SHJ）

Commodity：Baby poultry lessthan 72 hours（出生不到 72 小时的家禽）

Gross Weight：70kg

Dimension：100cm × 60cm × 20cm × 10

Payment：Prepaid（全部预付）

计算该票货物的航空运费。

公布直达运价如下：

BRUSSELS	BE		BRU
EURO	EUR		kgs
SHARJAH	AE	M	61.97
		N	11.58
		45	8.75
		100	3.92
		500	2.88
		1 000	2.45

解：

IATA 第 2 区之内运输 72 小时以内家禽，运价为 N。

（1）体积（Volume）：100cm × 60cm × 20cm × 10 = 1 200 000cm³

（2）体积重量（Volume Weight）：1 200 000cm³ ÷ 6 000cm³/kg = 200.00kg

（3）毛重（Gross Weight）：70.00kg

（4）计费重量（Chargeable Weight）：200.00kg

（5）适用运价（Applicable Rate）：Normal GCR = 11.58 EUR/kg

（6）航空运费（Weight Charge）：200.00kg × 11.58EUR/kg = EUR 2 316.00

航空运费（Weight Charge）为 EUR 2 316.00。

航空货运单运费计算栏填制如下：

No.of Pieces RCP	Gross Weight	Kg Lb	Rate Class		Chargeable Weight	Rate/ Charges	Total	Nature and Quantity of Goods（Incl. DIMs or Volume）
				Commodity Item. No				
10	70.00	K	S	N 100	200.00	11.58	2 316.00	BABY POULTRY LESS THAN 72 HOURS 100cm × 60cm × 20cm × 10 LIVE ANIMALS

注：①运价类别栏：填入活体动物运价代号"S"。

②品名代号栏：填入所使用的规则"N100"，表示使用了 100% 的 N 运价。

③运价 / 运费栏：填写按照活体动物规则计算出的运价"11.58"。

④货物品名和数量栏：要求有"活体 LIVE ANIMALS"字样。

⑤货币（Currency）栏：填写运价表中的当地货币代码"EUR"。

⑥付款方式栏：均在 PP 上打"×"，表示全部预付。

例9

Routing：Mexico City，Mexico（MEX）to Rome，Italy（ROM）

Commodity：Day Old Chicks（一日龄鸡）

Gross Weight：72kg

Dimension：50cm × 18cm × 20cm × 30

Payment：Prepaid（全部预付）

计算该票货物的航空运费。

公布直达运价如下：

MEXICO CITY	MX		MEX
U.S.DOLLAR	USD		kgs
ROME	IT	M	100.00
		N	11.93
		45	10.01
		100	7.68
		300	6.02
		500	4.93
		1 000	3.42

解：

IATA 第 1 区与第 2 区之间运输出生不到 72 小时的家禽，运价为 N。

（1）体积（Volume）：50cm × 18cm × 20cm × 30 = 540 000cm^3

（2）体积重量（Volume Weight）：540 000cm^3 ÷ 6 000cm^3/kg = 90.00kg

（3）毛重（Gross Weight）：72.00kg

（4）计费重量（Chargeable Weight）：90.00kg

（5）适用运价（Applicable Rate）：N = 11.93 USD/kg

（6）航空运费（Weight Charge）：90.00kg × 11.93USD/kg = USD 1 073.70

航空运费（Weight Charge）为 USD 1 073.70。

航空货运单运费计算栏填制如下：

No.of Pieces RCP	Gross Weight	Kg Lb		Rate Class		Chargeable Weight	Rate/ Charges	Total	Nature and Quantity of Goods (Incl. DIMs or Volume)
				Commodity Item. No					
30	72.00	K	S	N 100		90.00	11.93	1 073.70	DAY OLD CHICKS 50cm × 18cm × 20cm × 30 LIVE ANIMALS

例 10

Routing：Shanghai，China（SHA）to Rome，Italy（ROM）

Commodity：Parrots（鹦鹉）

Gross Weight：3kg

Dimension：40cm × 30cm × 30cm × 1

Payment：Prepaid（全部预付）

计算该票货物的航空运费。

公布直达运价如下：

SHANGHAI	CN		SHA
U.S.DOLLAR	USD		kgs
ROME	IT	M	125.00
		N	16.43
		45	12.08
		100	11.08
		300	9.17
		500	7.96

解：

IATA 第 2 区与第 3 区之间运输一般动物，运价为 150%N。

（1）体积（Volume）：40cm × 30cm × 30cm × 1 = 36 000cm³

（2）体积重量（Volume Weight）：36 000cm³ ÷ 6 000cm³/kg = 6.00kg

（3）毛重（Gross Weight）：3.00kg

（4）计费重量（Chargeable Weight）：6.00kg

（5）适用运价（Applicable Rate）：150% N = 24.645 USD/kg

（6）航空运费（Weight Charge）：6.00kg × 24.65USD/kg = USD 147.90

最低运费（Minimum Charge）：200%M = 200% × USD 125.00 = USD 250.00

航空运费（Weight Charge）为 USD 250.00。

航空货运单运费计算栏填制如下：

No.of Pieces RCP	Gross Weight	Kg Lb		Rate Class		Chargeable Weight	Rate/ Charges	Total	Nature and Quantity of Goods (Incl. DIMs or Volume)
				Commodity Item. No					
1	3.00	K	S	M200		6.00	250.00	250.00	PARROTS 40cm × 30cm × 30cm × 1 LIVE ANIMALS

（四）贵重货物运价（Valuable Cargo）

1. 运价

贵重货物运价如表 9-3 所示。

表 9-3　贵重货物运价表

Area Rate	
ALL IATA Area	200% of the Normal GCR

例外：IATA 第 1 区与第 3 区之间且经北或中太平洋（除朝鲜半岛至美国本土各点外），1 000 千克或 1 000 千克以上贵重货物的运费，按照普通货物 45 千克以下运价 150% 收取（150% of the Normal GCR）。

2. 最低运费

贵重货物的最低运费按公布最低运费的 200% 收取，同时不低于 50 美元或等值货币。

3. 运费计算

例 11

Routing：Beijing，China（BJS）to Boston，U.S.A.（BOS）

Commodity：Golden Watch（金表）

Gross Weight：32kg

Dimension：61cm × 51cm × 42cm × 1

计算该票货物的航空运费。

公布直达运价如下：

BEIJING	CN		BJS
Y.RENMINBI	CNY		kgs
BOSTON	US	M	630.00
		N	79.97
		45	60.16
		100	53.19
		300	45.80

解：

（1）体积（Volume）：61cm × 51cm × 42cm × 1 = 130 662cm^3

（2）体积重量（Volume Weight）：130 662cm^3 ÷ 6 000cm^3/kg = 21.78kg

（3）毛重（Gross Weight）：32.00kg

（4）计费重量（Chargeable Weight）：32.00kg

（5）适用运价（Applicable Rate）：S 200% of the Normal GCR = 200% × 79.97 CNY/kg = 159.94 CNY/kg

（6）航空运费（Weight Charge）：32.00kg × 159.94CNY/kg = CNY 5 118.08

航空运费（Weight Charge）为 CNY 5 118.08。

航空货运单运费计算栏填制如下：

No.of Pieces RCP	Gross Weight	Kg Lb	Rate Class	Chargeable Weight	Rate/ Charges	Total	Nature and Quantity of Goods (Incl. DIMs or Volume)
			Commodity Item. No				
1	32.00	K	S N 200	32.00	159.94	5 118.08	GOLDEN WATCH 61cm × 51cm × 42cm × 1

（五）书报、杂志运价

1. 货物的范围

货物包括报纸、杂志、图书、目录、盲人读物及设备。

2. 运价

书报、杂志运价如表9-4所示。

表9-4 书报、杂志运价表

Area	Rate
● Within IATA Area 1	67% of the Normal GCR
Between IATA Area 1 and 2	
● ALL other Areas	50% of the Normal GCR

3. 最低运费

书报、杂志的最低运费按照公布的最低运费 M 收取。

书报、杂志的运价可以使用普通货物的较高重量点的较低运价。

4. 运费计算

例12

Routing：Beijing，China（BJS）to London，United Kingdom（LON）

Commodity：Books（书）

Gross Weight：980.00kg

Dimension：70cm × 50cm × 40cm × 20

计算该票货物的航空运费。

公布直达运价如下：

BEIJING	CN		BJS
Y.RENMINBI	CNY		kgs
LONDON	GB	M	320.00
		N	63.19
		45	45.22
		100	41.22
		500	33.42
		1 000	30.71

解：

1. 按照实际重量进行计算。

（1）体积（Volume）：70cm × 50cm × 40cm × 20= 2 800 000cm^3

（2）体积重量（Volume Weight）：$2\,800\,000cm^3 \div 6\,000cm^3/kg = 466.67kg$

（3）毛重（Gross Weight）：980.00kg

（4）计费重量（Chargeable Weight）：980.00kg

（5）适用运价（Applicable Rate）：R 50% of the Normal GCR=50% × 63.19 CNY/kg = 31.595 CNY/kg ≈ 31.60 CNY/kg

（6）航空运费（Weight Charge）：980.00kg × 31.60CNY/kg = CNY 30 968.00

2．由于计费重量已经接近下一个较高重量点 1 000kg，因此用较高重量点的较低运价进行计算。

（1）体积（Volume）：$70cm × 50cm × 40cm × 20 = 2\,800\,000cm^3$

（2）体积重量（Volume Weight）：$2\,800\,000cm^3 \div 6\,000cm^3/kg = 466.67kg$

（3）毛重（Gross Weight）：980.00kg

（4）计费重量（Chargeable Weight）：1 000.00kg

（5）适用运价（Applicable Rate）：GCRQ/100 030.71CNY/kg

（6）航空运费（Weight Charge）：1 000.00kg × 30.71CNY/kg = CNY 30 710.00

对比 1 与 2，取运费较低者。航空运费（Weight Charge）为 CNY 30 710.00。

航空货运单运费计算栏填制如下：

No.of Pieces RCP	Gross Weight	Kg Lb	Rate Class	Commodity Item. No	Chargeable Weight	Rate/ Charges	Total	Nature and Quantity of Goods（ Incl. DIMs or Volume ）
20	980.00	K	Q		1 000.00	30.71	30 710.00	BOOKS 70cm × 50cm × 40cm × 20

（六）作为货物运输的行李运价（Baggage Shipped as Cargo）

1. 运价

作为货物运输的行李运价如表 9-5 所示。

表 9-5　作为货物运输的行李运价表

Area	Rate
ALL IATA Area	50% of the Normal GCR

2. 运价的适用范围

（1）在 IATA 业务二区内（全部航程为欧洲分区例外）。

（2）在 IATA 业务三区内（至或从美国领地除外）。

（3）在 IATA 业务二区与三区之间（至或从美国领地除外）。

（4）在 IATA 业务一区与二区之间（从或至美国、美国领地至或从格陵兰岛除外）。

由此项规则可见，中国至 IATA 一区运输的此类货物，不属于该等级货物的范畴，不能使用上述等级折扣运价，而应该采用普通货物运价 GCR 或指定商品运价 SCR。

3. 最低运费

以 10 千克为最低的计费重量与适用运价计算的运费同公布最低运费的 M 比较，取高者。

可以使用普通货物较高重量点的较低运价进行计算。

4. 运费计算

例 13

Routing：Beijing，China（BJS）to Tokyo，Japan（TYO）

Commodity：Personal Effects

Gross Weight：25.00kg

Dimension：70cm × 47cm × 35cm × 1

计算该票货物的航空运费。

公布直达运价如下：

BEIJING	CN		BJS
Y.RENMINBI	CNY		kgs
TOKYO	JP	M	230.00
		N	37.51
		45	28.13

解：

运费计算如下：

（1）体积（Volume）：70cm × 47cm × 35cm × 1 = 115 150cm^3

（2）体积重量（Volume Weight）：115 150cm^3 ÷ 6 000cm^3/kg = 19.19kg ≈ 19.50kg

（3）毛重（Gross Weight）：25.00kg

（4）计费重量（Chargeable Weight）：25.00kg

（5）适用运价（Applicable Rate）：R 50% of the Normal GCR = 50% × 37.51CNY/kg = 18.76 CNY/kg

（6）航空运费（Weight Charge）：25.00kg × 18.76CNY/kg = CNY 469.00

航空运费（Weight Charge）为 CNY 469.00。

航空货运单运费计算栏填制如下：

No.of Pieces RCP	Gross Weight	Kg Lb		Rate Class	Chargeable Weight	Rate/ Charges	Total	Nature and Quantity of Goods（Incl. DIMs or Volume）
				Commodity Item. No				
1	25.00	K	R	N50	25.00	18.76	469.00	PERSONAL EFFECTS 70cm × 47cm × 35cm × 1

（七）尸体、骨灰运价

1. 运价

尸体、骨灰运价如表 9-6 所示。

表 9-6　尸体、骨灰运价表

Area	Ashes	Coffin
ALL IATA Areas	Applicable	Normal GCR
Within IATA areas2	300% of Normal GCR	200% of the Normal GCR

2．最低运费

尸体、骨灰的最低运费按公布最低运费的 M 收取，但在 IATA 二区内最低运费为 200%
的 M，同时不低于 65 美元或等值货币。

3．运费计算

例14

Routing：Beijing，China（BJS）to Tokyo，Japan（TYO）

Commodity：Coffin

Gross Weight：215.00kg

Dimension：230cm × 70cm × 50cm × 1

计算该票货物的航空运费。

公布直达运价如下：

BEIJING	CN		BJS
Y.RENMINBI	CNY		kgs
TOKYO	JP	M	230.00
		N	37.51
		45	28.13

解：

运费计算如下：

（1）体积（Volume）：230cm × 70cm × 50cm × 1 = 80 500cm³

（2）体积重量（Volume Weight）：80 500cm³ ÷ 6 000cm³/kg = 134.17kg ≈ 134.50kg

（3）毛重（Gross Weight）：215.00kg

（4）计费重量（Chargeable Weight）：215.00kg

（5）适用运价（Applicable Rate）：S 100% of the Normal GCR = 100% × 37.51CNY/kg =
37.51 CNY/kg

（6）航空运费（Weight Charge）：215.00kg × 37.51CNY/kg = CNY 8 064.65

航空运费（Weight Charge）为 CNY 8 064.65。

航空货运单运费计算栏填制如下：

No.of Pieces RCP	Gross Weight	Kg Lb		Rate Class	Chargeable Weight	Rate/ Charges	Total	Nature and Quantity of Goods（Incl. DIMs or Volume）
				Commodity Item. No				
1	215.00	K	S	N100	215.00	37.51	8 064.65	HUMAN REMAINS 230cm × 70cm × 50cm × 1

七、运价的使用顺序

（1）如果有协议运价，则优先使用协议运价。

（2）在相同运价种类、相同航程、相同承运人条件下，公布直达运价应该按照下列顺
序使用。

1）优先使用指定商品运价。如果指定商品运价条件不完全满足，则可以使用等级货物

运价和普通货物运价。

2）其次使用等级货物运价。等级货物运价优先于普通货物运价使用。

① 如果货物可以按照指定商品运价计费，但如果因其重量没满足指定商品运价的最低重量要求，则用指定商品运价计费可以与采用普通货物运价计费结果相比较，取低者。如果该指定商品同时又属于附加的等级货物，则只允许采用附加的等级货物运价和指定商品运价的计费结果比较，取低者，不能与普通货物运价进行比较。

② 如果货物属于附减的等级货物，即书报杂志类、作为货物运输的行李，其等级货物计费则可以与普通货物运价计算的运费相比较，取低者。

3）如果当运输两点间无公布直达运价，则应该使用非公布直达运价。

① 优先使用比例运价构成全程直达运价。

② 当两点间无比例运价时，使用分段相加的办法组成全程最低运价。

单元五　集中托运货物运价

一、集中托运货物的定义

混运货物指使用同一份货运单运输的货物中，包含有不同运价、不同运输条件的货物。

二、集中托运货物中不得包括的物品

——TACT 规则手册 3.7.6 中规定的任何贵重货物。

——活动物。

——尸体、骨灰。

——外交信袋。

——作为货物运送的行李。

——机动车辆（电力自动车辆除外）。

三、申报方式与计算规则

1. 申报整批货物的总重量（或体积）

计算规则：集中托运货物被视为一种货物，将其总重量确定为一个计费重量，运价采用适用的普通货物运价。

2. 分别申报每一种类货物的件数、重量、体积及货物品名

计算规则：按不同种类货物适用的运价与其相应的计费重量分别计算运费。（如果集中托运货物使用一个外包装将所有货物合并运输，则该包装物的运费按混运货物中运价最高的货物的运价计收。）

四、声明价值

集中托运货物只能按整票（整批）货物办理声明价值，不得办理部分货物的声明价值，或办理两种以上的声明价值。所以，混运货物的声明价值费应按整票货物总的毛重计算。

五、最低运费

集中托运货物的最低运费，按整票货物计收。即无论是分别申报还是整批申报的混运货物，按其运费计算方法计得的运费与起止地点间的最低收费标准比较，取高者。

单元六 航空货运单

一、航空货运单的基本概念

航空货运单由托运人或者以托运人的名义填制，是托运人和承运人之间在承运人的航线上运输货物所订立运输契约的凭证。

航空货运单既可用于单一种类的货物运输，也可用于不同种类货物的集合运输。

航空货运单既可用于单程货物运输，也可用于联程货物运输。

航空货运单不可转让，其所有权属于出具该航空货运单的空运企业。

二、航空货运单的构成

我国国际航空货运单由一式十二联组成，包括三联正本、六联副本和三联额外副本。

航空货运单的各联的分发如表 9-7 所示。

表 9-7 国际航空货运单联数构成表

序号	名称及分发对象	颜色
A	Original 3（正本 3，给托运人）	浅蓝色
B	Copy 9（副本 9，给代理人）	白色
C	Original 1（正本 1，交出票航空公司）	浅绿色
D	Original 2（正本 2，给收货人）	粉红色
E	Copy 4（副本 4，提取货物收据）	线黄色
F	Copy 5（副本 5，给目的地机场）	白色
G	Copy 6（副本 6，给第三承运人）	白色
H	Copy 7（副本 7，给第二承运人）	白色
I	Copy 8（副本 8，给第一承运人）	白色
J	Extra copy（额外副本，供承运人使用）	白色
K	Extra copy（额外副本，供承运人使用）	白色
L	Extra copy（额外副本，供承运人使用）	白色

其中，正本 3 的托运人联，在航空货运单填制后，此联交给托运人作为托运货物及货物预付时时交付运费的收据。同时，此联也是托运人与承运人之间签订的有法律效力的运输文件。

三、航空货运单的作用

航空货运单是托运人或其代理人所使用的最重要的货运文件，具有以下作用：

（1）航空货运单是承运人与托运人之间缔结运输契约的凭证。

（2）航空货运单是承运人收运货物的证明文件。

（3）航空货运单是运费结算凭证及运费收据。

（4）航空货运单是承运人在货物运输组织的全过程中运输货物的依据。

（5）航空货运单是国际进出口货物办理清关的证明文件。

（6）航空货运单是保险证明。

四、航空货运单的填开责任

根据《华沙公约》《海牙议定书》和承运人运输条件的相关条款规定，承运人的承运条件为托运人准备航空货运单。

托运人有责任填制航空货运单。相关规定明确指出，托运人应自行填制航空货运单，也可以要求承运人或承运人授权的代理人代为填制。托运人应当对航空货运单上所填各项内容的正确性、完备性负责。由于航空货运单所填内容不准确、不完全，导致承运人或其他人遭受损失的，托运人应负责任。托运人在航空货运单上的签字，证明其接受航空货运单正本背面的运输条件和契约。

根据《中华人民共和国民用航空法》第一百一十三条和一百一十四条规定，承运人有权要求托运人填写航空货运单，托运人有权要求承运人接受该航空货运单。托运人未能出示航空货运单、航空货运单不符合规定或有航空货运单遗失，不影响运输合同的存在或者有效。托运人应当填写航空货运单正本一式三份，连同货物交给承运人。

五、航空货运单的限制

一张航空货运单只能用于一个托运人在同一时间、同一地点托运的并由承运人承运的，运往同一目的站同一收货人的一件或多件货物。

航空货运单可以是代表航空公司身份，由该航空公司印制的货运单，也可以是非任何一个航空公司印制的，代表中立的航空货运单。

航空货运单的右上端印有"不可转让"（Not Negotiable）字样，其意义是指航空货运单仅作为货物航空运输的凭证，所有权属于出票航空公司，与可以转让的海运提单恰恰相反。因此，任何 IATA 成员都不允许印制可以转让的航空货运单，货运单上的"不可转让"字样不可以被删去或篡改。

六、航空货运单的号码

航空货运单号码是航空货运单不可缺少的重要组成部分，它是托运人、发货人或其代理人向承运人询问货物运输情况的重要依据，也是承运人在各个环节组织运输，如订舱、配载、查询货物时必不可少的依据。

七、航空货运单的填制

（一）填制航空货运单的要求

航空货运单要求用英文打字机或计算机，用英文大写字母打印，各栏内容必须准确、清楚、齐全，不得随意涂改。

航空货运单已填内容在运输过程中需要修改时，必须在修改项目的近处盖章注明修改航空货运单的空运企业名称、地址和日期。修改航空货运单时，应将所有剩余的各联一同修改。

航空货运单的各栏目中，有些栏目印有阴影。其中，有标题的阴影栏目仅供承运人填写使用；没有标题的阴影栏目一般不需要填写，除非承运人有特殊需要。

（二）航空货运单各项栏目的填写说明

1. 航空货运单号码（The Air Waybill Number）

航空货运单号码应该清晰地印在货运单的左右上角以及右下角（中性货运单需自行填制）。

（1）航空公司的数字代号（Airline Code Number）。由 3 位数字组成。

（2）货运单序号及检验号（Serial Number）。由 8 位数字组成。第 8 位数字是检验号，是前 7 位数字对 7 取模的结果。第 4 位数字与第 5 位数字之间应留有比其他数字之间较大的空间。

例：777—1234 5675。

2. 始发站机场（Airport of Departure）

填制始发站机场的 IATA 三字代号（如果始发地机场名称不明确，可填制机场所在城市的 IATA 三字代号）。

3. 货运单所属承运人的名称及地址（Issuing Carrier's Name and Address）

此处一般印有航空公司的标志、名称和地址。

4. 正本联说明（Reference to Originals）

无须填写。

5. 契约条件（Reference to Conditions of Contract）

一般情况下无须填写，除非承运人需要。

6. 托运人栏（Shipper）

（1）托运人姓名和地址（Shipper's Name and Address）。填制托运人姓名（名称）、地址、国家或地区（或填写国家或地区两字代码）以及托运人的电话、传真、电传号码。

（2）托运人账号（Shipper's Account Number）。此栏不须填写，除非承运人需要。

7. 收货人栏（Consignee）

（1）收货人姓名和地址（Consignee's Name and Address）。填制收货人姓名（名称）、地址、国家或地区（或填写国家或地区两字代码）以及收货人的电话、传真、电话号码。

（2）收货人账号（Consignee's Account Number）。此栏仅供承运人使用，一般不须填写，除非最后的承运人需要。

8. 填开货运单的承运人的代理人栏（Issuing Carrier's Agent）

（1）名称和城市（Name and City）。填制向承运人收取佣金的国际航协代理人的名称和所在机场或城市。

根据货物代理机构管理规则，该佣金必须支付给目的站国家或地区的一个国际航协代理人，则该国际航协代理人的名称和所在机场或城市必须填入本栏。填入"收取佣金代理人"（Commissionable Agent）字样。

（2）国际航协代号（Agent's IATA Code）。代理人在非货账结算区（Non-CASS Areas），打印国际航协7位数字代号。

代理人在货账结算区（CASS Areas），打印国际航协7位数字代号，后面是3位CASS地址代号，和一个冠以10位的7位数字代号检验位。

货物财务结算系统（Cargo Accounts Settlement System，CASS）是一些航空公司为便于内部系统管理，要求其代理人在此处填制相应的代码。

（3）账号（Account No.）。本栏一般不需填写，除非承运人需要。

9. 运输路线（Routing）

（1）始发站机场（Airport of Departure and Requested Routing）。此栏填制与栏中一致的始发站机场名称，以及所要求的运输路线（此栏中应填制始发站机场或所在城市的全称）。

（2）运输路线和目的站（Routing and Destination）。

至（第一承运人）To（by First Carrier）：填制目的站机场或第一个转运点的IATA三字代码（当该城市有多个机场，不知道机场名称时，可用城市代码）。

由第一承运人By First Carrier：填制第一承运人的名称（全称与IATA两字代码皆可）。

至（第二承运人）To（by Second Carrier）：填制目的站机场或第二个转运点的IATA三字代码（当该城市有多个机场，不知道机场名称时，可用城市代码）。

由（第二承运人）By（Second Carrier）：填制第二承运人的IATA两字代码。

至（第三承运人）To（by Third Carrier）：填制目的站机场或第三转运点的 IATA 三字代码（当该城市有多个机场，不知道机场名称时，可用城市代码）。

由（第三承运人）By（Third Carrier）：填制第三承运人的 IATA 两字代码。

（3）目的站机场（Airport of Destination）。填制最后承运人的目的地机场全称（如果该城市有多个机场，不知道机场名称时，可用城市全称）。

（4）航班 / 日期（Flight/Date）仅供承运人用（For Carrier Use Only）。本栏一般不需填写，除非参加运输各有关承运人需要。

10. 财务说明（Accounting Information）

此栏填制有关财务说明事项。

付款方式：现金支票或其他方式。

货物到达目的站无法交付收货人而需退运的，应将原始货运单号码填入新货运单的本栏内。

11. 货币（Currency）

填制始发国的国际标准组织（ISO）规定的货币代号。

除后文中第 25 项用目的国家（或地区）货币付费（仅供承运人使用）内的款项货运单上所列明的金额均按上述货币支付。

12. 运费代号（仅供承运人用）（CHGS Code）

本栏一般不需填写，仅供电子传送货运单信息时使用。

13. 运费（Charges）

（1）航空运费（根据货物计费重量乘以适用的运价收取的运费）和声明价值附加费（WT/VAL）的预付（PPD）和到付（COLL）。

货运单上预付运费 [Weight Charge（Prepaid）]、预付声明价值附加费 [Valuation Charge（Prepaid）] 或者到付运费 [Weight Charge（Collect）]、到付声明价值附加费 [Valuation Charge（Collect）] 两项费用必须全部预付或全部到付。

在航空运费和声明价值附加费（WT/VAL）预付（PPD）中打"×"表示预付，在航空运费（WT/VAL）到付（COLL）中打"×"表示到付。

（2）在始发站的其他费用 Other（Charges at Origin）的预付（PPD）和到付（COLL）。

货运单上预付由代理人收取的其他费用总额 [Total（Prepaid）Charges Due Agent]、预付由承运人收取的其他费用 [Total（Prepaid）Charges Due Carrier] 或者到付由代理人收取的其他费用总额 [Total（Collect）Charges Due Agent]、到付由承运人收取的其他费用 [Total（Collect）Charges Due Carrier] 两项费用必须全部预付或全部到付。

在其他费用（Other）预付（PPD）中打"×"表示预付，在其他费用（Other）到付（COLL）中打"×"表示到付。

14. 供运输用声明价值（Declared Value for Carriage）

（1）打印托运人向货物运输声明的价值金额。

（2）如果托运人没有声明价值，此栏必须打印"NVD"字样。

注：NVD 为 No Value Declared 缩写，意为"没有申明价值"。

15. 供海关用声明的价值（Declared Value for Customs）

（1）打印货物及通关时所需的商业价值金额。

（2）如果货物没有商业价值，此栏必须打印"NCV"字样。

注：NCV 为 No Commercial Value 缩写，意为"没有商业价值"。

16. 保险的金额（Amount of Insurance）

（1）如果承运人向托运人提供代办货物保险业务，此栏打印托运人货物投保的金额。

（2）如果承运人不提供此项服务或托运人不要求投保，此栏内必须打印"×××"符号。

17. 运输处理注意事项处填制相应的代码及航空公司注意事项（Handling Information）

（1）如果是危险货物，有两种情况：一种是需要附托运人的危险品申报单，则本栏内应打印"DANGEROUS GOODS AS PER ATTACHED SHIPPER'S DECLARATION"字样，对于要求装货机上的危险货物，还应再加上"CARGO AIRCRAFT ONLY"字样；另一种是属于不要求附危险品申报单的危险货物，则应打印"SHIPPER'S DECLARATION NOT REQUIRED"字样。

（2）当一批货物中既有危险货物也有非危险货物时，应分别列明，危险货物必须列在第一项，此类货物不要求托运人附危险品申报单，且危险货物不是放射性物质且数量有限。

（3）其他注意事项尽可能使用"货物交换电报程序"（CARGO-IMP）中的代号和简语，如：货物上的标志、号码以及包装方法；货运单所附文件，如托运人的动物证明书"SHIPPER'S CERTIFICATION FOR LIVE ANIMAIS"、装箱单"PACKING LIST"、发票"INVOICE"等；除收货人外，另请通知人的姓名、地址、国家或地区，以及电话、电传或传真号码；货物所需要的特殊处理规定；海关规定；等等。

18. 货物运价细目（Consignment Rating Details）

一票货物中如含有两种或两种以上不同运价类别计费的货物应分别填写，每填写一项另起一行，如果含有危险品，则该危险货物应列在第一项。

（1）件数／运价组合点（No. of Pieces RCP）。此栏打印货物的件数。

如果使用非公布直达运价计算运费时，在件数的下面还应打印运价组合点城市的 IATA 三字代码。

（2）毛重（Gross Weight）。适用于运价的货物实际毛重（以公斤为单位时可保留至小数后一位）。

（3）重量单位（kg/lb）。以千克为单位的用代号"K"；以磅为单位的用代号"L"。

（4）运价等级（Rate Class）。根据需要打印下列代码：

M——最低运费（Minimum Charge）。

N——45千克以下运价（Normal Rate）。

Q——45千克以上运价（Quantity Rate）。

C——指定商品运价（Specific Commodity Rate）。

R——等级货物附减运价（Class Rate Reduction）。

S——等级货物附加运价（Class Rate Surcharge）。

U——集装化设备基本运费或运价（Unit Load Device Basic Charge or Rate）。

E——集装化设备附加运价（Unit Load Device Additional Rate）。

X——集装化设备附加说明（Unit Load Device Additional Information）。

Y——集装化设备折扣（Unit Load Device Discount）。

（5）商品品名编号（Commodity Item No.）。使用指定商品运价时，此栏打印指定商品品名代号（打印位置应与运价代号"C"保持水平）。

使用等级货物运价时，此栏打印附加或附减运价的比例（百分比）。

如果是集装货物，打印集装货物运价等级。

（6）计费重量（Chargeable Weight）。此栏打印与运价相应的货物计费重量。

如果是集装货物则按照下列要求：

与运价代码"U"对应打印适合集装货物基本运费的运价点重量。

与运价代码"E"对应打印超过使用基本运费的重量。

与运价代码"X"对应打印集装器空重。

（7）运价/运费（Rate/Charge）。当使用最低运费时，此栏与运价代码"M"对应打印最低运费；高于最低运费M时，打印与运价代码"N""Q""C"等相应的运价；当货物为等级货物时，则打印与运价代号"S"或"R"对应的附加或附减后的运价。

如果货物是集装货物则按照下列要求：与运价代码"U"对应打印集装货物的基本运费；与运价代码"E"对应打印超过基本运费有集装货物运价。

（8）总计（Total）。此栏打印计费重量与适用运价相乘后的运费金额。

如果是最低运费或集装货物基本运费时，本栏与运价/运费（Rate/Charge）内金额相同。

（9）货物品名和数量（Nature and Quantity of Goods）。本栏应按要求打印，尽可能地清楚、简明，以便涉及组织该批货物运输的所有工作人员能够一目了然。

打印货物的品名（用英文大写字母打印）。

当一票货物中含有危险货物时，应分列打印，危险货物应列在第一项。

活动物运输，本栏内容应根据IATA活动物运输规定打印。

对于集合货物，本栏应打印"Consolidation as Per Attached List"。

打印货物的体积，用长×宽×高表示，例如 DIMS：40cm×30cm×20cm 可打印货物的产地国。

（10）总件数。打印件数／运价组合点（No. of Pieces Rcp）中各组货物的件数之和。

（11）总毛重。打印毛重（Gross Weight）中各组货物毛重之和。

（12）总运费。打印总计（Total）中各组货物运费之和。

（13）无名称栏目。一般不需打印，除非承运人需要，此栏内可打印服务代码。

B——公务货物 Service Shipment。

C——公司货物 Company Material。

D——门对门服务 Door to Door Service。

J——优先服务 Priority Service。

P——小件货服务 Small Package Service。

T——包机 Charter。

19. 其他费用（Other Charges）

（1）打印始发站运输中发生的其他费用，按全部预付或全部到付。

（2）作为到付的其他费用，应视为"代垫付款"，托运人应该按照代垫付款规定支付手续费，否则，对其他运费应该办理到付业务。

（3）打印"其他费用"金额时，应冠以下列代码：

AC——动物容器租费（Animal Container）。

AS——集中货物服务费（Assembly Service Fee）。

AT——押运员服务费（Attendant）。

AW——货运单费（Air Waybill）。

BR——银行放行（Bank Release）。

DB——代垫付款手续费（Disbursement Fee）。

DF——分发服务费（Distribution Service）。

FC——运费到付手续费（Charges Collect Fee）。

GT——政府捐税（Government Tax）。

HR——尸体、骨灰附加费（Human Remains）。

IN——代办保险服务费（Insurance Premium）。

LA——动物处理费（Live Animals）。

MA——代理人收取的杂项费用（Miscellaneous——Due Agent）。

MZ——填开货运单的承运人收取的杂项费用（Miscellaneous——Due Carrier）。

PK——包装服务费（Packaging）。

RA——危险品处理费（Dangerous Goods Surcharge）。

SD——目的站地面运输费（Surface Charge Destination）。

SI——中途停运费（Stop in Transit）。

SO——始发站保管费（Storage Origin）。

SR——目的站保管费（Storage Destination）。

SU——地面运输费（Surface Charge）。

TR——过境费（Transit）。

TX——捐税（Taxes）。

UH——集装设备操作费（ULD Handling）。

（4）承运人收取的其他费用"C"表示，代理人收取的其他费用"A"表示。

例如：AWC为承运人收取的货运单费，AWA为代理人收取的货运单费。

20. 预付（Prepaid）

（1）预付运费[Weight Charge（Prepaid）]。预付条件下，打印货物计费重量计得的货物运费，与总计中的金额一致。

（2）预付声明价值附加费[Valuation Charge（Prepaid）]。预付条件下，如果托运人向货物运输声明价值，此栏打印根据公式（声明价值 – 实际毛重 × 最高赔偿额）× 0.5% 计得的声明价值附加费金额。

此项费用与总计中货物运费一起必须全部预付或全部到付。

（3）预付税款[（Prepaid）Tax]。打印适用的税款。

此项费用与总计中货物运费以及声明的价值附加费一起必须全部预付或全部到付。

（4）预付的其他费用总额（Total Other Prepaid Charges）。有关栏内容根据其他费用（Other Charges）内的其他费用打印。

预付由代理人收取的其他费用总额[Total（Prepaid）Charges Due Agent]：打印由代理人收取的其他费用总额。

预付由承运人收取的其他费用[Total（Prepaid）Charges Due Carrier]：打印由承运人收取的其他费用总额。

（5）无名称阴影栏目。本栏一般不需打印，除非承运人需要。

（6）预付总计（Total Prepaid）。打印预付运费[Weight Charge（Prepaid）]、预付声明价值附加费[Valuation Charge（Prepaid）]、预付税款[（Prepaid）Tax]、预付由代理人收取的其他费用总额[Total（Prepaid）Charges Due Agent]、预付由承运人收取的其他费用[Total（Prepaid）Charges Due Carrier]等栏有关预付款项之和。

21. 到付（Collect）

（1）到付运费[Weight Charge（Collect）]。到付条件下，打印按货物计费重量计得的货物航空运费，与总计中的金额一致。

（2）到付声明价值附加费[Valuation Charge（Collect）]。到付条件下，托运人向货物运输声明价值，此栏打印根据公式（声明价值 – 实际毛重 × 最高赔偿额）× 0.5% 计得的声明价值附加费金额。

此项费用与总计中货物运费一起必须全部到付或全部到付。

（3）到付税款 [（Collect）Tax]。打印适用的税款。

此项费用与总计中货物运费以及声明价值附加费一起必须全部到付或全部到付。

（4）到付的其他费用总额（Total Other Collect Charges）。有关栏内容根据其他费用（Other Charges）内的其他费用打印。

到付由代理人收取的其他费用总额 [Total（Collect）Charges Due Agent]：打印由代理人收取的其他费用总额。

到付由承运人收取的其他费用 [Total（Collect）Charges Due Carrier]：打印由承运人收取的其他费用总额。

（5）无名称阴影栏目。本栏一般不需打印，除非承运人需要。

（6）到付总计（Total Collect）。打印到付运费 [Weight Charge（Collect）]、到付声明价值附加费 [Valuation Charge（Collect）]、到付税款 [（Collect）Tax]、到付由代理人收取的其他费用总额 [Total（Collect）Charges Due Agent]、到付由承运人收取的其他费用 [Total（Collect）Charges Due Carrier] 等栏有关到付款项之和。

22. 托运人证明栏（Shipper's Certification Box）

打印托运人名称，并请其在本栏内签字或盖章。

23. 承运人填写栏（Carrier's Execution Box）

（1）填开日期 [Executed on（Date）]。按日、月、年的顺序打印货运单的填开日期，月份可用缩写。

（2）填开地点 [At（Place）]。打印机场或城市的全称或缩写。

（3）填开货运单的承运人或其代理人签字（Signature of Issuing Carrier or Its Agent）。填开货运单的承运人或其代理人在本栏内签字。

24. 仅供承运人在目的站使用（For Carrier's Use Only at Destination）

本栏不需打印。

25. 用目的国家（或地区）货币付费（仅供承运人使用）

（1）货币换算比率（Currency Conversion Rate）。打印目的地国家（或地区）货币代号及兑换比率。

（2）用目的地国家（或地区）货币付费（CC Charges in Destination Currency）。将无名称阴影栏目中所列到付总额，使用货币换算比率折算成目的地国家（或地区）货币的金额，打印在本栏内。

（3）在目的地的费用（Charges at Destination）。承运人将目的地发生的费用金额包括利息（自然增长的）等，打印在本栏。

（4）到付费用总额（Total Collect Charges）。打印到付运费 [Weight Charge（Collect）] 与无名称阴影栏目内的费用金额之和。

航空货运单如图 9-3 所示。

航空货运单

999				999—

Shipper's Name and Address	Shipper's Account Number

NOT NEGOTIABLE **中国民航** **CAAC**
AIR WAYBILL AIR CONSIGNMENT NOTE
ISSUED BY: THE CIVIL AVIATION ADMINIASTRATION OF CHINA
BEIJING CHINA

Copies 1, 2 and 3 of this Air Waybill are originals and have the same validity.

Consignee's Name and Address	Consignee's Account Number

It is agreed that the goods described herein are accepted in apparent good order and condition (except as noted) for carriage SUBJECT TO THE CONDITIONS OF CONTRACT ON THE REVERSE HEREOF. THE SHIPPER'S ATTENTION IS DRAWN TO THE NOTICE CONCERNINC CARRIER'S LIMITATION OF LIABILITY. Shipper may increase such limitation of liability by declaring a higher value for carriage and paying a supplemental charge if required.
ISSUING CARRIER MAINTAINS CARGO ACCIDENT LIABILITY INSURANCE

Issuing Carrier's Agent Name and City

Accounting Information

Agent's IATA Code	Account No.

Airport of Departure (Addr. of First Carrier) and Requested Routing

To	By First Carrier	Routing and Destination	to	by	to	by	Currency	CHGS Code	WT/VAL		Other		Declared Value for Carriage	Declared Value for Customs
									PPD	COLL	PPD	COLL		

Airport Destination	Flight/Date	For Carrier Use only	Flight/Date	Amount of Insurance	INSURANCE if carrier offers insurance, and such insurance is requested in accordance with conditions on reverse here of, indicate amount to be insured in figure in box marked amount of insurance.

Handling Information
(for USA only) Those commodities licensed by U.S. for ultimate destination…Diversion contrary to U.S. law is prohibited.

No. of Pieces RCP	Gross Weight	Kg Lb	Rate Class / Commodity Item No.	Chargeable Weight	Rate / Charge	Total	Nature and Quantity of Goods (incl. Dimensions or Volume)

Prepaid / Weight Charge / Collect

Other Charges

Valuation Charge

Tax

Total Other Charges Due Agent

Shipper certifies that the particulars on the face hereof are correct and that insofar as any part of the consignment contains dangerous goods, such part is properly described by name and is in proper condition for carriage by air according to the applicable Dangerous Goods Regulations.

Total Other Charges Due Carrier

....
Signature of Shipper or his Agent

Total Prepaid / Total Collect

Currency Conversion Rates	CC Charges in Dest. Currency	.... Executed on (date) at (place) Signature of Issuing carrier or its Agent

For Carrier's use only at Destination	Charges at Destination	Total Collect Charges	999—

图 9-3 航空货运单

同 步 训 练

一、单选题

1. 航空货运代理公司作为货主和（   ）之间的桥梁和纽带。

    A. 机场　　　　　　B. 仓库　　　　　　　C. 贸易公司　　　　D. 航空公司

2. （   ）表示等级货物附减运价。

    A. "R"　　　　　　B. "C"　　　　　　　C. "Q"　　　　　　D. "N"

3. （   ）表示最低重量。

    A. "N"　　　　　　B. "M"　　　　　　　C. "Q"　　　　　　D. "C"

二、多选题

1. 空运的重量单位一般以（   ）进行表示。

    A. 千克　　　　　　B. 吨　　　　　　　　C. 磅　　　　　　　D. 公斤

2. 对于按照体积重量计算运费的货物，在货运单上货物品名一栏中需注明（   ）。

    A. 体积　　　　　　B. 尺寸　　　　　　　C. 毛重　　　　　　D. 净重

3. 木制包装或垫板表面应（   ）。

    A. 清洁　　　　　　　　　　　　　　　B. 光滑

    C. 不携带任何种类植物害虫　　　　　D. 美观

三、计算题

Routing：Beijing，China（BJS）to Osaka，Japan（OSA）

Commodity：Worms

Gross Weight：45.00kg

Dimension：70cm×47cm×35cm×1

计算该票货物的航空运费。

公布直达运价如下：

BEIJING	CN		BJS
Y.RENMINBI	CNY		kgs
OSAKA	JP	M	230.00
		N	37.51
		45	28.13
	0008	300	18.80
	0300	500	20.61
	1093	100	18.43
	2195	500	18.80

模块十
国际陆路货运代理实务

Project 10

学习目标

📖 知识目标

- ◯ 了解国际铁路运输的基础知识。
- ◯ 掌握国际公路货物运输的特点。
- ◯ 了解国际公路货物运输的方式。

∾ 能力目标

- ◯ 掌握国际铁路货物运输代理业务流程。
- ◯ 了解国际货协运单的填制方法。
- ◯ 熟悉国际公路货物运输代理业务流程。

单元一 国际铁路货物运输

一、国际铁路货物运输概述

（一）国际铁路货物运输的概念

国际铁路货物运输是指起运地点、目的地点或约定的经停地点位于不同的国家或地区的铁路货物运输。

在我国，只要铁路货物运输的起运地点、目的地点或约定的经停地点不在我国境内，均构成国际铁路货物运输。

（二）国际铁路运输的基础知识

1. 铁路轨距

铁路轨距是指铁路轨道两条钢轨之间的距离（以钢轨的内距为准）。

为确保行车安全，两条钢轨间要保持标准的距离和高差。轨距是铁路轨道两条钢轨之间的距离，以钢轨头部踏面下 16 毫米处两股钢轨工作边最小距离为准。

国际铁路协会在 1937 年制定 1 435 毫米为标准轨距，为世界上大约 60% 的国家铁路所使用。我国国家铁路轨距是国际轨距（1 435 毫米标准轨距）。比标准轨宽的轨距称为宽轨，比标准轨窄的称为窄轨。

相邻国家的铁路交接口岸中，就形成两种货物交接方式：两地铁路的轨距相同，铁路车辆载货后可以直接过轨；两地铁路的轨距不同，则需要在口岸车站换装货物，即从出口方车上卸货，再装上进口方车辆。

2. 铁路限界

铁路限界是指为了确保机车车辆在铁路线路上安全运行，防止机车车辆撞击邻近线路的建筑物和设备，而对机车车辆和接近线路的建筑物、设备所规定的不允许超越的轮廓尺寸线，是铁路运输的合理空间。

3. 铁路机车

铁路机车是铁路运输的基本动力。客货列车的牵引和车站上的调车工作，都要由机车来完成。因此，机车的保有量、牵引性能、保养和检修质量以及正确组织对机车的运用有很大的影响。从用途上看，机车有客运机车、货运机车和调车机车三种。

4. 铁路车辆

铁路车辆是运送旅客和货物的工具。在铁路上必须经常保持数量充足和质量良好的车辆，才能满足不断增长的客货运输任务的需求。

5．铁路车站

铁路车站是铁路组织客货运输和办理各种行车作业的基地。铁路车站既是铁路和旅客、托运人、收货人联系的纽带，同时也是铁路内部各项作业的汇合点。

（三）国际铁路货物运输的种类

国际铁路运输的货物按照其组织方法可以分为整车运输和集装箱运输两类；按照货物种类规格可以分为普通货物运输和特种货物运输；按照运输形式可以分为海铁联运、国际铁路货物联运和边境铁路运输。

1．按照运输组织方法分类

（1）整车运输。一批货物的重量、体积、形状和性质需要以一辆或一辆以上的货车装运的货物应按整车方式办理运输。一批货物无论是总重或总体积能装足一辆货车标记载重量或充满一辆货车的容积都应办理整车。整车货物运输是国际铁路货物运输量最大的运输种类。

（2）集装箱运输。集装箱运输即是利用具有标准规格尺寸和便于装卸的集装箱设备装载货物，通过一种或几种交通工具，进行货物转移的一种运输方式。集装箱运输简化了货运手续，使装卸、交接、堆放、搬运等过程变得更简单方便，特别适合于采集信息、自动配装，实现现代化管理。

符合集装箱运输条件的货物，例如贵重货物、易碎货物等特别适合使用集装箱进行运输。

集装箱铁路货运程序

2．按照货物种类规格分类

（1）普通货物运输。按我国铁路运输条件，没有特殊的包装要求、没有超过正常铁路运输限界条件、没有特殊的理化性质变化、符合铁路普通运输条件的货物，通过通用车辆运输，即为普通货物运输。

（2）特种货物运输。按照特种条件运输具体有：铁路危险货物运输、铁路阔大货物（超限、超长、超重、集重货物）运输、铁路鲜活货物运输和其他特定运输条件货物运输。

3．按照运输形式分类

（1）海铁联运。海运进出口货物与境内铁路的衔接运输。

（2）国际铁路货物联运。与周边国家的国际铁路货物联合运输。

（3）过境铁路运输。境外货物通过我国境内到第三国（或地区）称为过境铁路运输。

二、国际铁路货物运输代理业务流程

（一）国际铁路出口货物运输代理业务流程

1．运输合同的签订

办理铁路货物运输，托运人与承运人需签订运输合同。

大宗整车货物的运输合同可按季度、半年度、年度或者更长期限签订，并提出月度铁路运输计划。其他整车货物可以使用铁路货物运输服务订单作为运输合同。整车货物交运货物时，还须向承运人递交货物运单，集装箱货物以货物运单作为运输合同。

2. 出口托运

承运人与代理人签订运输合同后，由发货人或其代理人向铁路车站填报运单。始发站接受运单后审核运单，同时查验有无批准的用车计划，如无问题便在运单上签署货物进站日期或装车日期，以便接受货物托运。

3. 核查货源

车站受理货物托运后，发货人按照指定日期将货物运到车站或指定货位，车站根据运单查对货物，经查验过磅无问题后交铁路保管。始发站在运单上加盖承运日期戳，负责发运。发运前，对棚车保温车、罐车必须施封，由发货人装车时由发货人施封，由铁路装车时由铁路施封。铅封内容有站名、封志号、具体日期。

4. 国境站交接

国境站接到境内前方站的列车到达预报后，立即通知国际联运交接所。国际联运交接所需要负责的工作有：办理货物、车辆和运送用具的交接和换装工作；办理各种交接手续，检查运送票据和编制商务记录；处理交接中发生的各种问题；计算有关费用；联系和组织与境外货车衔接事宜。

5. 查验放行

列车进站后由铁路与海关一同接车。铁路负责整理、翻译运送票据，编制货物和车辆交接单；外运负责审核货运单证，纠正错发、错运及单证的差错并办理报关、报验手续；海关查验货、证是否相符以及是否符合有关政策法规，如无问题则负责放行。最后由境内外铁路双方办理具体的货物和车辆的交接手续并签署交接证件。

6. 到站交付

在货物到达终到站后，由该站通知收货人领取货物。在收货人付清一切应付的运送费用后，铁路将第一联、第五联运单交收货人凭此清点货物，收货人在领取货物时应在运单第二联上填写领取日期并加盖收货戳记。收货人只有在货物损坏或腐烂变质、全部或部分丧失原有用途时才可拒收。

（二）国际铁路进口货物运输代理业务流程

1. 确定货物到达站

境内订货部门应该提出确切的到达站和到达路局的名称，除个别单位在国境站设有机构者外，均不得以我国国境站或换装站为到达站，也不得以对方国境站为到达站。必须注明货物经由的国境站。

2. 对外订货签约

进口单位对外签订订货时，必须按照统一规定编制运输标志，不得颠倒顺序和增加内容，否则会造成错发、错运事故。同时，应该及时将合同的中文副本、附件、补充协议书、确认函电、交接清单等寄送国境站外运机构，在这些资料中要有合同号、订货号、品名、规格、数量、单价、经由国境站、到达路局、到站、唛头、包装及运输条件等内容。之后如有变更事项也应该及时将变更资料抄送外运机构。

3. 国境站交接

进口货物列车到达国境站后，由铁路与海关一同接车，双方铁路根据列车长提供的货物交接单办理交接。交接过程中，铁路负责签办交接证件，翻译货运单据，组织货物换装和继续发运。在交接过程中，如果发现有残短，铁路部门应进行详细记载，以作为铁路双方签署商务记录的原始依据。外运部门负责根据进口合同资料对运单及其他所用货运票据进行核对，如无问题便制作进口货物报关单。海关负责对货物进行监管，进口货物报关后，海关根据报关单查验货物，在单、证、货相符的情况下签字放行。

4. 分拨与分运

境外发货人集中托运，以我国国境站为到站、外运机构为收货人的小额订货，以及境外铁路将货物合装整车发运至我国国境站的，外运在国境站接货后负责办理分拨、分运业务。所谓分拨、分运，是按货物的流向换装车辆，换装后的车辆按流向重新编组向境内运输。如果货物在分拨、分运中发现有货损、货差情况且属于铁路责任的，应该由铁路出具商务记录；如果属于发货人责任的，应该及时通知有关进口单位向发货人索赔。

5. 进口货物交付

铁路到站后需向收货人发出到货通知，收货人接到通知后即向铁路付清运送费用，然后由铁路将运单和货物总交给收货人，收货人在取货时应在运行报单上加盖收货戳记，作为收货凭证。

6. 货物催领

承运人卸车完毕后对无人接收的货物需及时向收货人发出催领通知。到站发出催领通知（不能实行催领通知的为卸车之后）的次日起，2日内收货人应将货物全部搬出。对超出2日（铁路局可规定为1日）未能搬出者，车站向收货人核收货物暂存费。收货人拖延领取、拒绝领取或无人领取时，铁路采取解决措施无效后，自发出催领通知满30日（搬家货物为60日）仍无人领取或收货人未按规定期限提出处理意见的，承运人按无法交付货物进行处理。对性质不宜长期保管的货物，承运人根据具体情况可缩短处理期限。

三、国际铁路货物联运

（一）国际铁路货物联运的概念

国际铁路货物联运是涉及多个国家铁路运输的一种国际联合运输形式。

《国际铁路货物联运协定》（以下简称《国际货协》）中规定，在两个或两个以上国家铁路全程货物运送中，使用一份运送票据，只使用铁路运输一种运输方式，并以参加运送国家铁路连带责任办理的运输形式，称为国际铁路货物联运。

（二）国际铁路货物联运的特点

1. 货物必须由两个及两个以上的国家铁路参加运送，涉及面广，要求标准高

国际铁路货物联运是涉及多个国家铁路运输的一种国际联合运输形式，由于在运送货物时要顾及各参加铁路的设备条件、运输组织方式和相关的法规制度，从而也决定了该项业务的复杂性，特别是有关国际联运的规章条款既繁多又复杂，在办理国际联运时，其运输票据、货物、车辆及有关单证都必须符合国际铁路联运的规定和有关国家的政策法规。

2. 使用一份铁路联运票据完成货物的跨国运输，节省人力，减少货损货差

在国际铁路联运中，参加联运国家铁路作为统一的承运人，承担连带责任，使用一份票据对发货人（即托运人）或收货人负责办理从一国铁路始运站至另一国铁路终到站的全过程运输。即使是在两国铁路移交货物时，其交接工作也属于联运国铁路之间的内部作业而无须发货人或收货人参加。

3. 在运输责任方面采用统一责任制，减少中间环节，简化手续

自铁路承运货物起到交付货物或到达某一转发送车站时止的全部运送过程，无论国际铁路联运货物的灭失、毁损、短少等或延迟交付的责任是发生在哪一个参加联运国铁路区段，均按照参加联运国铁路共同签署的《国际货协》中的连带责任条款对发货人或收货人负责。

4. 仅使用铁路一种运输方式，时效性强

国际铁路货物联运不涉及其他运输方式的参与，只使用铁路运输一种运输方式，在运输的连贯性、持续性等方面有其特有的优势，并且具有铁路运输时效性强的特点。有些货物甚至不经换装就可实现长距离的跨国运输而直接运抵目的地，减少装卸环节。

四、国际货协运单

（一）国际货协运单的概念

国际货协运单是国际铁路货物联运最重要的文件之一。

国际铁路货物联运，必须使用《国际货协》统一制定的"国际货协运单"。国际货协运单由《国际货协》参加国铁路统一制定和使用，填写时使用发运国文字和《国际货协》工作语言填写（现工作语言是中文、俄文）。

（1）国际货协运单是发货人、收货人（货主）与铁路间缔结的运送合同，具有法律效力，发货人填制好运单，盖上发货人章，发运站盖上带有日期的发运章后，即是运输合同签订。

（2）国际货协运单是国际铁路货物联运中铁路连带责任的确认，在发运国铁路、通过国铁路和到达国铁路（应都是《国际货协》适用路）在接受运单后，都应对运输承担连带责任的义务。

（3）国际货协运单是用以银行议付货款、信用证核销的法律文件。

（4）国际货协运单是发货人支付铁路运费的证明文件。

（5）国际货协运单是办理货物进出口手续的法律文件。

（二）国际货协运单的组成

国际货协运单由下列五联组成：

第1联 运单正本(给收货人),随同货物至到达站,并连同第5联和货物一起交给收货人。

第2联 运行报单（给到达路），随同货物至到达站，并留存到达路。

第3联 运单副本（给发货人），在发运车站加盖发运戳记后，相当于运输合同签订，货物发运后，交给发货人。该副本是用于外汇核销、信用证议付的发货凭证。

第4联 货物交付单（给到达路），随同货物至到达站，并留存到达路。

第5联 货物到达通知单（给收货人），随同货物至到达站，并连同第1联和货物一起交给收货人（作为收货人进口报关文件）。

另外，每一过境铁路需加制一份不带编码的补充运行报单，由过境铁路留存。

（三）国际货协运单正本填写方法

国际货协运单中运单、不带编码的补充运行报单正面未画粗线的各栏由发货人填写，此外由发货人或车站填写7个栏目，由海关填写1个栏目，其余由铁路（包括发运路、过境路和到达路）负责填写。

1. 由发货人填写的栏目

第1栏 发货人、通信地址

填写发货人名称及其通信地址。填写发货人名称可为发货人姓名或发货人单位完整名称。按中国铁路规定，发货人只能是商务部备案的"国际货物运输代理企业"和有"外贸进出口权限"的企业。外贸企业只能发运其自营货物。

向发货人返还货物或空容器时，要援用原批货物运单上的收货名称填写。

第2栏 合同号码

发货人应在该栏内填写出口单位和进口单位签订的供货合同号码。

如供货合同有两个号码，则发货人在该栏内填写出口单位合同号码，进口单位合同号码可填写在第6栏内。

第3栏 发站

填写运价规程中所载的发站全称。如系专用线或专用铁道装车应在发站后以括号注明专用线或专用铁道名称。

向发货人返还货物或空容器时，应以原运单中的原到站为发站。

第4栏 发货人的特别声明

发货人可在本栏中填写自己的声明，例如：

（1）修改运单（不超过一栏或相关的两栏）时，注明所做的修改并签字或加盖戳记证明。

（2）运送家庭用品而不声明价格时，记载"不声明价格"并亲笔签字证明。

（3）在过境路上绕路运送超限货物时，注明这一绕行的路径。

（4）取得随旅客列车运送货物的同意后，注明"货物在×××（铁路简称）随旅客列车运送"。

（5）易腐货物的运送方法。

（6）关于未完成海关和其他指示的说明。

（7）如在运单上未填附出口许可证（国家规定的特定商品），则应注明出口许可证的号码、签发日期、有效期和该证所在的出口国境站。

（8）对货物在运送和交付发生阻碍问题的意见。

（9）记载授权押运人的事项。

（10）从国际货协参加路向未参加路发货，记载在国境站办理转运发送的代理人，中途转运站收转代理人和最终到站的实际收货人及通信地址。

（11）填本票货物的到达国和通过国的代理人公司名称。

（12）填写边境口岸代理公司名称。注明由谁代理口岸业务。

第 5 栏　收货人、通信地址

填写收货人名称及其通信地址。收货人只能是一个自然人或法人。填写收货人名称时，可为收货人姓名或收货单位完整名称。必要时，发货人可指定在收货人的专用线或专用铁路交货。向中、朝、越发货时，准许填写这些国家规定的收货人及其通信地址的代号，可以只用中文填写；向其他货协国家发货时，必须使用中、俄两种文字详细记述收货人名称、地址、联系人、联系电话。

下述事项可在本栏做相应记载：

（1）从《国际货协》参加路向未参加路发货，记载"收转代理人"。

（2）从《国际货协》参加路通过其过境路港口发货时，记载"收转代理人"。

第 6 栏　对铁路无约束效力的记载

发货人可以在本栏填写有关本批货物的记载，供收货人参考，铁路对此不承担任何义务和责任。发货人还可在本栏右上角处填写进口单位合同号码。

第 7 栏　通过的国境站

记载货物应通过的发送国和过境国的出口国境站。如有可能从一个出口国境站通过邻国的几个进口国境站办理货物运送，则还应注明运送所要通过的进口国境站。

第 8 栏　到达路和到站

在斜线之前，应注明到达路的简称，应用印刷体字母（中文用正楷粗体字）注明运价规程中所载的到站全称并注明到站的数字代号。

在第 9 ～ 11 各栏内填写事项时，可不受各栏间竖线的严格限制。但是，有关货物事项的填写顺序，应严格符合条例各项的排列顺序。填写全部事项时，如篇幅不足，应添附篇幅相当于运单的补充清单，并在有关栏内注明"记载事项见补充清单"。

第 9 栏　记号、标记、号码

填写每件货物上的记号、标记、号码以及集装箱上的箱标箱号。

第 10 栏　包装种类

注明货物的包装种类（如"木箱、纸箱、铁桶"等）；使用集装箱运送货物时，注明"集装箱"字样，并在下面用括号注明装入集装箱内货物的包装种类。

如货物运送时不需要容器或包装，并在托运时未加容器和包装，则应注明"无包装"。

第 11 栏　货物名称

货物名称应符合《国际货协》规定，包括：危险货物须按《国际货协》附件第 2 号的规定（现我国使用中铁《危规》品名）；过境货物须按铁路合作组织"国际铁路货物联运通用货物品名表"的规定；其他货物或按运送该批货物适用的发送路、到达路或"国际铁路货物联运通用货物品名表"的规定，或按实际贸易中通用的名称填写。

下列事项可在本栏记载：

（1）托运木材时，发货人可填写货物的垛数和以厘米为单位的高度或以立方米为单位的体积等。

（2）运送危险货物时，发货人应在货物名称及关于货物危险性记载（如"爆炸危险""易燃""毒"等）的下面画一红线或盖红色戳记或红色墨水填写，并注明"中铁危险货物品名表第×××货物"。

（3）用一份运单运送合装货物或准许混装的危险货物时，发货人应该按照每种货物分行记载名称、重量和件数。

（4）如使用运送用具办理运送，发货人应在货物名称下另写一行，注明运送用具名称。

（5）货物押运时，必须使用正式押运员，并在发站办理押运人添乘手续，开具押运证，并应注明押运人的姓名及其他经过境站必需的证件号码。

（6）运送超限货物时，发站记载"在×××（铁路简称）是超限货物"，并注明从车底板起的货物高度和宽度。

（7）运送铁路机车车辆、轨道起重机，如发送路确认其适于自轮运转，发站应对此做出记载，同时应注明最大容许速度，必要时，应注明其他运送条件。

第12栏　件数

注明一批货物的数量。使用集装箱运送货物时，注明集装箱数，并在下面用括号注明装入所有集装箱内的货批总件数。

如用敞车类货车运送不盖篷布而未加封的货物，当总件数超过100件时，则注明"堆装"字样，不注明货物件数。

运送小型无包装制品时，亦注明"堆装"字样，不注明件数。

如使用运送用具办理运送，则在运送用具名称同一行上，根据运单第11栏的填写内容注明该运送用具的数量。

第13栏　发货人确定的重量（千克）

注明货物的总重。用集装箱和托盘或使用其他运送用具运送货物时，注明货物重量，以及集装箱、托盘或其他运送用具的自重和总重。对于大吨位集装箱，应该分别记载每箱的货物重量、集装箱自重和总重。运送空集装箱时，记载集装箱自重。

第14栏　共计件数（大写）

用大写填写第12栏"件数"中所记载的件数，即货物件数或记载"堆装"字样，而发送集装箱货物时，注明第12栏括号中记载的装入集装箱内的货批总件数。

第15栏　共计重量（大写）

由发货人用大写填写第13栏"发货人确定的重量（千克）"中所记载的总重量或由铁路用大写填写第32栏"铁路确定的重量（千克）"中所记载的总重量。

第16栏　发货人签字

发货人应签字证明列入运单中的所有事项正确无误。发货人的签字加盖戳记办理。

第17栏　互换托盘、数量

本栏的记载事项，仅与互换托盘有关，我国暂不办理托盘运输。

第 18 栏　种类、类型

在发送集装箱货物时，只允许办理带有国际安全集装箱公约标牌的 20 英尺、40 英尺国际标准集装箱，注明集装箱种类。

使用运送用具时应注明该用具的种类（如篷布、粮谷挡板、车门拴栏）。

第 19 栏　所属者及号码

运送集装箱时，应注明集装箱所属记号和号码。不属于铁路的集装箱，应该在号码之后注明大写拉丁字母"P"。本栏在使用中应注意写明箱子的所属者（如中铁箱、俄铁箱、货主所属自备箱）。

第 20 栏　发货人负担下列过境铁路的费用

注明根据《国际货协》第 15 条规定由发货人负担过境路费用的过境路简称，并填写到达国和通过国铁路运输代理的名称、付费注册编码和本车货物的付费码。如发货人不负担过境路的费用，则发货人应记载"无"字样，如发货人、收货人都没有委托代理人支付过境国运费，则过境国有权拒接收货物。

第 21 栏　办理种别

办理种别分为整车、大吨位集装箱。

第 22 栏　由何方装车

可由发货人或铁路装车，不需要者划消。无划消记载时，即认为由发货人装车。

第 23 栏　发货人添附的文件

注明发货人在运单上添附的所有文件（如出口货物明细单，出口货物报关单、动植物检疫证书、出口许可证、品质证明书、商品检验证书、卫生检疫证书、植物检疫证书和其他货物出口所必需的文件）。

如果运单上未添附出口货物明细单、出口货物报关单、出口许可证（国家规定的特定商品），发货人在本栏注明无须添附各该文件。

如运单上附有补充清单，还需记载添附补充清单的张数。

第 24 栏　货物的声明价格

发货人在填写本栏货物的声明价格后，即被认为参加国际货物保价运输，需交纳相应保价费用。

第 25 栏　批号（检查标签）

在采用检查标签时，则必须在第 2 联（运行报单）和第一份补充运行报单（存根）的第 25 栏内，各贴附一份检查标签。检查标签应符合国际货协的规定。

2. 由发货人或车站填写的栏目（视由何人办理货物装车或车辆施封而定）

第 27 ～ 30 栏为一般说明，用于记载使用车辆的事项，只在运送整车货物时填写。

第 27 栏　车辆

注明车种、车号和所属路简称。如车辆上无车种标记，则按发送路现行的国内规章填写车种。如车辆上有 12 位数码，则不填写上述事项，而应填写其全部数码。

第 28 栏　标记载重

填写车辆上记载的标记载重量。

如使用标有"ABC"标记的车辆，则填写字母"C"及其下面所注的最大重量，以此作为载重量。

第 29 栏　轴数

填写所使用的车辆的轴数。

第 30 栏　自重

填写车辆上记载的自重。

第 45 栏　铅封个数和记号

关于铅封个数和记号，视由何方施封而确定由发站或发货人填写。填写车辆或集装箱上施加的铅封个数和所有记号（车站名称、铅封号码或施封年月日、铁路局简称等）。

发货人委托铁路代封时，发货人应注明"委托铁路施封"。

第 48 栏　确定重量方法

注明确定货物重量的方法。如由发货人确定重量，则发货人还应在本栏内注明关于确定货物重量的方法。

3. 由海关填写的栏目

第 26 栏　海关记载

由海关记载之用。报关后货物，由海关加盖监管章。

4. 由铁路填写的栏目

除上述各栏目外，其余栏目由铁路填写（包括发送路、过境路和到达路）。

五、关于运单使用的几点说明

（一）货物的承运

以运单第 46 栏"发站日期戳"栏中加盖发站日期戳为凭。在发货人提交运单中所列的全部货物、添附文件，并付清一切应付的运送费用后，应立即加盖戳记。发站还应在补充清单上加盖日期戳。运单加盖发站日期戳后，即是运输合同缔结的凭证。

（二）添附文件

发货人必须将货物运送全程为履行运输合同和海关以及其他规章所需的添附文件牢固地附在运单上。这些文件只限与运单所记载的货物有关。发货人应将添附文件名称和份数记载在运单第 23 栏"发货人添附文件"栏内。

添附文件应随同运单一起至国境站，不得采取邮寄方式。货物在国境站的报关手续，由发货人委托国境口岸站代理人代为办理。

我国外贸出口货物必须添附"出口货物明细单"和"出口货物报关单"。特定商品还应按规定添附"出口许可证"。

此外，每批（一份运单为一批）外贸出口货物还需根据货物性质和合同规定添附品质证明书、商品检验证书、卫生检疫证书、动物检疫证书和植物检疫证书以及装箱单、磅码单、化验单、零件清单或发运清单等有关单证。

具体文件和需要份数由发货人确定。

非贸易出口货物，发货人必须在托运前办妥海关手续，在运单上添附经海关盖章放行的出口许可证件。

如发货人未在运单上添附文件，发站应检查发货人在运单"发货人的特别声明"或"发货人添附的文件"栏内是否做了所要求的记载。

铁路无义务检查发货人在运单上所附的文件是否正确和齐全。

由于没有添附文件或文件不齐全、不正确而产生的后果，发货人应对铁路负责。由于没有添附文件或文件不齐全、不正确，以致货物运送或交付发生滞留时，则对滞留时间核收罚款，如车辆滞留费或货物保管费。

如由于铁路的过失而使发货人在运单上已做记载的添附文件丢失，则铁路应对其后果负责。

（三）重量和件数

发送货物时，必须认真过磅，细致查点件数。重量和件数应正确填记在运单中。此外，还应该遵守下列规定。

（1）用敞车类货车运送整车货物，在承运时，发货人必须在运单中记载下列事项：

① 如总件数不超过 100 件时，应记载货物的件数和重量。

② 如总件数超过 100 件时，只记载货物的重量。发货人应在运单"件数"栏内记载"堆装"字样。

（2）整车运送小型无包装制品，只按重量承运，不点件数。发货人应在运单"件数"栏内注明"堆装"字样。

（四）声明价格

发货人托运下列货物时，应声明货物的价格。

（1）金、银、白金及其制品。

（2）宝石。

（3）贵重毛皮及其制品。

（4）摄制的电影片。

（5）画。

（6）雕像。

（7）艺术制品。

（8）古董。

（9）家庭用品。

托运声明价格的家庭用品时，发货人应编制三份家庭用品清单，并注明装入每一货件（箱等）家庭用品的名称、数量和价格，以及总件数和价格总额，这一总额应与运单中声明的价格相符。

清单第一份留存发站，第二份留存发货人处，第三份放入家庭用品内，并随其运至到站。家庭用品也可不声明价格，但发货人必须在运单"发货人的特别声明"栏内注明"不声明价格"，并签字证明。

托运其他货物，根据发货人的希望，也可声明价格。发货人在填写本栏货物的声明价格后，即被认为参加国际货物保价运输，需交纳相应保价费用。

（五）施封

（1）封闭货车装运后，应在车门施封，使用只在毁坏后才能启下的施封锁封印。封印印文必须清晰可辨，有车站名称、封印号码（或施封年月日）、铁路局简称等内容。

发货人委托铁路代封时，发货人应在运单上注明"委托铁路施封"字样，由铁路以发货人责任施封。

（2）在发运站报关的出口货物，是封闭型车型或容器（如棚车和集装箱）时，海关报关后要同时加上海关施封锁，其施封锁号码与海关关封上签署号码一致。

国际货协运单如图 10-1 所示。

国际货协运单						
铁路名称	1 发货人、通信地址：		25 批号（检查标签）		运输号码：	
					2 合同号码：	
			3 发站			
	5 收货人、通信地址：		4 发货人的特别声明：			
6 对铁路无约束效力的记载：			26 海关记载：			
7 通过的国境站：			27 车辆 / 28 标记载重（吨）/ 29 轴数 / 30 自重 / 31 换装后的货物重量			
8 到达路和到站：			27	28	29	30	31
9 记号、标记、号码	10 包装种类	11 货物名称	12 件数	13 发货人确定的重量（千克）	32 铁路确定的重量（千克）	
14 共计件数（大写）：		15 共计重量（大写）：			16 发货人签字	
17 互换托盘数量		集装箱 / 运送用具				
		18 种类类型		19 所属者及号码		
20 发货人负担下列过境铁路的费用：		21 办理种别：			22 由何方装车：	33
		整车	零担	大规模集装箱	发货人	铁路	34
		（不需要的划消）				35
		24 货物的声 1 明价格：				36
23 发货人添附的文件						37
		45 铅封				38
		个数		记号		39
						40
46 发站日期戳	47 到站日期戳	48 确定重量方法	49 过磅站戳记、签字			41
						42
						43
						44

图 10-1　国际货协运单

单元二 国际公路货物运输

一、公路货物运输的定义

从广义上来说，公路货物运输是指利用一定的载运工具，沿公路实现货物空间位移的过程。

从狭义上来说，公路运输是指汽车运输。物流运输中的公路运输专指汽车货物运输。

公路货物运输是一种机动灵活、简捷方便的运输方式，在短途货物集散运转上，比铁路、航空运输具有更大的优越性，尤其在实现"门到门"的货物运输中，其重要性更为显著。

公路运输是现代运输的主要方式之一，同时也是构成陆上运输的两个基本运输方式之一。

二、公路货物运输的特点

公路货物运输的主要有以下特点：

（1）灵活机动，适应性强。

（2）可以实现"门到门"的直达运输。

（3）在中、短途运输中，运输速度较快。

（4）原始投资较少，资金周转较快。

（5）运量较小，运输成本较高。

（6）安全性较低。

（7）环境污染较大。

三、公路货物运输的方式

公路货物运输的方式主要有零担货物运输、整车货物运输以及集装箱货物运输。

（一）零担货物运输

零担货物运输指一次托运同一到站的货物，其重量不足 3 公吨，体积不超过 1.5 立方米，单件重量不超过 200 千克，货物长度、宽度、高度分别不超过 3.5 米、1.5 米和 1.3 米的货物运输。各类危险货物，易破损、易污染和鲜活货物等，一般不能作为零担货物办理托运。

（二）整车货物运输

整车货物运输指一次托运货物在 3 公吨以上（含 3 公吨），或者不足 3 公吨但其性质、体积或形状不能和其他货物进行拼装，需要一辆 3 公吨及以上汽车运输。为明确运输责任，整车货物运输通常是一车一张货票、一个发货人。

（三）集装箱货物运输

集装箱货物运输是指以集装箱为运输容器的货物运输。集装箱运输已成为一种普遍使用的货运形式，它能减少货物在整个运输过程中的损失，提高运输质量，有利于组织搬运装卸机械化作业及不同运输方式之间的货物联运。

集装箱货物运输包括：国际及沿海集装箱由港口向内地腹地延伸运输，中转运输，内地货运站交接、拆装、仓储、分拨运输，铁路至收货人、发货人仓库、堆场门到门运输，货运代理拆、装箱作业运输，城乡间物流配送运输，等等。

四、国际公路货运代理的流程

（一）托运承运

托运人（货运代理人或发货人）填制承运人印制的托运单，向承运人托运。托运单分为甲、乙、丙三种：整车运输代理业务使用甲种运单，集装箱运输使用乙种运单，零担运输使用丙种运单。

承运人对托运单进行审核，经审核无误接受托运。接受托运时，承运人需根据所承运货物的情况合理安排运输车辆，与发货人约定运输路线，确定货物运抵目的地时间与期限。承运人一旦受理托运即标志着承运人开始承担运送货物的责任。

（二）核实货源

托运人填写运单后，承运人在管理货物时，应根据运单记载货物的名称、数量、包装方式等对重点货物进行核实，主要内容是核查货物是否可以随时装车，发运日期和数量有无变更，货物包装是否符合运输要求，装车场地设备能力是否达到要求，相关单证是否已备妥等，核对无误后方可办理交接手续。发现与运单填写不符或可能危及运输安全的，不得办理交接手续。

（三）装卸货物

装卸货物是货物始发和到达不可缺少的作业，关系着货物的完整和运输效率，是汽车货运的重要环节。

汽车货运装卸货物的形式主要包括以下三种形式：承运人自配专职工人随车装卸；货主自理，装货由托运人负责，卸货由收货人负责；进出口港货物的装卸由港站专业装卸部门承担。不论采用哪一种形式，装卸能力、机力配合、时间安排都必须与车辆数量和运行安排相一致。同时，装车时还需注意按核定吨位装货、不得超载等问题。

（四）到达交付

整批货物抵目的地前，承运人应当及时通知收货人做好接货准备，涉外运输应由发货人通知收货人货物抵达目的地的时间；零担货物运达目的地后，应在 24 小时内向收货人发出到货通知或按发货人的指示及时将货物交给收货人。

货物整批运达后，承运人和发货人双方应当履行交接手续。包装货物采取"件交件收"；

集装箱重箱及其他施铅封的货物凭封志交接；散装货物原则上要"磅交磅收"或采取承运人和发货协商的交接方式交接。收货人验收无误后，在货票收货回执上签章，交给承运人带回起运站。

货物运达约定地点后，收货人应凭有效单证接收货物，无故拒收货物且超过 30 天仍无人接收的，由车站按无主货进行处理。

货物交接时，承运人和发货人对货物的重量和内容有质疑，均可提出查验与复磅，查验和复磅的费用由责任方承担。

五、国际公路货物运输的单证

国际公路货运中最重要的单证为国际公路货物运单，即托运单。

国际公路货物运单的主要内容包括：发货人、收货人、承运人的名称及地址，货物接管的地点、日期及指定的交货地点，货物的名称、件数、重量、尺码、包装、标志及号码，运输费用，是否允许转运的说明，货物价值及保险，运输期限，运单签发的日期及地点，等等。

六、国际公路运输过程中的责任划分

（一）承运人责任

公路货物运输承运人的责任期限是从接受货物时起至交付货物时止。在此期限内，承运人对货物的灭失损坏负赔偿责任。但是，不是由于承运人的责任所造成的货物灭失损坏，承运人不予负责。根据我国公路运输规定，由于下列原因而造成的货物灭失损坏，承运人不负责赔偿。

（1）由于人力不可抗拒的自然灾害或货物本身性质的变化，以及货物在运送途中的自然消耗。

（2）包装完好无损，而内部短损变质的货物。

（3）违反国家法令或规定，被有关部门查扣、弃置或做其他处理的货物。

（4）收货人逾期提取或拒不提取货物而造成霉烂变质的货物。

（5）有随车押运人员负责途中保管照料的货物。

对货物赔偿金额，按照实际损失价值赔偿。如果货物部分损坏，按照损坏货物所减低的金额或者按照修理费用赔偿。

要求赔偿有效期限，从货物开票之日起，不得超过 6 个月。从提出赔偿要求之日起，责任方应该在 2 个月内做出处理。

（二）托运人责任

公路货物运输托运人应负的责任基本与铁路、海上运输相同，主要包括：按时提供规定数量的货载；提供准确的货物详细说明；货物唛头标志清楚；包装完整，适于运输；按照规定支付运费。一般均规定有：如因托运人的责任所造成的车辆滞留、空载，托运人须承担延滞费和空载费等损失。

国际公路货物运单如图 10-2 所示。

国际公路货物运单　　　　No:

1. 发货人 　名称 　国籍			2. 收货人 　名称 　国籍		
3. 装货地点 　国家＿＿＿＿＿市 　街道			4. 卸货地点 　国家＿＿＿＿＿市 　街道		
5. 货物标记和号码	6. 件数	7. 包装种类	8. 货物名称	9. 体积（m³）	10. 毛重（kg）

11. 发货人指示
a. 进/出口许可证号码：　　　　从　　　　在　　　　海关
b. 货物声明价值
c. 发货人随附单证

d. 订单或合同号	包括运费交货点
e. 其他指示	不包括运费交货点

12. 运送特殊条件	13. 应付运费			
	发货人	运费	币别	收货人
14. 承运人意见				
15. 承运人	共计			

16. 编制日期 　　到达装货＿＿＿时＿＿＿分 　　离去＿＿＿时＿＿＿分 　发货人签字盖章 　承运人签字盖章	17. 收到本运单货物日期 18. 到达卸货＿＿＿时＿＿＿分 　　离去＿＿＿时＿＿＿分 　收货人签字盖章
19. 汽车牌号＿＿＿＿车辆吨位＿＿＿ 　司机姓名＿＿＿＿拖挂车号＿＿＿ 　行车许可证号＿＿＿路单号＿＿＿	20. 运输里程＿＿＿＿过境里程＿＿＿ 　收货人境内里程 　共计
21. 海关机构记载：	22. 收货人可能提出的意见：

说明：1. 本运单使用中文和相应国家文字印制。

　　　2. 本运单一般使用一式四联单。

　　　　　第一联：存根；

　　　　　第二联：始发地海关；

　　　　　第三联：口岸地海关；

　　　　　第四联：随车携带。

图 10-2　国际公路货物运单

同 步 训 练

一、单选题

1. 公路货物运输中的零担货物运输是指同一货物托运入托运的货物不足（　　）吨。

    A. 3　　　　　　　　B. 5　　　　　　　　C. 8　　　　　　　　D. 10

2. 铁路（　　）是铁路轨道两条钢轨之间的距离。

    A. 距离　　　　　　B. 轨距　　　　　　C. 宽度　　　　　　D. 长度

3. 从狭义上来说，公路运输是指（　　）。

    A. 陆地运输　　　　B. 交通运输　　　　C. 门到门运输　　　D. 汽车运输

二、多选题

1. 下列货物中，（　　）必须整车运输。

    A. 服装　　　　　　B. 矿石　　　　　　C. 石油　　　　　　D. 首饰

2. 下列属于公路货物运输优势的有（　　）。

    A. 适应性强　　　　B. 机动灵活　　　　C. 运输成本高　　　D. 快速及时

3. 陆路运输的基本运输方式有（　　）。

    A. 铁路运输　　　　B. 内河运输　　　　C. 公路运输　　　　D. 航空运输

三、简答题

请问：公路货物运输的特点有哪些？

模块十一
国际多式联运代理实务

Project 11

──────── 学习目标 ────────

📖 **知识目标**

    ○ 了解国际多式联运的定义。

    ○ 了解国际多式联运的特征。

    ○ 熟悉国际多式联运的优点。

〰 **能力目标**

    ○ 掌握国际多式联运的流程。

    ○ 了解国际多式联运的合同。

    ○ 熟悉国际多式联运的提单。

单元一　国际多式联运概述

国际多式联运是集装箱运输发展的产物。在集装箱问世之前，很难开展国际多式联运。因为在传统的散件杂货运输条件下，如果联运经营人与托运人签订运输合同，并对全程运输负责，风险是非常巨大的。而当使用集装箱运输货物后，由于货物从头到尾都被装在紧固密封的集装箱里，损坏与被窃的可能性很小，所以在运输中的责任风险大大降低，使联运经营人敢于对全程负责。

在集装箱运输发展起来以后，国际多式联运的优点才真正发挥出来。所以，从这个角度来说，国际多式联运可以说就是国际集装箱多式联运，即以集装箱为媒介，把传统的单一运输方式有机结合起来，组成一个连贯的运输系统，以便更好地实现门到门运输，为货主提供经济、合理、迅速、安全、便捷的运输服务。

一、国际多式联运的定义

多式联运在英文里有多种表达方式：Inter Modal Transport（IMT），Multimodal Transport（MMT）或 Combined Transport。它们的含义都是相同的，中文均译为"多式联运"。

1973 年国际商会制定的《1973 年多式联运单证统一规则》对多式联运的定义是："多式联运是指至少以两种不同的运输方式，将货物在一国内接管的地点，运至另一国内指定交付的目的地的货物运输。"

1980 年 5 月联合国在日内瓦召开的国际多式联运公约第二期会议一致通过的《联合国国际多式联运公约》（United Nations Convention on International Multimodal Transport of Goods）对多式联运定义为："国际多式联运，是指按照多式联运合同，以至少两种不同的运输方式，由多式联运经营人将货物从一国境内接管货物的地点运至另一国境内指定交付货物的地点。为履行单一方式运输合同而进行的该合同所规定的货物接送业务，不视为多式联运。"

根据《中华人民共和国海商法》的规定，国际多式联运合同，是指"多式联运经营人以两种以上不同的运输方式，其中一种是海上运输方式，负责将货物从接收地运至目的地交付收货人，并收取全程运费的合同"。之所以规定其中一种运输方式是海运，主要是考虑到使多式联运能够受到《中华人民共和国海商法》的制约和管辖。

二、国际多式联运的特征

国际多式联运的特征有以下几点：

1. 至少采用两种运输方式

国际多式联运必须是以至少两种不同的运输方式连续进行的运输。这是确定一票货运是否属于多式联运的最重要的特征。

2．至少涉及两个国家

国际多式联运必须是国家（地区）之间的货物运输，即国际多式联运的接管货物地点和交付货物的地点应该位于不同的国家（地区）。

3．具有一个多式联运合同

多式联运合同是多式联运经营人与托运人／收货人之间权利、义务、责任与豁免等合同关系和运输性质的确定。

4．使用一份全程多式联运单据

多式联运单据证明多式联运合同及证明多式联运经营人已接管货物并负责按照合同条款交付货物所签发的单据。

5．多式联运经营人负责货物全程运输

多式联运经营人是订立合同的当事人，也是多式联运单证的签发人。他是"本人"，而非托运人或实际承运人的代理人。多式联运经营人对货物的全程运输承担责任。

三、国际多式联运的优点

国际多式联运集中了各种运输方式的特点，形成连贯运输。

与传统运输相比，国际多式联运具有许多优越性，主要表现在以下几个方面：

1．责任统一，手续简便

在国际多式联运中，不论运输全程长短，不论使用几种方式完成货物运输，也不论全程分为几个运输区段，经过多少次转换，所有一切运输事项均由多式联运经营人负责办理。

托运人只需要办理一次托运，订立一份运输合同，支付一次费用，办理一次保险，取得一份联运提单。从而省去托运人办理托运手续的诸多不便，同时也可以简化制单和结算手续。

一旦运输过程中发生货损、货差，由多式联运经营人对全程运输负责，简化了理赔手续，节约了理赔时间。

2．节省费用，降低运输成本

由于国际多式联运采用一份货运单证，统一计费，所以运输过程中各区段的衔接是由多式联运经营人与各实际承运人订立分运合同和与各代理人订立委托合同来完成的。

多式联运经营人一般与实际承运人之间都订有长期的协议，可以从各实际承运人那里取得比较优惠的运价，简化了制单和结算手续，从而节省了人力和物力。

对货主来说，在货物交由第一承运人以后即可取得货运单证，并据以结汇，从而缩短了结汇时间。这不仅有利于加速货物占用资金的周转，而且可以减少利息的支出。

此外，由于货物是在集装箱内进行运输的，因此还可节省货物的包装、理货和保险等费用的支出。

3．减少中间环节，缩短时间，提高运输质量

在国际多式联运方式下，各个运输环节和各种运输工具之间配合密切，衔接紧凑，货

物所到之处中转迅速及时，大大减少了货物的在途停留时间，从而使货物更加安全、迅速、准确、及时地运抵目的地，缩短运输时间。

同时，由于多式联运以集装箱为单元进行运输，使用专业机械对集装箱进行装卸，不涉及箱内货物，因而货损、货差事故大大减少，从而在很大程度上提高了货物的运输质量。

4. 提高运输组织水平，使运输更加合理化

对于区段运输而言，由于各种运输方式的经营人各自为政，自成体系，因而其经营业务范围受到限制，货运量也有限。

而在多式联运方式下，由不同的运输经营人共同参与多式联运，由一个多式联运经营人统一管理全程运输，经营的范围可以得到很大的扩展，同时可以更大限度地发挥其现代设备作用，改善不同运输方式间的衔接工作，选择最佳运输线路，组织合理化运输。

5. 实现门到门运输

国际多式联运综合了多种运输方式，组成了直达连贯运输，可以把货物从发货人仓库或工厂直接运至收货人的仓库或工厂，还可以运到收货人指定的任何适宜的地点，为实现门到门运输提供了有效途径。

单元二　国际多式联运经营人

一、国际多式联运经营人的性质

国际多式联运经营人既不是发货人的代理或代表，也不是承运人的代理或代表，它是一个独立的法律实体，具有双重身份：对货主来说它是承运人，对实际承运人来说，它又是托运人。它一方面与货主签订多式联运合同，另一方面又与实际承运人签订运输合同。它是总承运人，对全程运输负责，对货物灭失、损坏、延迟交付等均承担责任。

二、国际多式联运经营人应具备的条件

（一）人力资源

从事国际多式联运业务的人员，应该掌握国际货运代理、国际多式联运、国际物流管理等基本专业知识，并根据岗位不同，具备相应的、能满足岗位需要的专业技能和经验。

（二）经营网络

国际多式联运经营人应该拥有能覆盖其业务范围、满足客户需要的经营线路和经营网络。

（三）设施设备

国际多式联运经营人应该拥有必要的运输设备，尤其是场站设施和短途运输工具，同时更应与有关的实际承运人、场站经营人建立长期合作关系，以通过整合其运输资源，设计

出满足客户需要的多式联运方案。

（四）管理制度

多式联运经营人应该具有多式联运服务管理制度，包括多式联运合同、多式联运单据、多式联运费用制定与结算、服务质量跟踪与考核、服务作业流程控制等管理规定和管理方法。

（五）信息系统

国际多式联运经营人应该拥有稳定、可靠的，适应多式联运业务要求的信息系统，并能为客户提供及时、准确、可靠的信息服务。

单元三　国际多式联运的流程

一、接受托运申请，订立多式联运合同

多式联运经营人根据货主提出的托运申请和自己的运输线路等情况，判断是否接受该托运申请；发货人或其代理人就货物的交接方式、时间、地点、付费方式等达成协议，填写场站收据，并将其送至多式联运经营人处进行编号；多式联运经营人编号后留下货物托运联，将其他联交还给发货人或其代理人。

二、空箱的发放、提取及运送

多式联运中使用的集装箱一般由多式联运经营人提供。

这些集装箱的来源可能有三种情况：一是多式联运经营人自己购置使用的集装箱，二是向租箱公司租用的集装箱，三是由全程运输中的某一分运人提供的集装箱。如果双方协议由发货人自行装箱，则多式联运经营人或租箱公司或分运人应签发提箱单交给发货人或其代理人，由发货人或其代理人在规定日期到指定的堆场提箱并自行将空箱拖运到货物装箱地点，准备装货。

三、出口报关

如果多式联运从港口开始，则在港口进行报关。如果多式联运从内陆地区开始，则应在附近内陆地海关办理报关。

出口报关事宜一般由发货人或其代理人进行办理，也可以委托多式联运经营人代为办理，报关时应提供场站收据、装箱单、出口许可证等有关单据和文件。

四、货物装箱及接受货物

若是发货人自行装箱，发货人或其代理人提取空箱后在自己的工厂和仓库组织装箱，装箱工作一般要在报关后进行，并请海关派人到装箱地点监装和办理加封事宜，如需理货，

还应该请理货人员现场理货并与其共同制作装箱单。

对于由货主自行装箱的整箱货物，发货人应负责将货物运至双方协议规定的地点，多式联运经营人或其代表在指定地点接收货物。如果是拼箱货，则由多式联运经营人在指定的货运站接收货物。验收货物后，代表多式联运经营人接收货物的人应在场站收据正本上签章并将其交给发货人或其代理人。

五、订舱及安排货物运送

多式联运经营人在合同订立之后，应该立即制订该合同涉及的集装箱货物运输计划。该计划应该包括货物的运输路线、区段的划分，各区段实际承运人的选择，确定各区间衔接地点的到达，以及起运时间等内容。

这里所说的订舱泛指多式联运经营人要按照运输计划安排洽定各区段的运输工具，与选定的各实际承运人订立各区段的分运合同，这些合同的订立由多式联运经营人或其代理人办理，也可请前一区段的实际承运人作为托运人向后一区段的实际承运人订舱。

货物运输计划的安排必须科学并留有余地，工作中应相互联系，根据实际情况调整计划，避免彼此脱节。

六、办理保险

在发货人方面，应该投保货物运输保险，该保险由发货人自行办理，或由发货人承担费用而由多式联运经营人代为办理，货物运输保险可以是全程投保，也可以是分段投保，在多式联运经营人方面，应该投保货物责任险和集装箱保险，由多式联运经营人或其代理人向保险公司或以其他形式办理。

七、签发多式联运提单，组织完成货物的全程运输

多式联运经营人的代表收取货物后，多式联运经营人应向发货人签发多式联运提单，在将提单交给发货人之前，应该按双方议定的付费方式及内容、数量向发货人收取全部应付费用。

多式联运经营人有完成和组织完成全程运输的责任和义务，在接受货物后，要组织各区段的实际承运人，各派出机构及代表人共同协调工作，完成全程运输中各区段之间的衔接工作，并做好运输过程中所涉及的各种服务性工作和运输单据、文件及有关信息等组织和协调工作。

八、运输过程中的海关业务

按照惯例，国际多式联运的全程运输均应视为国际货物运输，因此，该环节工作主要包括货物及集装箱进口国的通关手续，进口国内陆段保税运输手续及结关等内容；如果陆上运输要通过其他国家海关和内陆运输线路时，还应该包括这些海关的通关及保税运输手续。

如果货物在目的港进行交付，则结关应该在港口所在地的海关进行，如果在内陆地交货，则应该在口岸办理保税运输手续，海关加封后方可运往内陆目的地，然后在内陆地海关办理

结关手续。

九、货物支付

当货物运往目的地后，由目的地代理通知收货人进行提货，多式联运经营人或其代理人需按合同规定，收取收货人应付的全部费用，收回提单签发提货单，提货人凭提货单到指定堆场和地点提取货物。

如果是整箱提货，则收货人要负责运输至掏箱地点，并在货物掏出后将集装箱运回指定的堆场，此时，运输合同终止。

十、货运事故处理

如果全程运输中发生了货物灭失、损害和运输延误，无论能否确定损害发生的区段，发货人、收货人均可向多式联运经营人提出索赔。

多式联运经营人根据提单条款及双方协议确定责任并做出赔偿。如果能确定事故发生的区段和实际责任者，可向其进一步索赔；如果不能确定事故发生的区段，一般按在海运段发生处理。如果已经对货物及责任投保，则要求保险公司赔偿和向保险公司进一步追索问题，如果受损人和责任人之间不能取得一致，则需要通过在诉讼时效内提起诉讼和仲裁来解决。

单元四　国际多式联运合同与提单

一、国际多式联运合同

（一）国际多式联运合同成立的条件

在国际多式联运全过程中，其运输合同，即多式联运合同应是由多式联运经营人与发货人订立的，该合同成立应具备以下条件：

（1）使用两种或两种以上运输方式完成货物运输。

（2）必须是对货物运输，而且是国际的。

（3）承运人接受货物运输，因有合同而对货物负有运输和保管责任。

（4）该合同必须是一种承揽，合同的形式表现为书面的运输单证，合同的形式是以所使用的运单来体现，发货人与承运人在运单上一经签字，即认为双方缔结了运输合同。

（二）国际多式联运合同的订立

国际多式联运合同是处于平等法律地位的国际多式联运经营人与发货人双方的民事法律行为，只有在双方表示一致时才能成立。与其他合同一样是双方的协议，其订立过程是双方协商的过程。

国际多式联运经营人为了揽取货物运输，要对自己的企业（包括办事机构地点等）及经营范围（包括联运线路，交接货物地域范围、运价、双方责任、权利、义务）等做广告宣传，并用运价本、提单条款等形式公开说明。发货人或其代理人向经营多式联运的公司或其营业所或代理机构申请货物运输时，通常要提出货物（一般是集装箱货）运输申请，说明货物的品种、数量、起运地、目的地、运输期限要求等内容，多式联运经营人根据申请的内容，并结合自己的营运路线、所能使用的运输工具及其班期等情况，决定是否接受托运。

如果认为可以接受，则在双方商定运费及支付形式，货物交接方式、形态、时间，集装箱提取地点、时间等情况后，由多式联运经营人在交给发货人（或其代理人）的场站收据的副本联上签章，以证明接受委托。这时多式联运合同即告成立。发货人与经营人的合同关系已确定并开始执行。

多式联运中使用的集装箱一般是由经营人提供的，在表示接受委托之后，经营人签发提单给发货人或其代理人以保证其在商定的时间、地点提取空箱使用。发货人或其代理人按双方商定的内容及托运货物的实际情况填写场站收据，并在经营人编号、办理货物报关及货物装箱后，负责将重箱托运至双方商定的地点将货物交给多式联运经营人或指定的代理人（堆场或货运站），取得正本场站收据后到经营人处换取多式联运提单。

多式联运提单是证明多式联运合同的运输单据，具有法律效力，同时也是经营人与发货人之间达成的协议（即合同）的条款和实体内容的证明，是双方基本义务、责任和权利的说明。

提单填写的条款和内容是双方达成合同的内容（除事先另有协议外）。多式联运经营人签发提单是履行合同的一个环节，证明其已按合同接受货物并开始对货物负责。对于发货人来讲，接受经营人签发的提单意味着已同意接受提单的内容与条款，即已同意以这些内容和条款说明的合同。

因此，发货人（或其代理人）在订立多式联运合同时，应认真了解多式联运经营人的提单条款（应是事先印制而且公开的），如有不能接受之处，应与经营人达成书面协议解决，否则将被认为是接受所有条款，接受其关于双方责任、权利和义务的说明。

二、国际多式联运提单

（一）国际多式联运提单的性质与作用

多式联运提单是由承运人或其代理人签发的，其作用和海运提单相似。它既是发货人与多式联运经营人订立的国际货物多式联运合同的证明，又是多式联运经营人接管货物的证明和收据，也是收货人提取货物和多式联运经营人交付货物的凭证，还是货物所有权的凭证，可以用来结汇、流通和抵押等。

（二）国际多式联运提单的主要内容

国际多式联运提单应当载明下列事项：

（1）货物品类、识别货物所必需的主要标志，如属危险货物，其危险特性的明确声明，包数或件数、货物的毛重或其他方式表示的数量等，所有这些事项均由发货人提供。

（2）货物的外表状况。

（3）多式联运经营人的名称。

（4）发货人、收货人（必要时可有通知人）的名称。

（5）多式联运经营人接管货物的地点和日期。

（6）交付货物的地点。

（7）经双方明确协议，在交付地点交货的日期或时间。

（8）表示该多式联运提单为可转让或不可转让的声明。

（9）多式联运提单的签发地点和日期。

（10）多式联运经营人或经其授权的人的签字。

（11）经双方明确协议的每种运输方式的运费和支付说明。

（12）运输方式、运输路线和转运地点的说明。

（13）有关声明和其他事项。

（14）在不违背签发多式联运提单所在国法律的前提下，双方同意列入多式联运提单的任何其他事项。

（三）国际多式联运提单的签发

多式联运经营人在收到货物后，凭发货人提交的收货收据（在集装箱运输时一般是场站收据正本）签发多式联运提单，根据发货人的要求，可签发可转让或不可转让提单。签发提单前应向发货人收取合同规定和应由其负责的全部费用。

多式联运经营人在签发多式联运提单时，应该注意以下事项：

（1）如果签发可转让多式联运提单，应该在收货人栏列明按指示交付或向持票人交付。如果签发不可转让提单，应列明收货人的名称。

（2）提单上的通知人一般是在目的港或最终交货地点，由收货人指定代理人。

（3）对签发正本提单的数量一般没有规定，但如果应发货人要求签发一份以上的正本提单时，应在每份正本提单上注明正本份数。

（4）如果签发任何副本，每份副本均应注明"不可转让副本"字样，副本提单不具备提单的法律效力。

（5）签发一套一份以上的正本可转让提单时，各正本提单具有同样的法律效力，多式联运经营人或其代理人如果已按其中的一份正本提单交货，便已履行交货责任，其他各份正本提单自动失效。

（6）多式联运提单应由多式联运经营人或经其授权人签字。如果不违背所在国法律，签字可以是手签，手签笔迹的印、盖章、符号或用任何其他机械或电子仪器打出。

（7）如果多式联运经营人或其代表在接受货物时，对货物的实际情况和提单中所注明的货物的种类、标志、数量或重量、包件数等有怀疑，但又无适当方法进行核对、检查时，可以在提单中做出保留，注明不符之处和怀疑根据。但为了保证提单的清洁，也可按习惯做法处理。

多式联运提单一般在经营人收到货物后签发。由于联运的货物主要是集装箱货物，所以经营人接受货物的地点可能是集装箱码头或内陆堆场、集装箱货运站和发货人的工厂或仓库。

同 步 训 练

一、单选题

1. 国际多式联运至少采用（　　）种运输方式。

  A. 1   B. 2   C. 3   D. 4

2. 多式联运经营人签发提单前应向发货人收取合同规定和应由其负责的（　　）费用。

  A. 10%   B. 30%   C. 一半   D. 全部

3. 多式联运经营人根据提单条款及双方协议确定责任并做出赔偿，如果能确定事故发生的区段和实际责任者，可向其进一步索赔。如果不能确定事故发生的区段，一般按在（　　）段发生处理。

  A. 海运   B. 空运   C. 陆运   D. 联运

二、多选题

1. 在国际多式联运全过程中，其运输合同，即多式联运合同应是由多式联运经营人与发货人订立的，该合同成立应具备的条件有（　　）。

  A. 使用两种或两种以上运输方式完成货物运输。

  B. 必须是对货物运输，而且是国际的。

  C. 接受货物运输，因有合同而对货物负有运输和保管责任。

  D. 该合同必须是一种承揽，合同的形式表现为书面的运输单证，合同的形式是以所使用的运单来体现，发货人与承运人在运单上一经签字，即认为双方缔结了运输合同。

2. 国际多式联运经营人应该拥有必要的运输设备，尤其是（　　）。

  A. 飞机   B. 远洋货轮

  C. 场站设施   D. 短途运输工具

3. 国际多式联运经营人应该拥有（　　）的信息系统。

  A. 稳定   B. 可靠

  C. 适应多式联运业务要求   D. 新颖

三、案例分析

2020 年 10 月中旬，我国 A 公司（卖方）与俄罗斯 B 公司（买方）成交一笔服装贸易，金额为 40 万美元。

合同规定买方先付 30% 定金，于发货后 30 天付清货款，付款后交单，运输方式为海陆联运，由中国港口至莫斯科。

A 公司在签订合同后，即收到 B 公司汇来的 30 010 定金，遂按照合同要求，于 2020 年 11 月备妥货物，由某船公司所属轮船运往莫斯科。

发货1个月后，买方不履行付款义务，理由是货物尚未到港。A公司据此情况，立即扣留有关单据，同时，催促船公司速将货物运往目的港。经查，该批货物是在12月中旬抵达汉堡后，即装上集装箱车运往莫斯科，但于12月24日被卡在边境港口里加，迟迟未能抵达莫斯科，直至次年1月24日，货物才抵达莫斯科。

由于货物的运输时间过长，货物抵港时买方借口已过销售季节，拒绝付款赎单，A公司为了避免造成更大损失，决定将该批货物就地处理，但当A公司出示正本提单时，才得知该批货物已于1月25日被无单提走。在这种情况下，A公司立即发函船公司，要求交货或赔偿，直至7月仍未收到船方的答复，于是A公司即与律师及法院协商，分析案情后，于7月向当地海事法院起诉，要求船公司赔偿无单放货造成的损失。

在法院的调解下，双方达成协议，由船公司赔偿A公司28万美元，本案结束。

请问：在多式联运的情况下，承运人为何屡屡无单放货？无单放货是否要承担赔偿责任？

参 考 文 献

[1] 中国国际货运代理协会. 2020 国际海上货运代理理论与实务 [M]. 北京：中国商务出版社，2020.

[2] 中国国际货运代理协会. 2020 国际航空货运代理理论与实务 [M]. 北京：中国商务出版社，2020.

[3] 中国国际货运代理协会. 2020 国际陆路货运代理与多式联运理论与实务 [M]. 北京：中国商务出版社，2020.

[4] 中国国际商会 / 国际商会中国国家委员会. 国际贸易术语解释通则 2020[M]. 北京：对外经济贸易大学出版社，2019.

[5] 戴丽萍，何善华，潘巍巍. 国际货运代理实务 [M]. 北京：中国铁道出版社，2022.

[6] 陈言国. 国际货运代理实务 [M]. 3 版. 北京：电子工业出版社，2021.

[7] 支晓艳. 国际货运代理实务 [M]. 2 版. 上海：上海交通大学出版社，2021.

[8] 钟聪儿. 国际物流与货运代理 [M]. 厦门：厦门大学出版社，2021.

[9] 杨鹏强. 国际货运代理实务 [M]. 4 版. 北京：电子工业出版社，2021.

[10] 陈罡，朱华兵. 国际货运代理实务 [M]. 杭州：浙江大学出版社，2020.

[11] 刘徐方，梁旭. 国际物流与货运代理 [M]. 北京：清华大学出版社，2020.

[12] 何锐明. 国际海上货运代理实务 [M]. 广州：广东经济出版社，2020.

[13] 赵加平，张益海. 国际货运及代理实务 [M]. 5 版. 北京：中国海关出版社有限公司，2020.

[14] 王玉芳，沈静芳，倪兴平. 国际货运代理 [M]. 成都：电子科技大学出版社，2020.

[15] 顾永才，王斌义. 国际货运代理实务 [M]. 北京：首都经济贸易大学出版社，2020.

[16] 闵享锋. 国际货代实务 [M]. 北京：高等教育出版社，2020.

[17] 章辉. 国际货运代理理论与实践 [M]. 北京：中国社会科学出版社，2020.

[18] 郑克俊. 国际货运代理业务处理 [M]. 2 版. 北京：清华大学出版社，2020.

[19] 戴小红. 国际航空货运代理实务 [M]. 北京：中国金融出版社，2019.